Total
Productive
Maintenance

# TPM
# 全面生产维护
# 精益管理实战

快速进阶 · 全员参与 · 追求双赢

朱荣允 —— 编著

全国百佳图书出版单位
化学工业出版社
·北京·

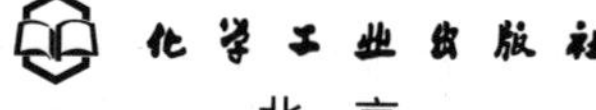

## 内容简介

《TPM全面生产维护精益管理实战：快速进阶·全员参与·追求双赢》是一本讲解如何实施本土化TPM全面生产维护的操作指南。本书通过图表、实例和实施TPM过程的实际模型，介绍了TPM基本概要、TPM自主保全活动、自主保全各STEP活动、TPM计划保全活动、TPM个别改善活动、TPM保全预防活动、TPM品质保全活动、TPM教育培训活动、TPM环境安全活动、TPM办公效率活动、成功推进TPM的核心要素等内容。

本书可作为TPM全面生产维护精益管理的培训工具书，适合精益管理从业人员和精益改善的推行者使用，也适合准备开展TPM活动的企业管理者、员工阅读和参考。

**图书在版编目（CIP）数据**

TPM全面生产维护精益管理实战：快速进阶·全员参与·追求双赢/朱荣允编著.—北京：化学工业出版社，2023.3

ISBN 978-7-122-42727-4

Ⅰ.①T… Ⅱ.①朱… Ⅲ.①全面设备管理 Ⅳ.①F273.4

中国国家版本馆CIP数据核字（2023）第006540号

责任编辑：陈　蕾　　装帧设计：溢思视觉设计 E-mail：isstudio@126.com／程超
责任校对：王　静

出版发行：化学工业出版社（北京市东城区青年湖南街13号　邮政编码100011）
印　　刷：三河市航远印刷有限公司
装　　订：三河市宇新装订厂
787mm×1092mm　1/16　印张$15^{3}/_{4}$　字数310千字　2023年5月北京第1版第1次印刷

购书咨询：010-64518888　　售后服务：010-64518899
网　　址：http://www.cip.com.cn
凡购买本书，如有缺损质量问题，本社销售中心负责调换。

定　　价：68.00元

# 前言

## 作者与TPM的故事

1988年秋，作者受所在部门推荐，代表公司引进TPM（Total Productive Maintenance，全面生产维护）管理，当时在对TPM完全生疏和对岗位调动等不确定的情况下，毅然做出了尝试新工作挑战的决定。

为学习TPM知识，作者到日本JIPM和丰田公司进行了几十次研修，并坚持研究美国和德国等先进设备管理经验，不断探讨TPM活动的引进方案。当时面对的是下属多个产业约9千多人规模的集团公司，引进新理念并不容易。

为响应正式引进TPM的号召，公司随即组建了TPM推进办，并为学习TPM思想聘请了国内外专业咨询师。公司对各阶层人员进行导入教育，活动的第一步是通过TPM典型的重叠小组活动方式，开启高管TPM体验样板活动。即为使公司经营管理者正确理解TPM，并确保后期TPM活动中的指导、支援、评估等能力，让其首先亲身体验TPM样板活动。由公司部门负责人组成的样板组织，在为期6个月的自主保全1～2 STEP活动中，取得了意想不到的效果。同时，各部门负责人以身作则，到现场亲自查找并改善不合理行为，给现场工作的一线管理者以及员工留下了深刻印象。

TPM作为理论（20%）和实践（80%）相结合的体验科学，样板组织活动的学习和体验，成为全面开展TPM活动的重要基础。在学习样板活动经验的基础上，确定中短期总体规划（TPM Master Plan），并任命各部门TPM专家，划分出200多个小组完成TPM活动。在一切准备就绪后，全公司参与并进行正式的启动仪式，从而开启全面的TPM活动。

活动过程主要围绕着维持、改善以及分为各阶段的诊断方式，通过全员意识，按照既定设计方案，克服重重困难，完成一期战略自主保全的7个STEP活动。特别在技能要求较高的4 STEP阶段，又划分出4-1到4-6 STEP的6个阶段。通过细分并结合技能培训场地的运营方式集中开展技能培训，使岗位操作者熟练掌握设备和流程，取得了显著的技能提升和成果改善。同时根据8大支柱基本思想原则，与其他创新活动（6 Sigma、IE、VE、TPI等）相结合，更加深入地开展各大支柱活动。

公司从1996年开始向德国、巴西、匈牙利、马来西亚、墨西哥等海外工厂推广TPM活动。全球化推广时，首先要考虑各地文化差异，在尊重当地文化的原则下相应调整活动内容，这在向海外工厂推广TPM活动中起到了关键作用，并为后期整个集团迅速提升制造竞争实力，发挥了重要作用。

2000年以后，在瞬息万变的经营环境下，为提升TPM活动灵活性和趣味性，公司自创出新理念，并提出实现TPM的新目标，把活动内容升华为更加体现经营成果的方面。TPM活动的成功不仅给公司带来经营成就，让公司在社会上也得到了很高的评价和认可。

2002年，作者在中国深圳三星SDI革新部工作期间，重新完善了公司经营革新活动体系，并组建新的TPM专家队伍，加大投入培养TPM活动现场指导能力。自主保全活动进行到4-3 STEP以后，开始转入自创Pro TPM、TPM与6 Sigma相结合的更加活跃的创新活动，当时参与革新的很多管理者和TPM专家现已成为活跃在各行业的高层管理者和核心人才。

2008年，作者成立企业经营咨询公司。对包括华为在内的多家知名企业提供咨询服务。同时，在各界人士长期以来的支持下，作者也学习和积累了很多工作经验。

总而言之，TPM活动使提供产品的企业以“完美的产品在理想状态的设备上，用节约型的方法，由受过正规培训的员工生产”作为目标，不需要额外管理也能够维持企业正常运营。因此，TPM活动是提高企业竞争实力的系统化手段，也是强有力的执行工具。

参与本书编写的还有张龙星，在此一并表示感谢。

朱荣允

2023年2月

# 目录

01

## 第一章　TPM基本概要



02

## 第二章　TPM自主保全活动

03

## 第三章　自主保全各STEP活动

04

## 第四章 TPM计划保全活动

05

## 第五章　TPM个别改善活动

06

## 第六章　TPM保全预防活动



07

## 第七章　TPM品质保全活动

08

## 第八章　TPM教育培训活动

09

## 第九章　TPM环境安全活动



10

## 第十章　TPM办公效率活动

11

## 第十一章　成功推进TPM的核心要素

01

# 第一章
# TPM基本概要

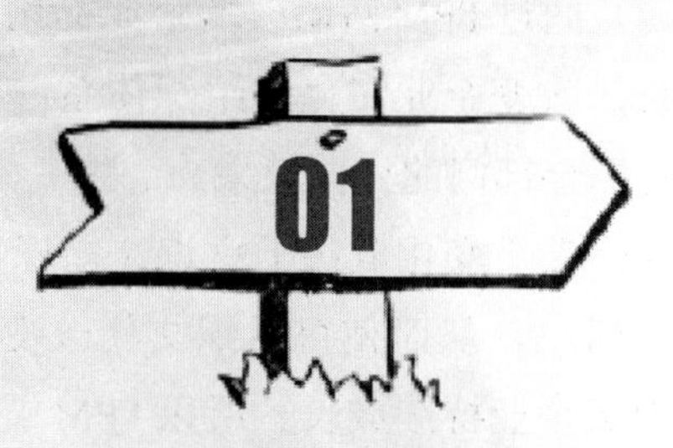

## 一、TPM基本概念

### 1.TPM对企业经营的作用

企业在当今剧变的经营环境下，既要面临消除浪费、挑战极限效率及降低成本的生存问题，又要为满足客户日益提高的品质要求而严格执行“不出不良品即零不良”活动（下文中“不良品”简称“不良”，为行业习惯叫法），还要应对多品种小批量和短交货期等要求，因此，亟须完善业务流程和管理系统。

从人力层面来考虑，企业面临着人力成本上升、离职率高、团队协作效率下降等难题。进一步分析则发现，员工的思想、行为、工作方法、企业文化等方面也存在着问题，而这些直接影响着企业的经营。因为人的潜能无限，所以，TPM活动应从深入分析人的层面开始，营造使管理者和员工能够尽情发挥能力的职场氛围。

设备方面的问题表现则是：现有设备性能未能充分发挥，高自动化设备普遍存在未达到理想稼动率的状态，设备更新换代的加剧造成员工技能提升跟不上操作要求，这些都可能造成设备故障，从而影响生产效率，结果导致成本上涨、设备寿命降低。

针对以上各种问题，很多制造企业积极地通过开展TPM活动来解决，以下是受很多企业重视的TPM活动的几个特点。

（1）通过TPM活动增加企业利润。企业获得利润有三大因素，即产品力、生产力、销售力，而要满足这三大因素，必须确保制造部门的生产效率、品质、交货期、成本、稼动率、人均生产效率等指标得以改善。

（2）通过TPM活动改变企业文化，从而提升无形效果。TPM活动有助于引领企业人员成长，改变企业文化和组织体系，使企业成为激发自主和创意的发展型组织，从而极大地发挥全部门的协同效果。

（3）人员变化取决于意识、知识、技能等方面。TPM活动有助于通过业务接触改变人员的活动，从而使得组织文化改变。TPM活动成为优于其他企业竞争力的重要因素，可以确保企业持续成长。所以TPM被称为克服当今困难经营环境并创新和优化企业“体质”的关键手段。

但同时需要强调的是，TPM活动并不是随意开展就能够成功的。TPM活动的成功应在企业经营层深刻认识到TPM活动的必要性且明确推进体系的前提下，营造全员参与活动氛围，并付出坚持不懈的努力。

### 2.TPM的诞生和发展背景

TPM源于美国的设备管理预防保全PM（Preventive Maintenance），PM理念进入日本之后发展成TPM。20世纪工业化发展以来设备管理以事后保全BM（Breakdown Maintenance）为主，50年代日本从美国引进预防保全体系，60年代发展成生产保全PM（Productive Maintenance），70年代发展成全员生产保全，即TPM（Total Productive

Maintenance），也称全面生产维护。

最初引进TPM活动的企业是日本的一家汽车零部件公司，其在研究应对自动化发展和尊重人性的管理理念下创造出TPM方案。该方案改变了原先PM中的操作者和保全人员职责划分不适合现代生产方式的问题，并在生产和保全体系上，结合策划部门的活动、企业高层至一线员工的全员思想，以挑战最高竞争实力为目的。

日本的PM活动在70年代主要以定期保全TBM（Time Based Maintenance）为主，进入80年代开始发展成状态保全CBM（Condition Based Maintenance），逐步开始重视预知保全PM（Predictive Maintenance）内容。当时日本制造业处于发展的鼎盛时期，各国掀起学习日本制造业的热潮，笔者也是在那个时期为学习日本TPM和丰田生产方式而带领团队拜访日本企业几十次，进行了长时间的学习和探讨工作。

TPM从诞生以来已过50年，相比当时，人和设备以及经营环境都改变了很多，TPM活动也需要与时俱进。设计方案既要符合企业各自的发展方向，又要遵循传统TPM思想，反映企业自身特点、企业文化。所以，企业需要从专业的角度量身定制，设定合理实用的TPM推进体系。

**3.TPM定义及特点**

为理解TPM的本质，我们需要正确地理解TPM的定义。

1971年，业界初次宣布TPM的定义，当时TPM被定义为生产部门的TPM活动，如表1-1所示。随着活动的发展，到1988年，TPM的活动对象演变成全公司，因而形成了扩展的TPM，如表1-2所示。

**表1-1 生产部门TPM旧定义**

| 生产部门TPM定义 |
|---|
| • 以挑战最高生产效率作为活动目标<br>• 以设备整体寿命期作为研究对象而建立PM综合体系<br>• 包括设备的设计部门、使用部门、维护部门<br>• 从最高层到一线操作者的全员参与<br>• 赋予动机，即通过小组自主活动开展PM |

**表1-2 全公司范围TPM新定义**

| 全公司TPM定义 |
|---|
| • 生产系统效率的极限挑战以改善企业“体质”为目标<br>• 以生产系统整体寿命期为研究对象，使事故、不良、故障等零化，靠现场和现物创建预防所有浪费的体系<br>• 包括生产部门以及研发、销售、管理等全公司所有部门<br>• 最高层到一线操作者的全员参与<br>• 通过重叠小组活动，实现零浪费 |

全公司TPM定义中生产系统的极限挑战是什么？

产品的生产靠设备，但只有设备也是无法生产出来的，生产活动的开展需要设备和诸多因素形成的生产系统，即产品是由生产系统所生产出来的。

单工序的生产系统是投入（原材料、生产信息、操作指示、员工技能、标准）后，通过加工或变形等处理工艺呈现出产品（服务、信息）的输出。生产系统的极限挑战是以最小的投入、高效运行的内部流程，使输出最大化。

输出不只局限于提高产量，还包括好品质、低成本、更安全、更卫生、更好的环境、更高的士气等。输出的项目管理如表1-3所示，包含工序管理、品质管理、成本管理、交货期管理、安全环境管理、士气管理等。

**表1-3　企业经营投入产出矩阵**

| 投入 | | | | 提升企业竞争力（输出成果） |
|---|---|---|---|---|
| 方法 | 人员 | 设备 | 材料 | |
| 工序管理 | TPM 8大支柱活动 | | | （P）生产效率（Productive） |
| 品质管理 | | | | （Q）品质保证（Quality） |
| 成本管理 | | | | （C）降低成本（Cost） |
| 交货期管理 | | | | （D）遵守交货期（Delivery） |
| 安全环境管理 | | | | （S）安全环境（Safety & Pollution） |
| 士气管理 | | | | （M）士气提高（Morale） |

根据上述定义，TPM与生产保全和预防保全的差异见表1-4。TPM在追求经济性方面与预防保全、生产保全相同。生产保全综合系统即设备安装前的保全预防（MP，免维护的设计）、设备安装后的预防保全（PM，预防故障发生）、改良保全（CM，改造成不出故障和方便维护）等，与生产保全相同。生产保全已涵盖了设备生命周期管理，TPM的创新特色是在生产保全的基础上，增加了操作者的自主保全内容。

**表1-4　TPM与生产保全和预防保全的差异**

| 区分 | TPM | 生产保全 | 预防保全 |
|---|---|---|---|
| 1.经济性（追求利润） | ○ | ○ | ○ |
| 2.生产保全综合系统 | ○ | ○ | |
| 3.操作者自主保全 | ○ | | |

进入2000年之后，TPM活动得到了新的发展，很多企业对TPM活动的方法方式和内容方面提出了创新。结合综合效率经营活动（TPI）、精益生产TPS（LEAN）和6 Sigma等活动，TPM活动对企业经营的贡献也越来越大。

开展TPM活动，通过组织能力和个人综合素质的不断提升，追求企业经营全方位理想状态，已演变成适用于各企业和各领域的经营改善活动，并随着时代发展而不断进化，如表1-5所示。

**表1-5　企业经营向导**

| | | |
|---|---|---|
| Total<br>全面 | 协同思想 | （1）全体组织，全员参与<br>（2）所有业务，综合效率 |
| Productive<br>生产 | 改善思想 | （1）提升生产体系效率<br>（2）零化（事故、不良、故障、浪费）<br>（3）增加利润 |
| Maintenance<br>保全 | 维持思想 | （1）坚持改革创新<br>（2）广义维护（设备及生产体系）<br>（3）维持最佳状态 |

保全（Maintenance）的意思是指维护保养，在过去是指单纯开展以设备为中心的维护活动来预防设备故障；现在保全的适用范围逐步扩大，推进业务持续改善、追求理想化目标的企业越来越多，并逐步成为一种发展趋势。保全概念的演变如图1-1所示。

TPM（Total Productive Maintenance）

保全（Maintenance）解释为维护保养

| 保全的过去解释 | 保全的现代解释 |
|---|---|
| 为追求以机械装备产业为中心的生产系统极限，针对设备保全人员与操作者开展的活动，是通过设备预防保全减少设备故障的保全活动。自主保全与计划保全代表整体活动 | 随着设备尖端化和产品复杂多样化等专业性的日益增强，需联合相关众多部门共同协调才能应对。并且随着活动范围的扩大，为获得更多无设备类企业组织的认可，对象从操作者扩大到所有人员“自我作用的保全”，使非制造部门及其他业务也存在自身的业务保全需求。即TPM理念不再受行业限制，通过企业“体质”改革，追求理想目标和企业可持续发展的最佳综合方案（Total Approach Program） |

**图1-1　保全概念的演变**

### 4.TPM的目标

从“谋求生产系统极限效率的企业体系作为TPM目标”这句话中可总结出，为确保极限效率而改善企业“体质”是TPM活动的目标。企业是由人员组成的集体通过使用设备生产出产品，所以不改善人员和设备“体质”，就无法改善企业“体质”。TPM的目标如图1-2所示。

所谓提升企业的人员“体质”是指改变人的思想和行为。即员工应尽早抛开“我是操作者”“你是维保员”的固有观念，注入自主保全新思想，树立“我的设备我维护”的原则。为此，企业应专门安排自主保全阶段性（STEP）方案，以实现极限设备效率目标。保全人员还需进一步提升专业技能，挑战机电、信息、智能化技能等，以满足更加复杂的设备专业性需求。

【通过改善人员和设备的“体质”，谋求企业“体质”的改善】

**人员的“体质”改善**

培养适应无限竞争时代的人员

①操作工：培养自主保全能力（自己的设备自己维护）

②设备人员：培养机电一体化设备保全能力、预防保全能力

③生产技术人员：培养免维护设备的设计生产能力

⇩

**设备的“体质”改善**

①通过现有设备“体质”改善，提升设备使用效率（延长寿命）

②优化新设备生命周期成本LCC（Life Cycle Cost）

③缩短设备调试磨合期，尽快稳定品质

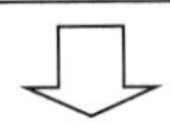

⇩

**企业的“体质”改善**

图1-2　TPM的目标

随着设备的更新换代，新设备的机械、电子、信息模块高度集成，以及自动化、信息交流、智能化程度快速升级，衡量优秀维保人员的标准也提升了。维保人员兼备机械、电工、电子、信息技术的同时，应掌握综合预防保全能力，以延长平均故障间隔时间（MTBF，Mean Time Between Failures），还应具备出现故障时迅速应对和完美修复的能力，以缩短平均故障修理时间（MTTR，Mean Time To Repair）。

设备设计人员应培养策划和免维护设备设计能力，即将设备设计人员培养成适应未来自动化、人工智能时代的人才。设备设计人员的过失和能力不足将引发很多现场问题，比如，新投入的设备通常存在以下问题：痼疾性缺陷、频发的故障、检查和润滑困难、不便清洁等，这给现场生产和维保人员带来困难。所以，设备设计人员的能力变得越来越重要。

为应对技术的快速发展和社会环境的变化，企业在管理方面也需要创建高效管理体系和快速响应机制。随着TPM活动阶段性的提升，工作现场焕然一新，故障和不良逐渐减少，员工增加了“努力会变好”的信心，改变了思考问题的方式和行为方式，从而提升了综合素质。

关于设备能力的改善，应先从现有设备开始，同步开展自主保全和个别改善活动，通过解决影响设备综合效率的损失，来极限延长现有设备的寿命。同时，把改善内容反馈到设备设计部门，使其反映到新设备的设计中，以谋求新投入设备能力的提升。

设备生命周期成本（LCC，Life Cycle Cost）是指设备初始成本（获取费用）和运营成本（运行、维护费用）的总和。设备生命周期成本管理取决于保全预防（MP，Maintenance Prevention）活动的结果。

初期管理是指设备安装后到满负荷生产期间的管理，目的是把调试磨合期压缩到最短。很多企业在新建工厂或改造产线后会经历漫长且不稳定的调试运行期，甚至出现因长期不稳定而报废的现象。为缩短设备安装、调试、量产过程及达成品质目标的时间，从产线策划、设计到生产设备的各环节都要严格把关和评估，并构建产线风控管理体系，以彻底消除风险和预判问题。

因此，TPM是通过改善人员素质和设备能力来提升企业综合实力，并以实现生产体系极限效率为目标，不断研究人与设备的协调、优化运行方案，在人与产品的协调过程中寻求少投入而高产出的活动。

**5.TPM核心理念**

（1）全员参与活动

TPM活动强调的全员包括从企业最高层到现场操作者的所有级别，即企业全体部门都要求参加。

在生产现场的改善活动持续开展当中，所有问题只依赖个别改善团队活动是无法实现理想状态的，所以要求全员参与，充分发挥每个人的作用。全员参与的核心是，对TPM正确理解，并通过3现（现场、现物、现状）的正确认知来正确判断。全员参与意味着为实现共同目的，通过相同的哲学和思想各尽其能，以及通过相同目标和思想统一方向，努力完成TPM活动。组织的成功必然要每个成员充分发挥力量，并做出最大贡献，统一方向的本质是组织最高层确定目标和方针后，由管理者牵头带领员工正确理解并向目标努力。

（2）重视预防哲学思想

海因里希1∶29∶300法则（Heinrich's Law）指出，大型事故发生之前存在着相同原因引起的数十次轻微事故和几百次征兆事件的统计数据，工伤事故中1件死亡事件背后，存在着相同原因发生的29次轻伤和300次差点受伤事件，即大事故、小事故、事故征兆的发生比例是1∶29∶300的关系。根据数字，工伤背后概率关系告诉我们，大事故的出现，是平时对问题的麻痹大意或之前未找到或未整改、疏忽所造成的。

同理，这个法则也适用于设备故障，没出过大缺陷的设备，只要存在中微缺陷就能够发展成事故，且无法避免。设备的中微缺陷不易被发现，也容易被忽视而放任不管，所以必须要彻底查找潜在缺陷，并使之显现化。

TPM重视预防哲学，也就是要求全员参与查找及彻底复原和改善300个微缺陷，29个中、大缺陷，以防范可能的1次大事故，这也是TPM活动的核心思想。所以，企业经营不管引进什么体系都离不开TPM活动。图1-3为缺陷导致问题发生的图示。

因微缺陷重视活动不足导致中、大故障时，企业必须要追查问题产生的原因，以预防再次发生。追查中经常使用Why Why分析手法。Why Why分析是解析不良和故障发

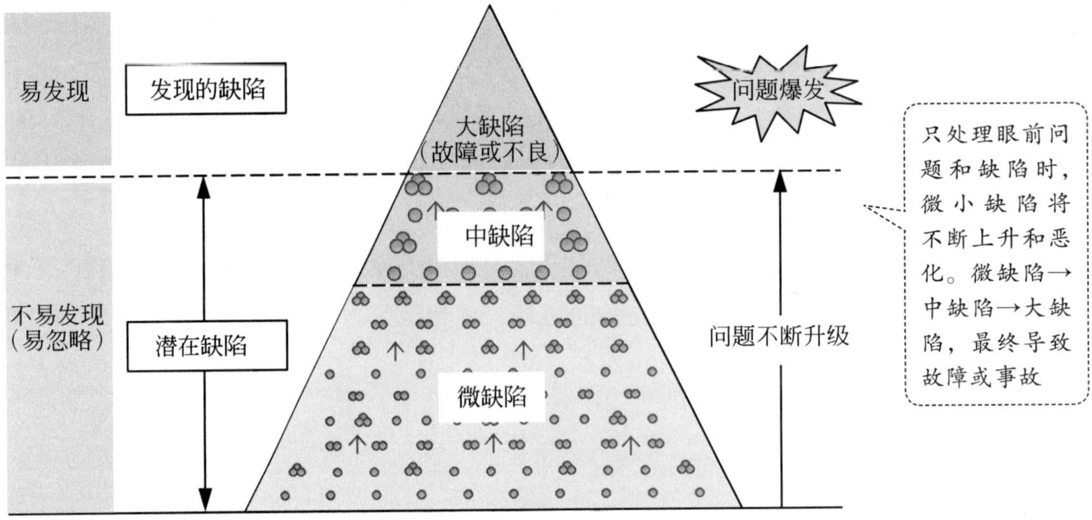


**图1-3　缺陷导致问题发生**

生原因的工具，是按规定步骤逐步重复分析“为什么”，无遗漏地挖掘真正原因的分析方法。对于已发生的故障和不良现象，通过反复查找“为什么”，可无遗漏地调查“为什么”的最终答案——问题现象的根本原因。

（3）STEP方式推进活动

一步到位达成目标的难度很大，所以分阶段设计目标和活动内容，对巩固各阶段成果而提升实力和“体质”很重要。分段内容通过STEP活动方式，可以逐步实现理想状态。为了避免漫长活动过程的乏味，可以在每阶段活动审核通过时安排特殊仪式，以激励成员，使其充满成就感和自信心，同时也可以明确指明路线，以免偏离活动方向。

好的过程才会带来好的结果，因此对STEP活动过程的设计要求很高。并且对设计的过程是否在活动当中实现、小组定期活动当中是否遇到困难等问题，需要加以监督和管理，需要有过程的支援和指导。同时，设计时要考虑小组活动起到的顺利带动、保持活跃的作用，并预先做好根据活动进程灵活调整活动方案的准备。

（4）坚持重叠小组活动的目的（体验工程）

TPM体验是指在正确理解TPM本质的前提下进行消化，并灵活应用到工作当中的过程。TPM是通过体验获取信心和扩散传播的学问。未经历TPM则无法体会TPM的优点，TPM活动可以改变人的思想。

TPM作为追求极限生产效率的活动，虽然以设备和流程等为活动对象，但重点是尊重和关爱员工的人性哲学。

引进TPM活动有个重要环节，即重叠小组TPM活动。重叠小组活动队伍中的每个人都存在双重身份，具有承上启下的作用，形成向上Follower-ship（服从）、向下Leader-ship（领导）的角色关系。如图1-4所示，重叠小组活动如同血液循环系统，畅通的信息

（血液）取决于创意（氧气）和决策（养分），重叠小组活动在高层开始学习和实践TPM内容的基础上，培养正确指导及评估现场小组活动的能力，持续向整体组织输送新鲜氧气和养分。相比理论知识，TPM更注重实践中的体验。

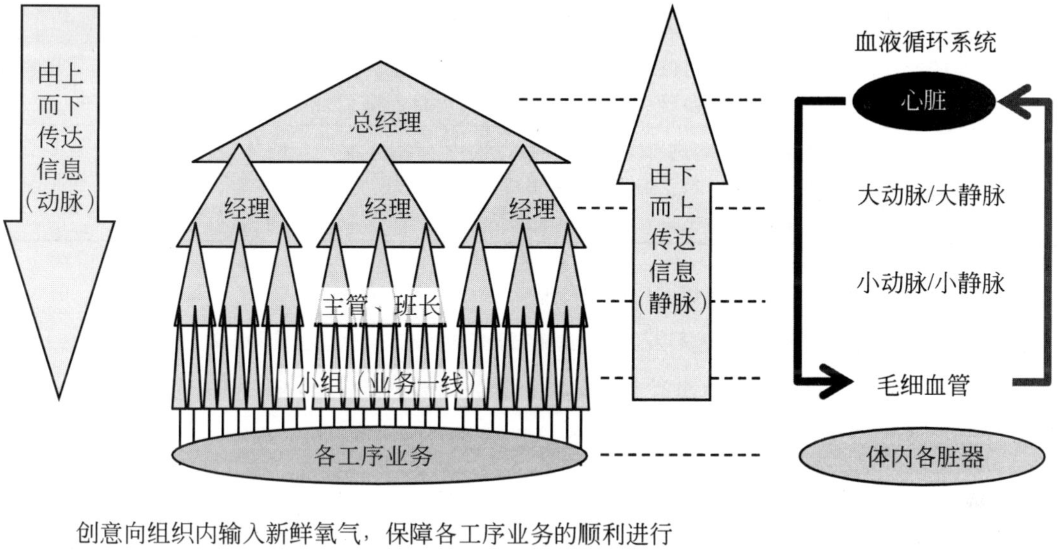


**图1-4　重叠小组体系图**

对TPM的理解注重亲身体验，只有结合理论知识的实践才能够正确理解TPM的理念。重叠小组活动首先由总经理小组完成1 STEP活动，合格后组建经理级小组。这时经理的角色既是总经理小组的成员，同时又是经理小组的队长，具有双重身份重叠的特点。重叠组织又称为样板组织活动，其主要目的如下。

① 通过体验式TPM活动，制定企业TPM活动方法、步骤、模板等，使之成为员工开展活动的TPM指南。

② 为将TPM活动向普通员工推广，组织当中的每个成员都要培养，使其在各自现场中具备指导和开展活动的能力。

③ 给员工提供学习的现场样板，明确各STEP诊断表和诊断程序。

重叠组织的程序，如表1-6所示。

**表1-6　重叠组织的程序**

| 步骤 | 分类 | 重叠小组管理者的作用 |
|---|---|---|
| 1 | 引领参与 | 企业高层带领中层管理者亲自在现场打扫设备和查找不合理的活动，不仅真切地展现了企业对现场的关注态度，还让看到这一场景的基层管理者和现场员工在深有感触的同时，解除了导入TPM活动的疑惑，从而逐步提高对TPM活动的关注和参与热情 |
| 2 | 挑战意识 | TPM自主保全和个别改善效果单靠理论说明难以赢得认可，应通过样板活动改善成果的展示，在进一步坚定高层意志的同时，提高一线员工的TPM挑战意识 |

续表

| 步骤 | 分类 | 重叠小组管理者的作用 |
|---|---|---|
| 3 | 培养能力 | 为了把TPM活动扩展到普通操作员工，样板组每个成员都应具备制造现场和开展活动的能力。即作为管理者，如果对现场工序和流程及设备等内容没有明确认知或不指导且不努力提高指导能力的话，将得不到下属的尊敬 |
| 4 | 完善活动方案 | 设计自主保全STEP活动方案，并设定判定合格通过的基准。让高层和管理者们参加活动，亲自确认合格水准后正确判断合格与否 |
| 5 | 确定活动手册 | 通过TPM活动进行方法、步骤、使用工具（道具）的体验后，现场小组制作出活动说明书。样板组织活动通常以6个月到1年作为活动周期，并在样板活动期间对员工进行培训，为后期全面扩展活动而彻底做好事前准备 |

（5）企业“体质”改革与发展的双赢关系

工作中自主创意的发挥对个人发展和企业的贡献最大。通过TPM活动，可以提升个人实力，员工要以“为自身发展而参与TPM活动”的信念投入活动当中。

实力包括意识、知识、技能，同时兼备这3种能力时才能称之为真正的实力。意识产生知识，知识产生技能，技能产生新的知识，知识又产生新意识。员工在变化当中体会到乐趣和成就感，并因此形成企业文化时，将自发地、持续地把企业文化（哲学）等发展成理想状态，企业竞争实力也将日益提升。

马斯洛把人类欲望分为5个层次：生理需求、安全需求、社交需求、尊重需求、自我实现。其中不难发现，利用金钱方式激励员工只能满足最低层次需求。人的欲望是无止境的。每个人都愿意为满足自身需求付出努力，即满足本层次需求后产生挑战新层次需求的动机。所以，TPM活动作为自我实现的向导，能给员工提供不断进取、充分发挥能力的平台，形成认可和激励的氛围，这是实现充满活力的理想企业文化的重要工具。

（6）TPM与业务相结合

TPM活动是个人业务理想化以及高效改善的协助工具。在TPM 8大支柱的具体内容中几乎找不到与自身工作无关的内容，尤其在生产现场最重要的维持和改善活动中，需要从管理者开始通过TPM活动达成行动目标。

TPM活动失败小组和部门的共同点是，没有正确理解TPM活动的内容，把TPM认为是额外工作。另外，TPM 8大支柱的推进内容不能拘泥于形式，而应有效地结合企业自身情况、特点，只有这样才能把TPM活动方案设计成更加贴合业务的活动方案。同时活动过程当中应适当安排、增加引发兴趣和具有意义的特别活动，这将有助于TPM活动更加活跃，并快速得以落实。

## 二、TPM活动引进及启动

如前面提到的，人的思想和学习技能的改变会使企业“体质”改变，设备的稳定运行使设备“体质”改善从而改变企业“体质”，最终使企业经营目标得以实现。很多经营者看到或听到好的体系（方法）后，没有充分准备就急于让下属启动实施（Kick off），并要求其拿出成果。Kick off如同球赛的开始哨，象征着TPM活动的正式开始，但无充分准备的应战，就如同球员在不会踢球、没有练习踢球、踢球没有策略的情况下参赛，根本无法战胜对手。

TPM活动也一样，需要分阶段地进行，只有建立准备阶段、引进阶段、实施阶段和落实阶段的阶段性体系，才能够提高成功的概率。表1-7介绍的TPM 12个步骤可作为样板，但成功的关键是要结合本企业的特点来调整体系设计。

**表 1-7 TPM 12 个步骤**

| 阶段 | 步骤 | 要点 |
|---|---|---|
| 导入准备 | 1.最高经营者宣布引进TPM | 在企业例会上宣布，全企业开展宣传（如刊登到企业内刊上） |
| | 2.TPM引进培训 | 推进办及专家（培养内部讲师）依次开展管理者和员工培训 |
| | 3.成立活动推进组织 | 推进委员会、推进办、执行委员、TPM专家、TPM小组、讲师、研究会等 |
| | 4.设定TPM基本方针和目标 | （1）制定TPM推进方针，并设定各阶段目标<br>（2）高层重叠小组活动 |
| | 5.制作TPM总体规划（Master Plan） | （1）确定中短期推进计划<br>（2）设计各阶段活动手册 |
| 启动 | 6.TPM活动启动仪式（Kick off） | 邀请全体员工、客户、供应商等参与 |
| 开展活动 | 7.创建生产效率化体系 | 挑战生产效率极限目标 |
| | 7.1 自主保全 | 通过各阶段活动提升员工能力 |
| | 7.2 计划保全 | 支援自主保全，并树立计划保全体系 |
| | 7.3 个别改善 | （1）设备综合效率（OEE）改善活动<br>（2）成本降低TPI活动 |
| | 7.4 教育培训 | （1）开展技能培训，提升生产和设备操作技能<br>（2）多技能化培训，培养π型人才 |
| | 8.保全预防 | （1）确保无故障和无不良设备的设计能力<br>（2）缩短新设备磨合期，尽快使新设备稳定化 |
| | 9.品质保全 | 设定和维持不产生不良的工序条件 |
| | 10.办公效率 | 迅速构建生产支援体系，提高管理业务效率 |
| | 11.环境安全 | 建立零事故、零公害、绿色环境体系 |
| 落实 | 12.TPM全面开展及提升 | 落实定制型TPM活动，实现企业愿景 |

### 1.最高经营者宣布引进TPM

很多企业最高经营者在事前理解TPM的情况下亲自决定引进TPM活动。但如果企业最高层对TPM的理解不足时，可以竞争公司或优秀企业TPM成功案例，向其进行汇报和说服，让最高层做出引进TPM活动的决定。

引进TPM活动前一定要充分理解引进TPM的必要性。多年来，为应对材料成本上升、成品价格下降、日益严格的品质要求以及环境变化等企业“体质”改革压力，引进TPM的企业呈增加趋势。

企业最高决策者充分理解活动的必要性后做出引进TPM的决定，代表了企业引进TPM活动的决心。企业最高决策者应在全体员工、客户以及供应商面前表明贯彻下去的决心，以及为解决将来活动中遇到的各种困难而提供物质和精神等全方面支持的意愿。

此项宣布意味着TPM准备活动的正式启动，因为，企业最高经营者的带头作用、认真态度以及关注对企业“体质”改革尤为重要。表1-8为最高经营者宣布引进TPM的项目与实施方法。

**表1-8　最高经营者宣布引进TPM的项目与实施方法**

| 项目要求 | 实施方法 |
| --- | --- |
| 1.把最高经营者经营方针与意志反映到TPM导入的决议中，在全体员工面前表明态度<br>2.让最高层了解，通过TPM能够实现期望效果<br>3.为让最高层了解TPM的概念与推进计划，提供相关信息与资料 | 1.在企业级会议场合，由最高层亲自宣布导入TPM的决定<br>2.面向管理层召开TPM发表会，由最高层宣布引进TPM<br>3.通过企业内刊或画报以及对外活动，强调企业最高层引进TPM的意愿，并加以宣传 |

### 2.TPM导入培训和宣传活动

企业在TPM导入前要开展培训和宣传活动。

培训对象包含最高层的管理者、现场管理者及普通员工，培训应分层级实施。培训结束后必须进行学习效果测试，不及格者经个别重修后应再次进行测试，以确保全体员工都能掌握TPM的基本知识。

同时，企业应制作TPM活动资料、宣传物、条幅等，在企业内张贴悬挂，以公示TPM活动的正式启动。表1-9为TPM导入培训和宣传活动的方法。

**表1-9　TPM导入培训和宣传活动的方法**

| 项目要求 | 实施方法 |
| --- | --- |
| 对各阶层进行TPM教育，让全员了解TPM知识，从而对TPM形成共识，更加成熟地实施TPM活动 | 1.实施各阶层教育<br>（1）管理者：参加TPM学院、TPM管理者课程、TPM现场领导培养课程、TPM综合实物课程<br>（2）员工：TPM视频及图片教育、现场领导培养课程等培训<br>2.媒体（标语、海报、图片、口号等） |

### 3.TPM推进组织的成立

TPM活动的目的是从上而下（Top down）进行组织目标管理、由下而上（Bottom up）进行现场小组活动整合。因此，企业需要重新调整和完善TPM组织。企业可以成立集团TPM推进委员会、事业部（工厂）TPM推进委员会、TPM推进办、执行委员、TPM专家、TPM活动小组等组织，并正式任命。

集团TPM推进委员会委员长由企业最高层（总裁/总经理）担任，委员由其他高层管理者担任。委员长负责主持集团TPM定期例会，并在例会上确定主要活动方针，活跃TPM的活动氛围。

事业部（工厂)TPM委员会委员长由内部最高层（事业部长/厂长）担任，由其运营、主管事业部（工厂）TPM例会，并推动事业部（工厂）范围的TPM活动的开展。

执行委员由部门经理级别的人员组成，主要负责各自部门的TPM实践活动，这也是最核心、最重要的组织。

TPM推进办分为集团推进办和事业部推进办，二者形成相辅相成的协作体系。TPM推进办负责制作TPM整体规划、协调活动进程、导入活动方案、开展宣传活动等，是不断研究、执行TPM活动方案并进行指导支援的机构。TPM推进办是TPM活动成功的关键，特别在TPM活动成熟之前起至关重要的引领作用。所以，推进办若具备管理经验丰富、意志力和执行力强、沟通能力强的人员，则可以提升TPM活动成功的概率。

TPM专家的作用是协助各部门执行委员，开展各部门的TPM活动，并与事业部（工厂）推进办形成紧密的沟通体系。同时，TPM专家应详细了解各小组的活动状况，与执行委员进行沟通，持续对各小组进行指导与支援，使部门小组达成活动目标。

TPM活动小组是企业TPM活动的主体。活动小组需满足便于活动和可持续性要求，同时要考虑活动区域和工序等因素，合理划分人员组成活动小组。建议小组队长由选举产生，并在每个阶段活动结束时再次选举新任组长，以培养全员管理能力。

【案例1】▸▸▸

**某公司TPM组织职能及作用**

| 序号 | 组织名称 | 职能及作用 |
|---|---|---|
| 1 | 委员长<br>（总裁/总经理） | （1）确定公司TPM方针、目标以及活动方案<br>（2）通过TPM诊断活动，与现场员工进行对话，给予员工鼓励、指导<br>（3）负责参加TPM例会以及年度TPM总结及探讨会<br>（4）监督活动内容，督促活动落后部门管理者<br>（5）与TPM咨询公司保持沟通（定期交流会） |

续表

| 序号 | 组织名称 | 职能及作用 |
|---|---|---|
| 2 | 执行委员<br>（部门经理/主管） | （1）应起到表率作用，以身作则参与现场实践活动<br>（2）积极学习相关知识，并对下属进行指导和传播（教练作用）<br>（3）消除部门间的隔阂，起到沟通枢纽的作用<br>（4）起草提交TPM部门活动方案及计划等报告<br>（5）作为小组活动的责任人，应避免小组活动的停滞<br>（6）积极培训活动内容及协调解决现场困难<br>（7）为活跃、改善实践活动，积极支援小组活动<br>（8）对活动过程进行跟踪管理及激励（创造模范英雄）<br>（9）通过初级诊断，发现问题并进行对话、指导和激励 |
| 3 | 推进办专员 | （1）协助高层参与活动及起草提交整体活动报告<br>（2）协调和制订TPM中长期计划<br>（3）确定中长期总体规划及重点管理指标<br>（4）建立并运营整体TPM活动评价与奖励体系<br>（5）推进公司内所有与TPM相关的活动<br>（6）设定目标及重点管理指标，并进行过程管理及结果评价<br>（7）根据各要素准备活动手册及建立培训体系<br>（8）建立诊断体系，运营总裁/总经理诊断<br>（9）为加速TPM活动以及获得成果，策划实施特别活动<br>（10）通过积极挖掘、宣传优秀案例，努力提升整体水平<br>（11）代替外部咨询师起到公司内部顾问的作用<br>（12）切实跟踪管理咨询师指导内容，并随时向总经理汇报 |
| 4 | TPM专家 | （1）作为部门顾问，协调专家基本业务与推进办业务要求<br>（2）履行部门内推进办的职责，指导与支援部门内小组活动<br>（3）随时与推进办保持沟通，积极参与推进办主导的活动<br>（4）与执行委员进行沟通，带领部门内TPM小组共同进步<br>（5）指导各工序编制内部管理资料，活跃部门活动氛围 |

### 4.TPM基本方针和目标设定

确定TPM活动的基本方针，也就是根据企业的经营方针制定TPM的活动目标或方向。目标应尽量量化表现，在精准调查现有管理水平的基础上与企业高层和相关人员一同确定活动开展的各个阶段目标。

图1-5为某企业的TPM活动基本思想及方针。

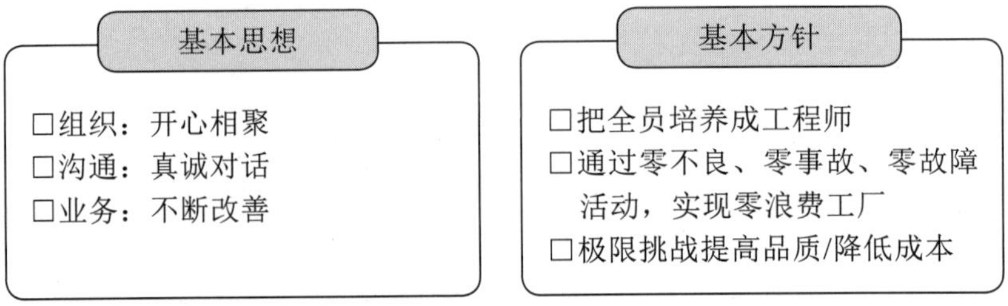


**图1-5　某企业TPM活动基本思想及方针**

制定TPM活动目标时，可参考生产体系输出PQCDSM分类项目，从中选定目标。PQCDSM具体解释如下。

P（Productive，生产效率）：附加值生产效率、设备综合效率、故障件数，人均产量。

Q（Quality，品质保证）：工序不良率、客户投诉、品质费用（Q-Cost）。

C（Cost，降低成本）：生产成本、成本节俭金额。

D（Delivery，遵守交货期）：达成生产计划、客户交付期、材料/半成品/成品库存。

S（Safety & Pollution，安全环境）：事故数量、环境问题数量。

M（Morale，士气提高）：改善提案数量、员工满意度、资格证持有率、培训时间。

设定目标的关键在于目标要具有挑战性，设定的目标越高，越能够体现出对活动成果的渴望和实现目标的成就感和喜悦。

### 5.TPM活动总体规划（Master Plan）

企业需制定出为实现中短期目标而开展的活动内容，应针对现有水准和目标差距制订计划。企业TPM活动总体规划应根据企业规模、从事的行业、产业规模、企业文化等通过缜密探讨，量身定制，所以不建议照搬通用模板。

急于求成、过短时间内达成所有目标的意愿和精神可嘉，但TPM活动的目的是企业“体质”改革，所以，TPM活动是一个需要一定时间积累经验和转变思想的过程，并不是一朝一夕就能够完成的工程。TPM活动最少需要3年时间，为巩固前期成果而坚持维持改善循环的策划。活动之初制订的计划无须修改，因为那只是理想和愿望。现实中，企业应时刻检查进度、进行活动反馈，并及时调整计划的细节。

### 6.TPM活动启动仪式（Kick off）

在导入准备阶段，企业为引进TPM而万事俱备之后，应进行活动启动仪式。因为，在准备阶段只有经营层和管理层参与活动，员工只接受导入理论教育，并没有开展活动，而TPM启动仪式则是正式开启全员参与TPM活动的意义。企业可根据情况邀请客户、供应商等合作公司以及全企业成员（尽可能保障全员）参与TPM活动启动仪式，这对统一TPM的思想和方向有更深远的意义。

启动仪式中，为成功表达全员意志，可以设计介绍来宾、发布活动方向及计划、授予任命状、全体决议等活动。

**【案例2】**

某企业TPM启动仪式议程

| 时间 | 内容 | 负责人 | 备注 |
|---|---|---|---|
| 09:30～09:50 | 1.全体入场 | 部门负责人 | 全体员工 |

续表

| 时间 | 内容 | 负责人 | 备注 |
|---|---|---|---|
| 09:50 ～ 10:30 | 2.TPM活动推进方向发布 | 总经理 | 发布资料 |
| 10:30 ～ 10:45 | 3.授予执行委员、推进办、专家任命状及胸牌 | 董事长 | 事前安排人员顺序 |
| | 4.授予各小组队长任命状 | 总经理 | |
| 10:45 ～ 10:50 | 5.为成功推行TPM活动，全员宣誓 | 董事长 | 宣誓代表2人 |
| 10:50 ～ 11:00 | 6.董事长致辞，宣布活动正式开始 | 董事长 | — |
| 11:00 ～ 11:10 | 7.顾问老师为TPM活动动员 | 外部顾问 | — |
| 11:10 ～ 11:30 | 8.全体签名仪式 | 全员 | 签字板2个 |
| 11:30 ～ 11:40 | 9.合影留念 | 全员 | — |
| 13:00 ～ 17:40 | 10.方案A（全体小组大清理特别活动） | 各小组 | 确定方案B |
| | 11.方案B（爬山，并在山顶上宣誓） | 全体管理者 | |
| 17:40 ～ 18:00 | 12.TPM启动大会综合总结 | 推进办 | 部门负责人 |
| 18:00 ～ | 13.共进晚餐，增进团队力量（Team Power） | 全体管理者 | — |

## 三、TPM 8大支柱活动

TPM 8大支柱（见图1-6、图1-7）是在自主保全、计划保全、个别改善、保全预防、教育培训五大支柱基础上，增加了品质保全、办公效率、环境安全而形成的。

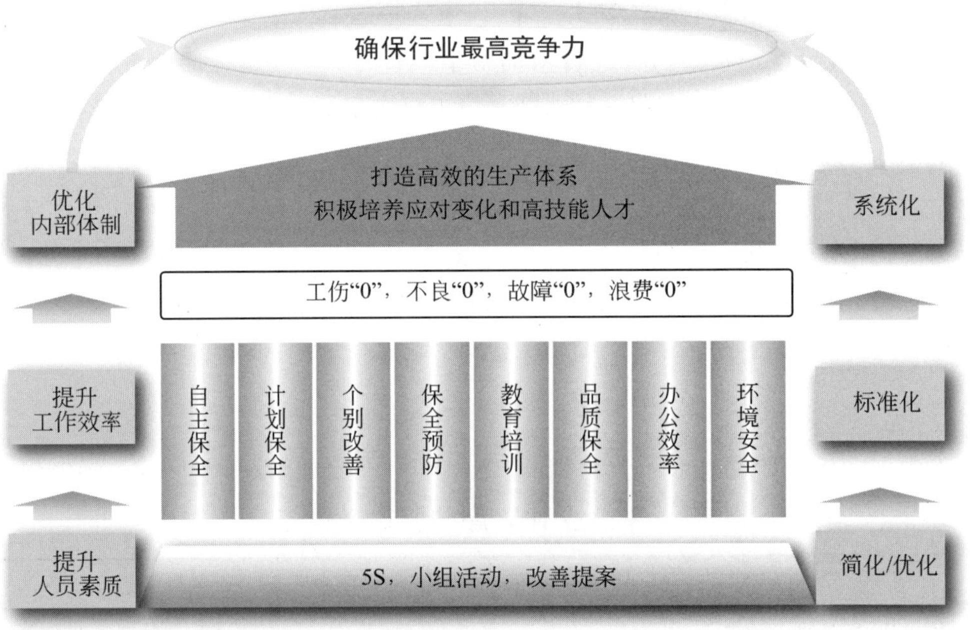


图1-6　TPM 8大支柱体系图

| 八大支柱 | 自主保全 | 计划保全 | 个别改善 | 保全预防 | 教育培训 | 品质保全 | 办公效率 | 环境安全 |
|---|---|---|---|---|---|---|---|---|
| 主管部门 | 生产 | 设备 | 推进办 | 生产技术 | 培训 | 品质经营 | 人力资源 | 环境安全 |
| 执行部门 | 生产 | 设备 | 全部门 | 生产技术<br>设备/生产 | 全部门 | 全部门 | 职能部门 | 全部门 |
| 推进目的 | 打造具有自主改善意愿的现场 | 培养具备预知、预防设备故障能力的维护人员 | 集中改善痼疾问题、重要项目 | 完善设备设计，确保设备尽早稳定化 | 培养熟练掌握设备和流程的人才 | 建立品质管理体系，开展改善品质活动 | 业务规范/效率化 | 无公害、无事故、无疾病 |

TPM5大支柱

TPM 8大支柱

**图1-7　TPM各支柱职能及目的**

因各自基础和发展情况的不同，企业在引进TPM活动之前应对自身情况进行评估，并制订总体规划，如重点方向、先后顺序等。另外，企业可根据自身的特殊情况，如行业或企业特点，在8大支柱内增加一些内容或要素，以保证TPM活动更加有效，为企业经营提供更大的支持和贡献。

**1. 自主保全活动**

自主保全活动的目的是让操作者以“我的设备我维护”的思想来提升维护技能。以往的维护和运行由不同人员负责，因此产生了“我是操作者，你是维护人员”的思维方式，而自主保全活动则要改变这种思维方式，让生产操作者极大地发挥发现异常能力、处置和恢复异常能力、设定条件和调试能力、维持管理能力。

在以前供不应求的时代，操作者不需要经过正规培训也能够满足生产要求。但现在客户的要求越来越高，行业竞争越发激烈，设备和流程越发复杂，这种趋势要求操作者只有正确理解产品、设备、流程知识才能够达成生产效率目标，所以，操作者的水平成了重要课题。因而，自主保全活动作为提升管理能力的重要工具，也是TPM活动的重要特点。

**2. 计划保全活动**

计划保全体系由设备可靠性和维护性两方面构成，是按照事前既定计划执行维保活动的统称。计划保全活动是指通过零故障维护、规范备品备件管理、维保操作标准化，以延长设备寿命、降低维护成本为目的，以设备部门为主导，开展的计划性设备管理体系活动。

在设备自动化和高集成化的趋势下，设备决定品质，设备效率决定企业竞争实力。企业应建立设备有效管理体系，提升计划性维护水平，尤其在快速发展的设备环境下，维护人员的技能提升非常重要。设备部门的计划保全和生产部门的自主保全活动相辅相成，像推车的两个轮子一样紧密相连，所以，TPM活动中计划保全活动的作用越来越被重视。

### 3.个别改善活动

个别改善活动是指为彻底消除全企业损失、挑战极限生产系统效率，而进行的具体项目改善活动。这些活动具有短期内取得极大效果的特点。个别改善活动根据活动规模可分为跨部门项目活动、部门内部项目活动、小组项目活动。

设备综合效率（OEE，Overall Equipment Effectiveness）活动为典型代表，结合企业战略也可扩展成材料费、物流费、动力费、人工费等成本节俭活动。

为成功开展个别改善活动，要求推进办在做好课题分解和分配的前提下，具备指导和评估等综合运营能力，同时掌握活动所需的改善方法论（工具），以确保成功达成个别改善目标。

### 4.保全预防活动

保全预防（MP，Maintenance Prevention）活动是指针对新设备从策划、制作阶段开始反映维护性和新技术的特点，在充分考虑可靠性、维护性、经济性、操作性、稳定性等因素的情况下，进行的降低维护费用和老化损失的活动。保全预防是按既定计划实现早期稳定，并以达成经营目标为目的，可分为保全预防设计和初期管理。

保全预防设计是指设备设计人员在设计设备时，充分考虑设备的功能和操作等综合因素，以预防现实中未满足上述要求而在后期运行中经常出现的众多问题。保全预防设计活动要求从设备制作源头开始强调生产、设备、技术等部门参与、反馈的作用，并追求完美设计。

设备初期管理是指设备使用者、设备生产商、设备施工方等多方共同参与，从设备设计到最终生产良品期间针对设备开展的活动。保全预防设计和初期管理的目的是，以彻底准备和完美施工来缩短调试磨合期，并保障开机满足一次良品条件。

### 5.教育培训活动

培训是指在实施TPM活动中，让参与人员通过学习具备所需技能，以保障8大支柱活动的顺利开展。所以，教育培训活动也是支撑TPM活动的重要支柱之一。教育培训活动包括自主保全活动，各支柱活动也是培训项目的一部分。

企业越来越关注人才经营，随着技术发展的加速，在不确定性的影响下，工作内容也发生了巨大变化，培训体系也应不断变化和调整。为达成品质、成本、交付目标，及感动客户，迫切需要企业每个员工具有创新精神，并根据企业自身情况定制人才培养程序。

要求企业接受新知识的速度快于变化速度，这是竞争中的重要因素之一。以往的培训学习感受体系已无法充分体现成果要求，企业应结合实践的学习体系，形成实践学习团队，这样才能够实现人才培养成果。

### 6.品质保全活动

品质保全是指为确保完美品质（良品率100%）、谋求无不良设备、确保零不良条件，将其条件维持在规格范围内，而对其条件按规定时间间隔进行采样测量、监管测量数值趋势，以预判发生不良品质的可能性，并提前采取对策。

随着技术的发展和产品高端化趋势下客户品质要求的日益提高，确保满足客户和感动客户的品质意识越来越重要。为达到如此高标准的品质水平，企业需要从产品策划、设计、技术支持、生产各个阶段设定零不良的条件并在每个阶段严格执行，这样才能够保障客户要求的理想品质。但是结果管理的品质体系有其局限性，因此逐渐演变成追溯问题源头的原因系条件管理。

为做到问题原因系条件管理，企业应在明确品质和设备精度、夹具/工具精度、生产条件、作业方法等相关关系的前提下，建立维持管理要求条件的体系。

### 7.办公效率活动

办公效率活动是指针对办公类的间接业务，通过系统化体系建设，开展的提升个人和组织业务效率的活动。

成功的TPM活动离不开办公效率，因为，办公部门提供信息的质量和速度影响巨大。

企业的组织架构中，围绕生产等直接部门所设立的间接部门的主要职能并不是管理，而是为直接部门提供支援。为提升企业的整体效率，间接部门应全力支持创造出附加值的生产等直接部门。同时，间接部门也应进一步提升部门职能和效率目标，因为，办公效率与生产效率同等重要。通常，办公效率因容易被忽视而运行低效，因此改善余地较大。

### 8.环境安全活动

环境与安全经营体系作为企业经营的重要组成部分，随着时代的发展越来越被重视。特别在环境方面，企业受到的制约越来越强烈，包括强制政策、监督体系等。虽然各行各业的具体环境各有差异，但消除工作场地的粉尘、照明、噪声等危害环境的因素，是提升员工满意度ESI（Employee Satisfaction Index）和社会满意度指标的重要项目。

如TPM所定义的，企业为预防所有损失的发生而强调构建工厂运营系统，安全活动也同样追求“0”化思想，因为TPM把“以人为本”作为基本理念。事故是在不稳定的状态或不安全行为的条件下发生的，所以在开展TPM活动时，企业首先要确保开展安全知识培训及消除安全不合理的活动。为实现零事故目标，企业必须要构建安全活动和安全部门的合作体系，并且为提高活动效率，建议与自主保全活动相结合来开展。

## 四、TPM给企业带来的成效

TPM作为企业管理基础和经营目标达成的重要手段，在生产效率（P）、品质保证（Q）、成本降低（C）、遵守交货期（D）、安全环境（S）、士气提高（M）等方面，创造的有形效果和直接收益，如图1-8所示。

TPM有形效果（样板）

■ P（Productive）
价值生产效率提高1.5～2倍
* 突发故障减半
* 设备稼动率提高1.5～2倍

■ Q（Quality）
工序不良率减半
客户投诉率减半

■ C（Cost）
生产成本降低10%～20%

■ D（Delivery）
成品/半成品库存减半
提升客户满意度

■ S（Safety & pollution）
工伤零化，环境事故零化

■ M（Morale）
改善提案增加2～5倍
多技能及提升员工满意度

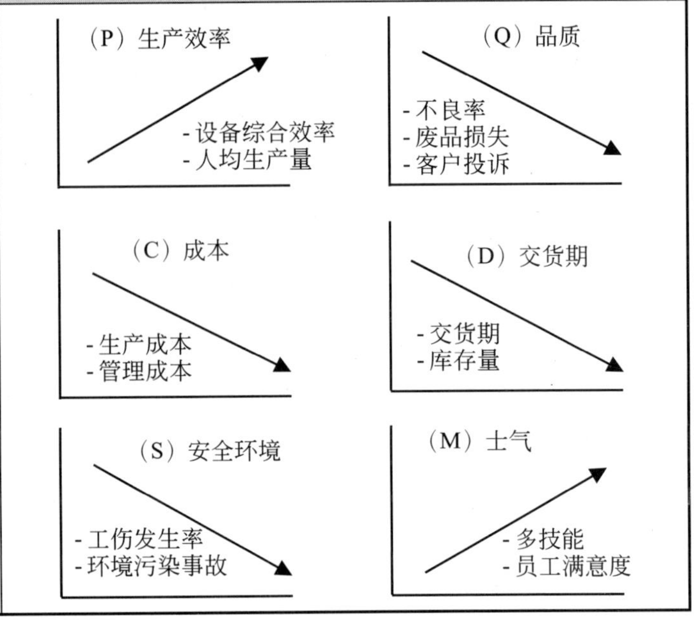

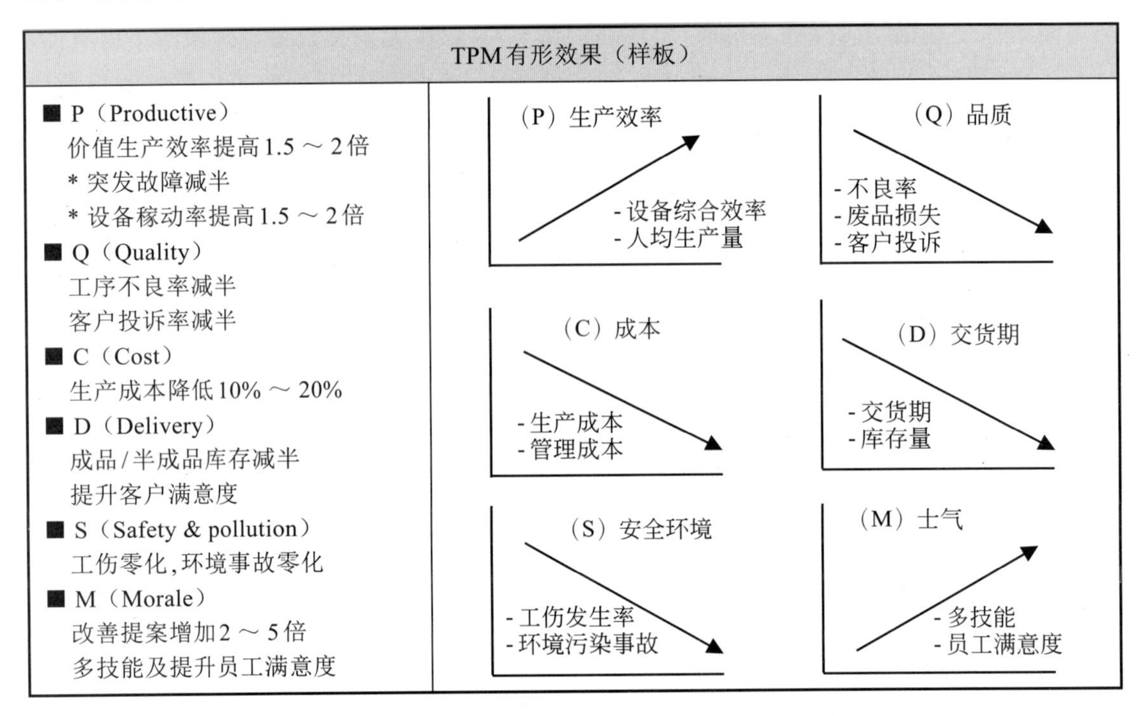

**图1-8 TPM活动预想成果**

TPM活动效果除了有形效果以外，还能够给企业带来如下“体质”方面的改善，即无形效果。

（1）彻底改变工作现场充满油污、粉末、粉尘的面貌，营造明亮整洁的工作环境，让员工喜欢自己的企业和工作，从而降低离职率。

（2）通过减少事故、降低故障和不良改善活动及相关成果的体现，给员工带来成就感和成功的信心。

（3）通过自主保全活动，提高现场人员的设备维护保养技能和自律能力，提升员工的责任意识和主人翁意识。

（4）增强员工对设备维护知识的了解，提升员工对设备的管理能力，消除部门间的壁垒，提升企业整体管理能力，从而提高企业竞争实力。

（5）通过经营者、管理者对现场的支援、指导、沟通等活动，增加经营者、管理者与现场员工的交流机会，营造企业理想的文化氛围。

（6）通过员工意识和现场形象的改变，给客户和来访者留下良好的印象，这样能够提升企业形象，并对扩大销售起到重要作用。

若干年来，随着TPM在制造业的逐渐推广和普及，引进企业都取得了显著的成效，内部管理和企业经营都得到明显改善和提升，并得到了客户和市场的认可。

现在TPM在全球受到关注，不仅是全球500强企业，很多高校和学术界也引进TPM

作为相关专业和研究项目，很多先进国家每年都会定期举行TPM大会。

【案例3】▸▸▸

## S公司TPM活动战略

**1.活动概要**

S公司在需要进行TPM的情况下，提出“改革人和企业‘休质’”的目标，制定事故“0”、故障“0”、不良“0”、浪费“0”的现场目标，从1992年开始持续开展TPM活动。

导入期（1年）：成立TPM推进办后，面向公司各层级人员进行导入培训，并开展Clean up（清扫）改善环境活动，为下一步TPM支柱活动打基础。同时利用重叠小组活动让管理者彻底领悟TPM思想。

巩固期（5年）：为营造TPM活动氛围，通过开设自主制作室、技能培训场等机构形成支援体系；同时，把从生产部门开始的原活动范围全面扩展到计划保全以及公司旗下所有部门；另外，通过总经理诊断方式增加高层与现场激励指导等沟通交流渠道。

成熟期（持续）：加强业务中心的TPM活动，为关联经营成果和高效管理保全信息而创建PM模块IT系统，并且全公司把全员参与TPM作为达成6 Sigma目标的工具来开展活动。

**2.TPM活动体系图**

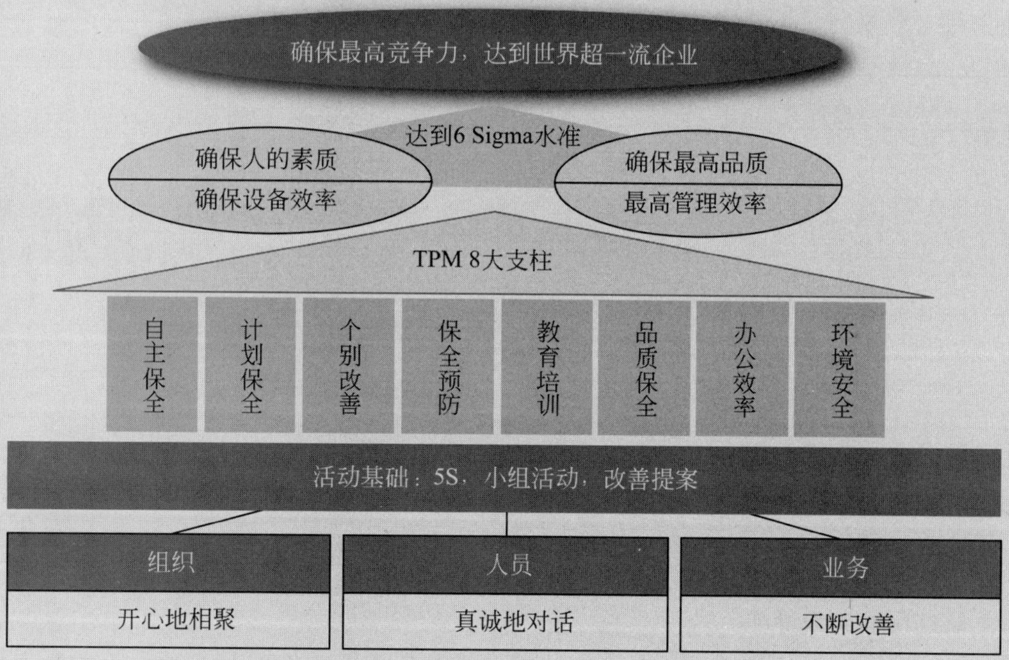

**3.活动方针**

（1）公司经营方针

**总裁（CEO）经营方针**

■经营口号：
“最高品质，挑战一流”
■ 经营方针：
1.做出世界第一产品
2.提高30%的效率
3.完成全球化管理
4.创造新企业文化

**品质经营方针**

1.客户永远是对的，我们要向客户学习
2.品质问题透明化，并迅速应对
3.制定正确的标准，并严格执行
4.彻底贯彻预防活动，降低品质费用

（2）TPM基本思想及方针

**基本思想**

□组织：开心地相聚
□沟通：真诚地对话
□业务：不断改善

**基本方针**

□把全员培养成工程师
□通过零不良、零事故、零故障活动，实现零浪费工厂
□极限挑战“提高品质/降低成本”

（3）TPM目标

<table>
<tr><th>TPM小组活动指标</th><th colspan="7">成果指标</th></tr>
<tr><td rowspan="9">□定期活动：4次/（月·组）<br>□改善不合理：20件/（月·人）<br>□10分钟培训：2次/（月·人）<br>□STEP诊断：2.5次/（年·组）<br>□实施提案数：4件/（月·人）</td><td rowspan="2">项目</td><td rowspan="2">单位</td><td rowspan="2">现水准（导入时）</td><td colspan="3">目标</td></tr>
<tr><td>导入期</td><td>巩固期</td><td>成熟期</td></tr>
<tr><td>设备Loss数量</td><td>个</td><td>45 100</td><td>22 500</td><td>13 500</td><td>4 500</td></tr>
<tr><td>故障件数（A级）</td><td>件/月</td><td>2 460</td><td>900</td><td>200</td><td>50</td></tr>
<tr><td>MTTR</td><td>分钟</td><td>47</td><td>35.2</td><td>26.3</td><td>18.5</td></tr>
<tr><td>良品率</td><td>%</td><td>91.0</td><td>95.3</td><td>98.2</td><td>99.1</td></tr>
<tr><td>生产效率</td><td>个（/人·日）</td><td>8.4</td><td>12.2</td><td>15.8</td><td>18.3</td></tr>
<tr><td>事故件数</td><td>件</td><td>13</td><td>5</td><td>3</td><td>0</td></tr>
</table>

**4.TPM组织及功能**

TPM组织由公司总委员会和各部门实践委员会构成。各事业部组建TPM推进办，

并根据自身业务特点组织TPM活动。

另外，为确保TPM活动顺利开展，外聘专业咨询公司定期指导，并通过内部TPM专家制度让TPM专家起到内部顾问的作用。

（1）组织架构

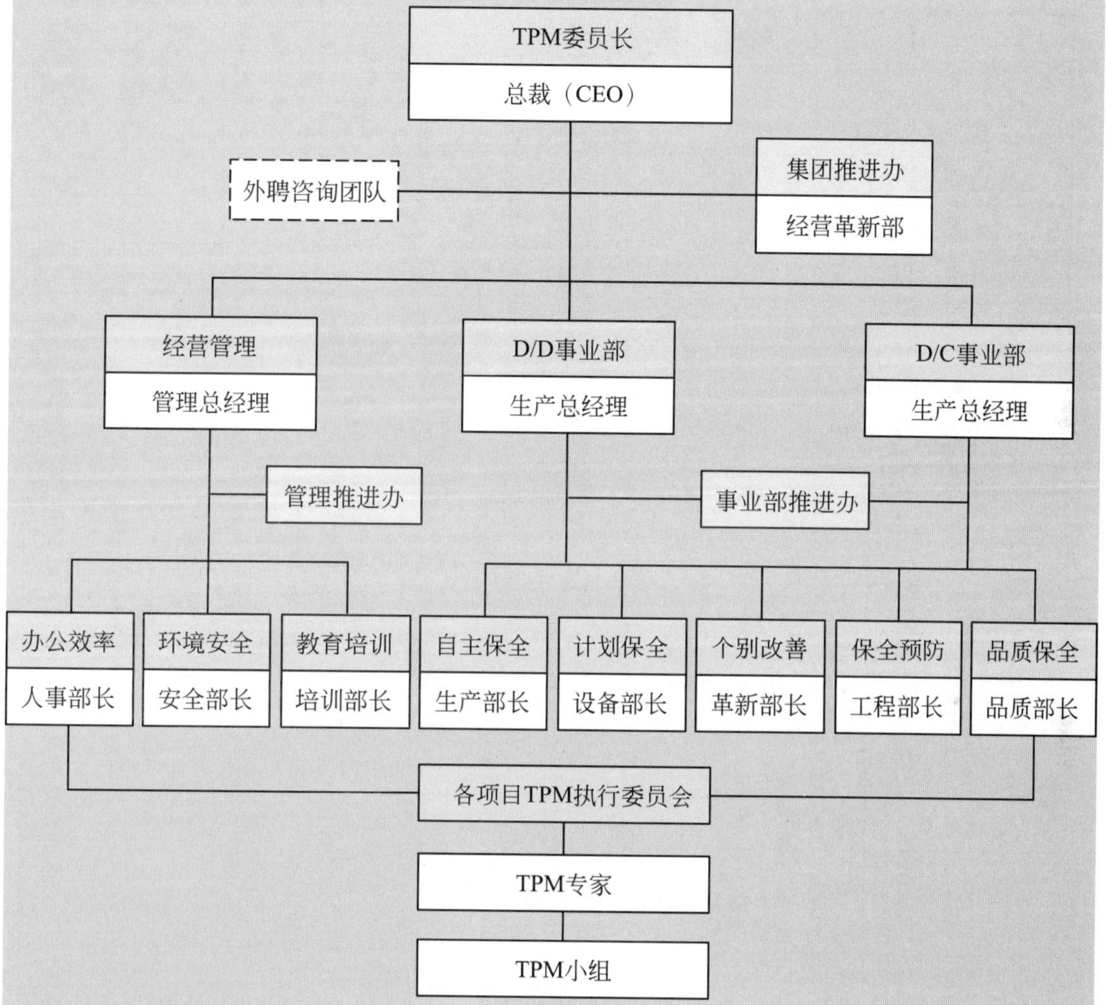


（2）TPM小组现况

| 经营管理 | | D/D事业部 | | D/C事业部 | | 合计 | |
|---|---|---|---|---|---|---|---|
| 直接 | 间接 | 直接 | 间接 | 直接 | 间接 | 直接 | 间接 |
| 12人 | 16人 | 132人 | 50人 | 39人 | 10人 | 183人 | 76人 |
| 28人 | | 182人 | | 49人 | | 259人 | |

（3）业务职能划分

| 区分 | 生产部 | 设备部 | 动力部 | 工程部 | 品质经营 | 技术部 | 环境安全 | 经营管理 | 革新部 |
|---|---|---|---|---|---|---|---|---|---|
| 自主保全 | ● | ○ | ◎ | ○ | ○ | ○ | ○ | ○ | ○ |
| 计划保全 | ◎ | ● | ● | ○ | | | ◎ | | ○ |
| 个别改善 | ◎ | ◎ | ◎ | ◎ | ◎ | ● | ○ | ◎ | ● |
| 保全预防 | ◎ | ◎ | ◎ | ● | ○ | ○ | | | ○ |
| 教育培训 | ◎ | ◎ | ◎ | ◎ | ◎ | ◎ | ◎ | ● | ○ |
| 品质保全 | ◎ | ◎ | ◎ | ◎ | ● | ◎ | | | ○ |
| 办公效率 | ○ | ○ | ○ | ○ | ◎ | ○ | ◎ | ● | ○ |
| 环境安全 | ◎ | ◎ | ◎ | ○ | ○ | ○ | ● | ○ | ○ |

注：●主管部门，◎执行部门，○相关部门。

（4）业务分工

<table>
<tr><th>推进组织</th><th>成员</th><th>业务</th></tr>
<tr><td>TPM<br>总委员会</td><td>委员长：总裁（CEO）<br>委员：分管总经理</td><td>（1）确定TPM推进方向及政策<br>（2）主持TPM报告会、发表会</td></tr>
<tr><td>各项目<br>执行委员会</td><td>委员长：主管部长<br>委员：相关管理者</td><td>（1）项目类（8大支柱）活动<br>（2）项目类（8大支柱）活动指导诊断</td></tr>
<tr><td>TPM活动小组</td><td>活动小组组长<br>小组成员</td><td>（1）开展TPM活动<br>（2）小组内部学习及参观优秀小组</td></tr>
<tr><td>总推进办</td><td>集团经营革新部</td><td rowspan="2">（1）TPM总体规划（Master Plan）<br>（2）指导活动及诊断<br>（3）开发及研究特别活动<br>（4）向外部公司咨询</td></tr>
<tr><td>事业部推进办</td><td>事业部经营革新部</td></tr>
<tr><td>TPM专家</td><td>各部门专家</td><td>（1）活动指导及诊断<br>（2）TPM及提案活动的跟踪管理<br>（3）部门内部TPM顾问作用<br>（4）新STEP模拟（Simulation）<br>（5）与其他事业部信息交流<br>（6）研究专题项目</td></tr>
<tr><td>TPM技能讲师</td><td>设备部、技术部、动力部</td><td>（1）TPM技能教育<br>（2）总点检教育<br>（3）制作（修改）教材及运营教育场<br>（4）研究指导方法</td></tr>
</table>

（5）TPM 中长期总体规划（Master Plan）

| 区分 | 导入期 | 巩固期 | 成熟期 |
|---|---|---|---|
| 区分 | 动员全员参与及营造活动氛围 | 通过全面开展TPM 8大支柱活动，实现成果最大化 | 成为行业领先 |

| 区分 | 活动 |
|---|---|
| 综合 | 经营者重叠小组活动，TPM启动大会，引进TPM咨询公司，TPM战略发表会(1次/半年)<br>TPM实绩报告会(1次/月),每月各部门过程评价(评价best/worst)并奖励优秀 |
| 自主保全 | 0 STEP；1 STEP；2 STEP；3 STEP；4 STEP；5 STEP；6 STEP<br>专家特别活动；结合PM小组活动；新TPM活动<br>实施专家 → 部长 → 厂长诊断 → 通过TPM活动开展读100本书活动 |
| 计划保全 | 计划保全现象分析；整理标准书及业务分工；保全系统化(PM模块)<br>基本信息收集；制作Manual；预知保全系统扩大<br>Brack Down-50活动；故障零化；故障零化；故障零化<br>技能教育及总点检教育培养讲师和保全人力<br>支援自主保全（解决不合理标签问题及通过OPL等提供技术支持），支援PM小组活动，M-SQM活动 |
| 个别改善 | QC、IE、VE、PM分析、5WHY等改善培训；6Sigma Project 活动(课题登录→实施→评价→发表)<br>解决顽固性不良活动；解决VE, 不合理敢死队<br>10大成本(TPI个别对策)小组主题活动；通过PM模块管理延长MTBF及提高设备综合效率 |
| 教育培训 | 开展公司内/外培训及参观学习、海外研修<br>运营技能教育；技能培训：2周( 88学时), 总点检：8学时/科目；扩大技能教育场<br>运营自主制作室；指导海外工厂；公司内部资格证制度(BELT资格, 培养专业人力)<br>小组组长培训, 进行24小时培训；小组组织活性化教育 |
| 保全预防 | 检查验收时生产和设备人员参与全面查找不合理<br>海外新工厂初期管理<br>保全预防设计培训全面实施；构筑保全预防提案系统(全部门扩散) |
| 品质保全 | 导入标准品质生产方式；结合 6Sigma改善课题活动<br>整理标准及管理项；构筑仪表R&R, 傻瓜系统(F/P), SQM<br>构筑POP系统；开展标准实名制, 检查名人制, 操作员实名制, 特别活动 |
| 环境安全 | 通过环保企业认证并维持<br>安全TPM30天作战, 污水处理场TPM活动 |
| 办公效率 | 办公5S活动(2次/周定期活动)；办公6Sigma活动(提高Major Process质量)<br>食堂TPM活动；Diet-30天活动；3R(Rule, Reengineering, Reduce)活动 |
| 其他 | TPM学习会, 发行刊物, 员工优秀案例及干部优秀案例发表会, 参加外部活动, 参赛设备优秀奖项<br>设备画图,清扫工具展示会, 小组活动竞技大会,TPM人之夜, 其他公司参观学习, 团队竞赛 |

（6）TPM奖励制度

TPM奖励制度是在TPM革新活动创造出质和量的成果时，给予运营奖励的制度，以提高活动欲望，并发展为更高的活动目标。奖励制度应根据公司情况，持续研究奖励项目和金额等内容。

奖项内容

| 名称 | 奖励周期 | 奖励内容 |
|---|---|---|
| 1.小组活动 | 每月 | 活动费：3元/（人·次）<br>TPM过程评价：小组及部门单位奖励<br>STEP结果评价（绝对评价）：金奖，银奖，铜奖 |
| 2.改善提案活动 | 每月 | 采纳时进行奖励<br>实施后根据评级结果进行奖励（1～10等级）<br>改善积分奖励 |
| 3.小组活动案例发表大会 | 1次/半年（集团） | 最优秀奖，优秀奖，参与奖 |
| | 1次/季度（事业部） | 最优秀奖，优秀奖，鼓励奖 |
| | 1次/季度（部门内） | 最优秀奖，优秀奖，鼓励奖 |
| 4.现场改善优秀工序 | 每月 | 最优秀奖，优秀奖 |
| 5.保全技能竞赛 | 1次/半年 | 各项目评奖：金奖，银奖，铜奖 |
| 6.多技能奖 | 每月 | 完成多技能项目时进行奖励 |
| 7.读书100本活动 | 每月 | 提交书籍读后感进行奖励<br>个人读完100本书时颁发读书大学结业证 |
| 8.特别主题活动 | 1次/季度 | 最优秀奖，优秀奖，鼓励奖 |
| 9.TPM人之夜活动 | 1次/半年 | 邀请TPM英雄100人参加活动并颁奖 |
| 10.当月公司革新名人 | 每月 | 夫妻海外旅行 |
| 11.检查名人奖 | 每月 | 金人，银人，铜人及带薪假待遇 |
| 12.革新事例发表大会 | 每月 | 发表及颁奖：最优秀奖，优秀奖，鼓励奖 |
| 13.洁净度评价 | 每月 | 最优秀奖，优秀奖，鼓励奖 |
| 14.新纪录奖 | 随时 | 达成新纪录时奖励 |

【案例4】▸▸▸

## TPM成功论

S公司荣获TPM奖后，公司总裁（CEO）接受媒体采访的内容。

**记者：请问贵司引进TPM的背景是什么？**

CEO：当今社会是竞争加剧和感动客户、引领变化的时代。在信息化、智能化制造行业的冲击下，企业竞争超过时间、空间、环境的限制，变成了追求最高品质、最高效率、最高速度的竞争。

TPM使员工成为自己设备或工序的主人，在责任心的驱使下为挑战最高品质、最高工程能力而不断提升个人能力。

全员参与经营，为实现“全员工程师化”而培养组织力，是TPM的目的，也是引进的背景。

**记者：把TPM作为经营革新重要工具的理由是什么？**

CEO：我公司是技术和资金型设备类产业，且客户要求日益提高。为迅速应对客户需求，应组建自律、创意、积极参与的极大发挥个人潜力的强大组织。同时，为实现完美品质和最高效率目标，应提高全员主人翁意识，凝聚大家的智慧。在这样的环境下，让每个成员努力自我提升且向着专家水平而努力的过程是TPM的真谛，所以在诸多企业经营中，TPM是很重要的工具。

**记者：贵司TPM成功的最大因素是什么？**

CEO：只有以现场为中心的革新活动才能够给企业经营带来大的成果，TPM的强烈意志（600次TPM高层诊断）和现场小组活动以及管理者为主的个别改善活动相融合，为积极开展TPM活动奠定了基础。TPM活动的成功因素如下。

第一是开放的TPM，把极限发挥个人潜能，以及通过成员的团队合作极限提高士气（Morale）作为重点活动对象。第二是以人为本，重视员工的成就，营造开心工作的氛围。第三是优先考虑人才和技术，运营技能培训场，把现场员工培养成技术专员；为了让现场员工积极提出改善创意，运营自主制作室。

**记者：您个人最关心的内容是什么？**

CEO：生产部门通过TPM已取得很大成果，但管理间接部门在公司层面与组织运营流程方面还有很多项目有待改善。低效率业务增加间接费用是失去竞争力的主要原因，所以我认为只有进一步加速流程改革，创建并落实高效流程和“体质”，才是保持企业竞争实力的捷径。

**记者：给国内外TPM活动企业经营者的建议是什么？**

CEO：动员全体员工通过自觉领悟和自发性信念和意愿参与，培养技术能力及自我开发技能是TPM成功的要因。企业应给员工营造相应的组织环境和氛围，并且高层以身作则激励持续改善，这是很重要的环节。TPM活动中领导和专业人员的改善活动固然重要，但更为重要的是，查找微小改善案例，发现和扩散现场活动火种，以及对他们积极引导。因此，TPM是通过改变人和设备“体质”而改革企业“体质”的活动，设计好中长期总体规划并机智地解决问题及坚持推进是活动的关键。

# 第二章
# TPM自主保全活动

## 一、自主保全活动概论

### 1. 自主保全基本概念

自主保全活动是以生产部门为主体、设备等相关部门为辅助的活动。自主保全活动将改变以往设备与生产职能完全分离的状态，逐步让生产员工转变“我是生产”“你是维保”的思想，形成“我的设备由我来维护”的意识。

自主保全活动的目的是使操作员工精通工艺流程和设备结构性能，具备预判工序问题和设备异常并自主采取措施进行改善的能力，从而保障设备、测量器具、作业现场、现物保持最佳状态，注重改善不合理及制定维持标准并遵守执行。

自主保全以台阶式设计阶段活动体系，通过重复维持和改善，不断巩固和提升所要达成的实力。这是追求极限生产效率的活动，因而巩固前一阶段的内容，确保不退步是自主保全活动的关键。每个活动阶段都应该严格审核，最终由企业最高负责人授权，承认活动阶段并予以激励，以满足员工自我需求的实现，保障活动的延续性。

### 2. 自主保全活动体系

自主保全活动体系，如图2-1所示。

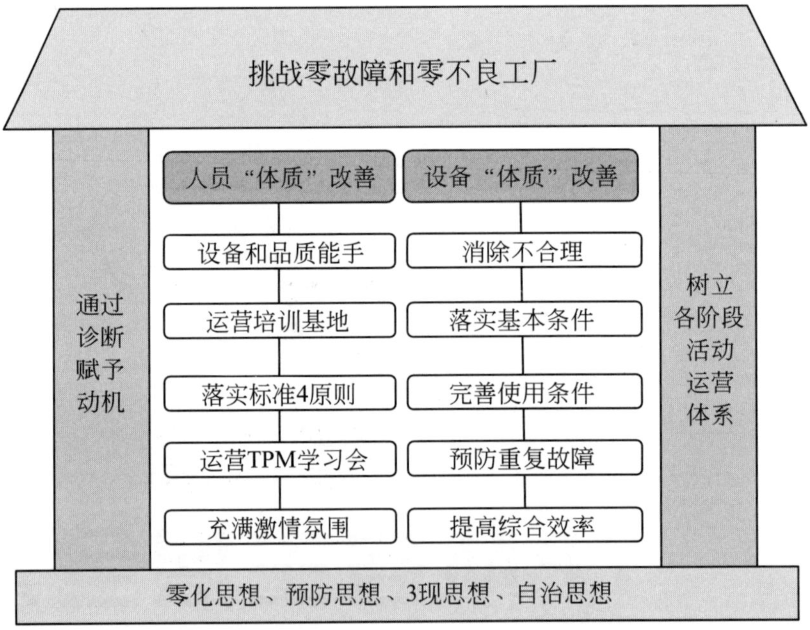


图2-1 自主保全活动体系图

### 3. 自主保全活动STEP结构

自主保全活动分7个阶段，如图2-2所示。自主保全的阶段特点是，通过维持和改善循环逐步提高水平从而达成目标，同时确保已达成的级别不倒退。

由于时代和环境在不断变化，各行业和企业的自身情况也各不相同，企业应结合自身的实际情况，灵活运用各阶段（STEP）的活动，这样才能更加提升活动成果。

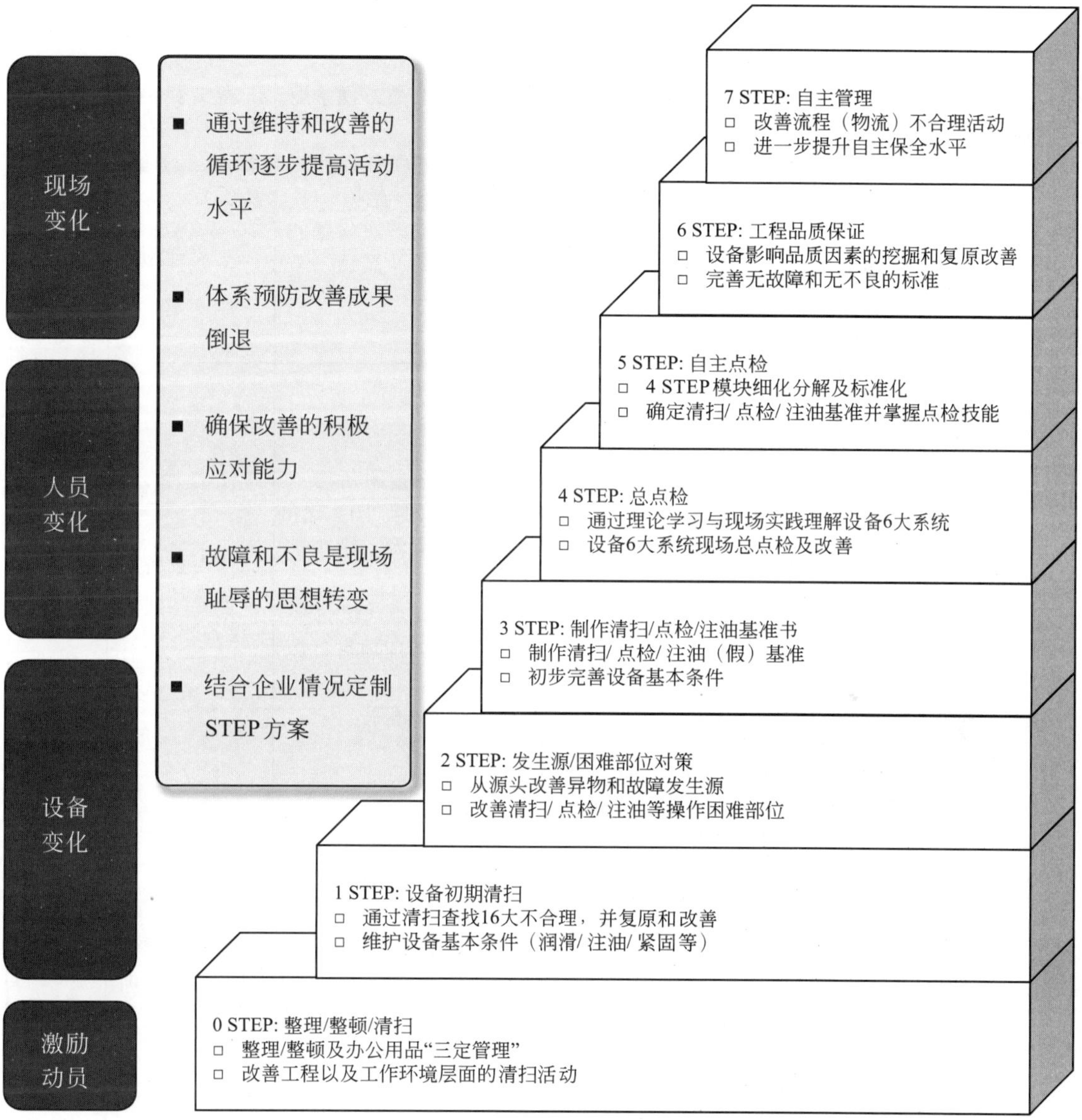


图2-2　自主保全活动STEP结构

### 4. 自主保全STEP活动开展体系

自主保全STEP活动开展体系，如表2-1所示。

表 2-1　自主保全 STEP 活动开展体系

| STEP | 活动要领 | 目标 | 学习内容 | 前提条件 |
|---|---|---|---|---|
| 0 STEP<br>整理/整顿/清扫 | （1）以现物为对象区分必要与不必要物品，并处理不必要物品<br>（2）查找并消除安全相关的不合理<br>（3）查找并消除现物整顿相关的不合理（定品、定量、定位等可视化管理）<br>（4）查找并消除岗位工作（操作）相关的不合理→谋求操作简单方便<br>♣在工序内发生的重要问题当中选出小主题项目进行练习，以提高解决问题技能 | （1）只保留必要品（整理活动）<br>（2）确保安全（整顿）<br>（3）必要品方便拿取（整顿）<br>（4）解决工作操作当中的不方便（整顿）<br>（5）掌握解决问题的技能（设备、品质、节约成本等） | 开展操作员工需要了解的基本业务技能培训（设备/品质） | 维持前STEP活动/在整个STEP持续开展发生源改善活动 |
| 1 STEP<br>设备初期清扫 | （1）消除污染状态（设备陈旧、污垢）<br>（2）100%查找复原微缺陷活动（并行改善）<br>（3）清扫时查找不合理并改善活动→污染源/清扫困难部位，初步解决活动<br>（4）学习疑问点<br>（5）了解活动区域内现物种类/了解自己的工作种类→对比理想状态差异复原/改善活动<br>♣ 0 STEP小主题项目内容能够关联1 STEP活动 | （1）清扫复原活动<br>（2）微缺陷“0”化<br>（3）污染源、困难部位清扫对策<br>（4）疑问点“0”化<br>（5）不合理项目复原及改善<br>▶ 清扫基准书 | 学习设备内部构造及原理（设备配件） | |
| 2 STEP<br>发生源/困难部位对策 | （1）查找并改善重复性问题因子，并开展改善活动→不良/故障<br>（2）导出（操作行为）困难因子并开展改善活动→点检/注油/紧固/操作/步行/手工等<br>（3）重复污染发生源/清扫困难部位改善活动 | （1）消除重复性问题发生因子<br>（2）消除行动困难因子<br>▶ 制作清扫基准书（缩短清扫时间） | 针对问题项目的技术培训 | |
| 3 STEP<br>制作清扫/点检/注油基准书 | （1）查找润滑及注油不合理因子，并开展改善活动→注油缺陷/油污发生源/注油困难部位（开发注油工具）<br>（2）清扫/点检/注油项目的可视化管理 | 目标时间内润滑/注油操作（缩短注油时间）<br>▶ 清扫/点检/注油基准书 | 润滑/注油相关技能培训 | |

续表

| STEP | 活动要领 | 目标 | 学习内容 | 前提条件 |
|---|---|---|---|---|
| 4 STEP<br>总点检 | （1）根据总点检科目分别进行理论和实践培训活动<br>（2）查找总点检科目点检活动和相关不合理，并开展改善活动→点检结果非正常状态的复原和改善<br>（3）对点检项目的可视化管理 | （1）科目类培训<br>（2）最短时间内进行点检活动（缩短点检时间）<br>▶ 清扫/点检/注油基准书 | 总点检科目技能培训（机械/油压或空压机/电工/电子） | 维持前STEP活动/在整个STEP持续开展发生源改善活动 |
| 5 STEP<br>自主点检 | （1）查找设备结构功能相关的不合理因子，并开展改善活动→故障/瞬间停止/低速运转<br>（2）制作和运营清扫/点检/注油基准书日程表（Calendar）以及开展日常保全活动 | 实现设备无故障<br>▶ 制作清扫/点检/注油日常维护日程表 | 为开展TPM活动，学习设备维护及相关技能 | |
| 6 STEP<br>工程品质保证 | （1）查找影响工序品质的不合理因子，并开展改善活动→不良/废品/返工（设备及工序条件）<br>（2）活动对象从设备扩展到周边活动 | 生产良品工序设备<br>▶ 制作工程品质保证标准 | 学习工序技术，人员、品质条件设置和相关技能 | |
| 7 STEP<br>自主管理 | （1）查找影响流程（物流）因子，并开展改善活动→检查/搬运/等待时间<br>（2）根据既定标准开展自主活动（维持活动水平及持续改善） | 实现事故“0”/故障“0”/不良“0”工序和设备<br>▶ 制作自主管理标准 | 学习生产技术（设计），人员、物流结构相关技能→生产线平衡 | |

【案例1】

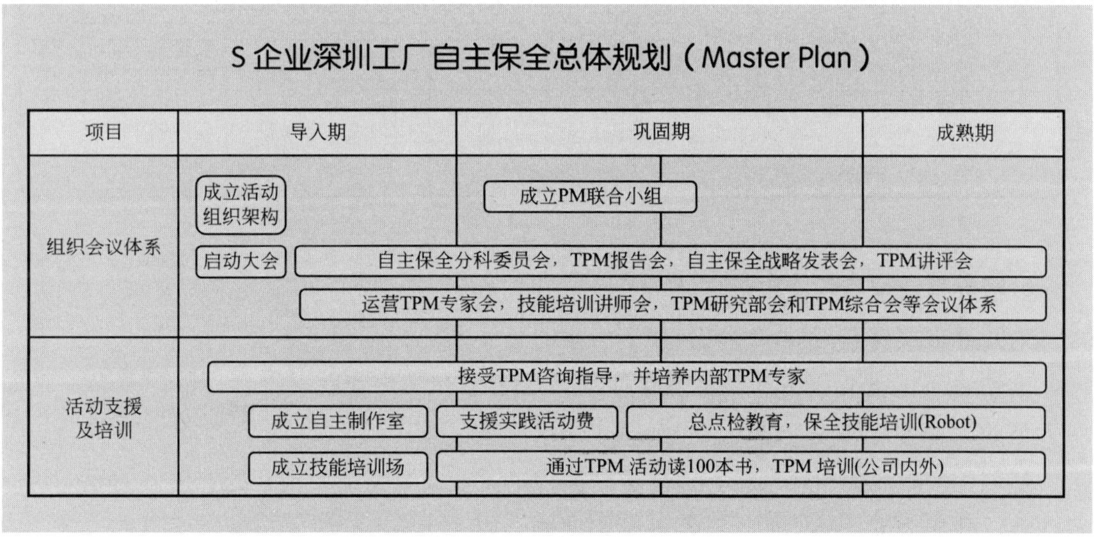

续表

| 项目 | 导入期 | 巩固期 | 成熟期 |
|---|---|---|---|
| 5S活动 | 总整理总清扫<br>创建有秩序的现场<br>培养样板，人员评价(合格)<br>划分我的设备、我的区域<br>红色标签活动 | 创建干净的现场<br>创建可视化管理的现场<br>恢复设备原样<br>遵守基本秩序活动，Yes, I can（我可以）活动<br>洗手间清洁竞赛，休息室装扮竞赛<br>Clean up（清扫）评价 | 遵守基本条件（遵守标准）<br>取消清洁工 |
| STEP活动 | 0STEP<br>部长课长、职长级别 | 1STEP<br>2STEP<br>3STEP<br>新TPM活动<br>培养战略样板，设计各工序STEP活动，基准书电脑化管理<br>专家指导，专家特别活动，向供应商及派遣组织扩展TPM活动<br>参观学习，TPM 学习会，向兄弟工厂提供支援(德国、马来西亚、墨西哥、巴西)<br>TPM-SQM 活动关联，点检基准书责任划分,PM模块运营 | 4STEP<br>PM联合小组活动 |
| 标准化 | 可视化管理<br>各STEP活动指南 | 基本条件指南<br>总点检指南<br>自主保全推进指南修订<br>提案运营基准修订<br>自主保全活动样式及器材标准化 | 登录SQM标准及管理<br>奖金基准修订<br>实施MP提案 |
| 评价/诊断 | | 实施专家→部长→总经理诊断(总经理诊断一千次)<br>TPM 月度过程评价、特别诊断 | |
| 活性化/Event | | 发行TPM刊物，员工/干部革新事例发表，运营改善展示街<br>设备图，清扫工具展示会，小组竞技大会，TPM人之夜，事业场参观学习<br>制作TPM小组回忆录，组织力竞技大会<br>安全TPM，品质TPM，降低生存成本，SQM 等特别活动 | |
| 主要成果 | –建立TPM思想<br>–公司上层理解TPM技能<br>–构筑活动环境 | –建立以现场为中心的新TPM活动体系<br>–建立指导体系<br>–导向成果特别活动<br>–向海外工厂提供指导 | –建立基本条件<br>–SQM与6Sigma相结合 |

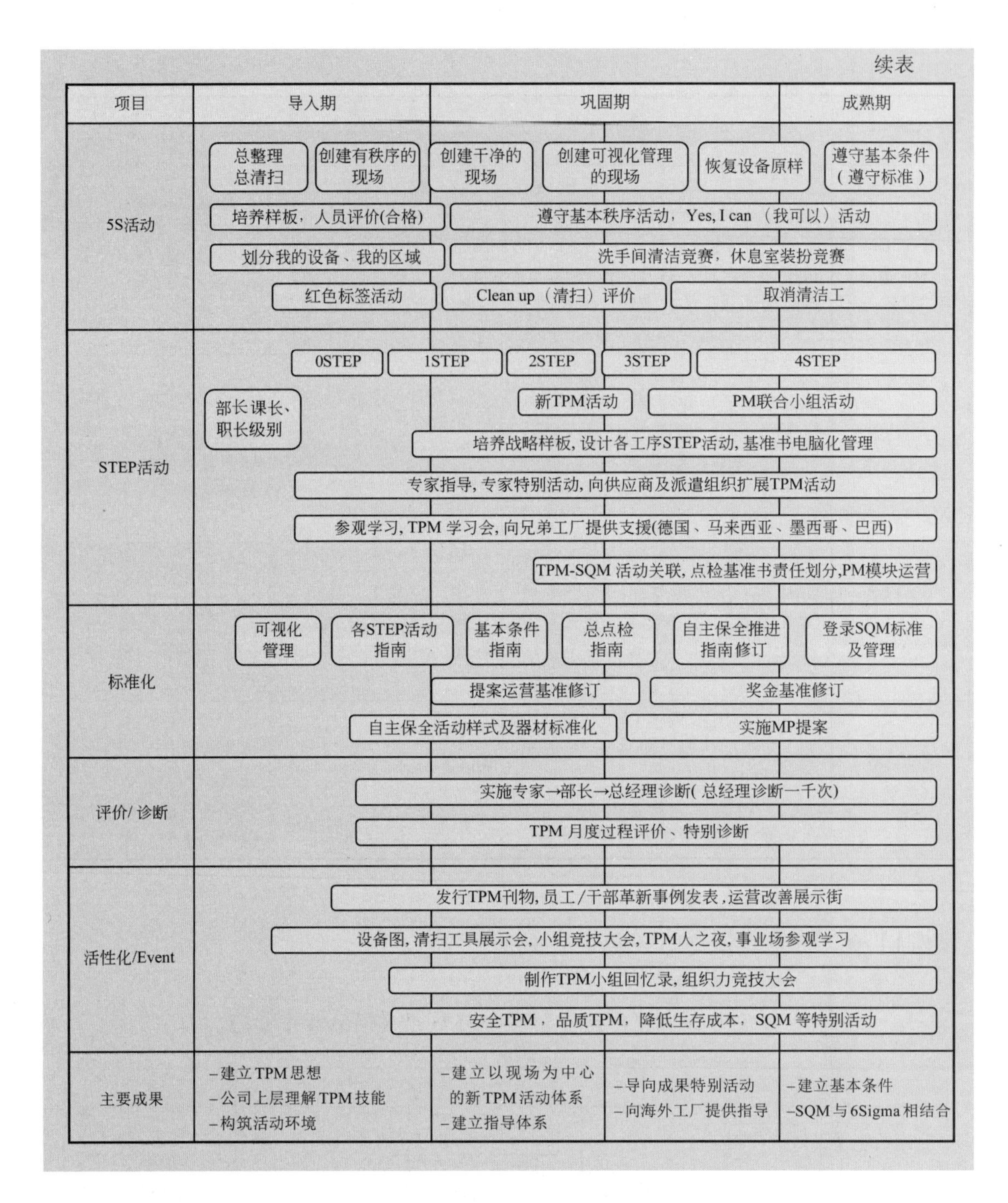

## 5. 培养精通设备和流程的操作者

为开展自主保全活动，企业需要有一批对设备和流程都相当熟悉的操作者。

操作者不仅需要具备简单的操作能力，还要了解工序流程、设备性能，具备之前维护人员的简单维修和改善能力。

随着生产现场的自动化、智能化更新换代，企业需要提前发现和处置现场问题的优秀操作者，他们能够从品质和设备层面预判问题，如“状态不正常，可能出不良品”或“设备可能要出故障”等。为满足这一需要，企业必须开展以下四方面能力的自主保全活动。

（1）发现异常能力

操作者首先需具备发现设备异常的能力，如果我们一直停留在“出故障了”“出现不良了”等结果式处理问题的思维，问题还将继续发生。所以，精通设备的操作者需要具备预防管理的能力。因为，操作者是现场设备最密切的接触者，他们查找现场所有类型不合理的能力若得以提升，必然带来不良和故障减少的效果。

（2）处置和恢复异常能力

如果我们只停留在“发现异常”的层面，并不能让设备性能得以完全发挥。所以，操作者还要具备对异常情况及时处理、使其恢复正常状态的能力。同时，当遇到小组内部力量无法解决的问题时，操作者还应向维保部门或领导明确汇报，以确保问题尽快得到解决。

（3）设定条件和调试能力

单凭感觉和经验查找异常时，会存在遗漏问题的风险。为防止此类问题，要求技术或品质部门首先明确判定异常的量化标准，并由现场人员负责对指标进行设定和维护，以免偏离标准而引发重大问题。除此之外的现场清扫等标准，则由生产部门自己制定。当遇到短时间内难以明确的问题时，操作者应以“临时标准”，通过不断完善与更新，逐步提升工程能力。

（4）维持管理能力

为确保稳定的工作环境，需要对设备加以管理，保证设备的稳定性，从而维持稳定的状态。所以，设备操作者需提升维持管理设备的能力，应确认设备的加工点及设备内部、下面、上面是否保持清洁状态，注油、紧固、预防保全基准是否得到严格的遵守，其他标准是否正常执行。只有明确落实上述行为，才能够确保设备稳定运行并充分发挥性能。

### 6. 自主保全活动开展准备

企业开展自主保全活动，首先应确定活动组织、活动小组、活动范围，并从管理者样板小组开始，以点、线、面（如表2-2所示）的方式逐步全面扩展。

**表 2-2 自主保全活动的 点、线、面**

| 区分 | “点”的活动（Model活动） | “线”的活动（Block活动） | “面”的活动（Area活动） |
|---|---|---|---|
| 重叠小组活动 | 选择样板设备，由中高层管理者亲自开展活动，学习各阶段活动方法 | 利用样板活动中学习的内容，以现场管理者为中心在工序内扩展活动和学习 | 以区域设备和品质为对象全面开展活动，在上级指导支援下确保活动有效 |
| 现场小组活动 | 在小组活动区域内选定样板设备（区域） | 样板设备（区域）活动成果向同类设备扩散 | 面向活动区域内所有设备和区域，全面开展活动 |

TPM成果是通过现场TPM小组活动体现的。

为满足便于活动和可持续性要求，需要根据活动区域和工序难度等因素划分活动小组。理想的小姐规模为10人左右，组长由成员们选举产生，并在每个活动阶段进行换届选举，以提升小组整体实力和管理能力。当受到工序和人员因素制约，普通员工无法胜任组长职能时，可指定现场管理的班长等担任。同时还要考虑白班和夜班的交替情况，如白班和夜班活动区域相同，则建议并入相同小组，但也应在成立活动小组之后明确划分活动区域，并注意企业整体区域中不能有遗漏区域，如出现归责不清区域，则需追究执行委员（管理者）的责任。

接下来以3～5个字确定小组名和小组口号，以展现小组活动士气，并结合体现小组个性的自创动作，在每天班前、班后会开展喊口号仪式。

小组活动板应张贴在活动区域内醒目和方便管理之处。为保障各阶段活动，在活动之前应制作相关阶段活动手册，如图2-3所示，并发给各小组。活动手册内容应包括TPM基本知识以及各阶段推进内容的具体实施方法、活动板模板的具体说明和诊断基准，并进行考核，以确保全体活动成员在理解的前提下进行活动。同时，制作分发可视化管理等活动所需资料和标识胶带等工具。

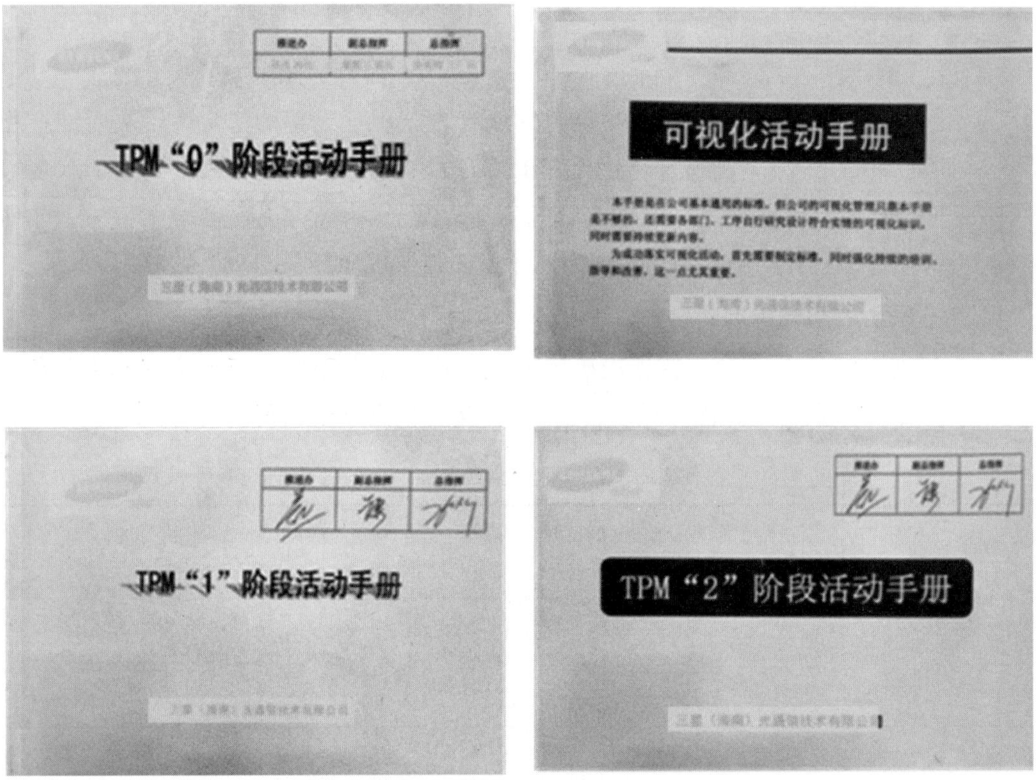


**图2-3　相关阶段活动手册**

## 【案例2】▸▸▸

### 重叠小组活动

**定义**

是TPM小组活动与组织融为一体的活动，全员通过活动切身体会TPM思想，确定统一的方向

**目的**

- 培养现场指导支援能力
- 制作安全活动基准
- 将活动方法和步骤制作成指南
- 通过活动做出现场样板

**样板**

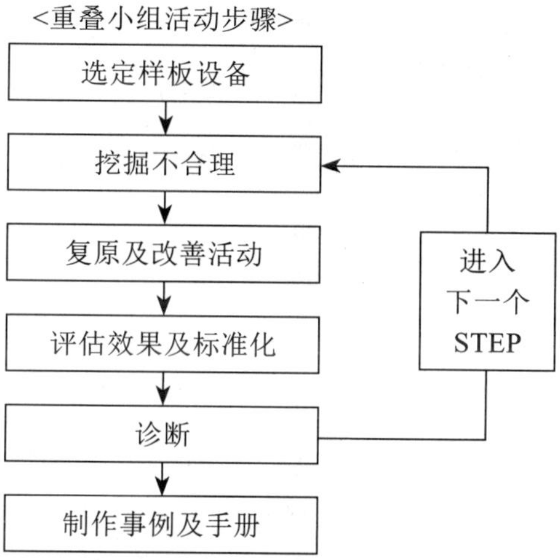

现场改善活动

现场清扫活动

重叠小组样板设备选定评价表

小组长：事业部长　小组成员：各工厂厂长及部长　活动组名：火车头

| No. | 设备名称 | 设备1 BM设备 | | | 设备2 SRY设备 | | | 设备3 蒸铝设备 | | | 设备4 封接设备 | | |
|---|---|---|---|---|---|---|---|---|---|---|---|---|---|
| | 相应栏内填写“o”符号 | 是 | 一般 | 不是 | 是 | 一般 | 不是 | 是 | 一般 | 不是 | 是 | 一般 | 不是 |
| 1 | 突发及慢性故障较多的设备 | o | | | o | | | o | | | o | | |
| 2 | 影响生产的设备 | o | | | | o | | | o | | | o | |
| 3 | 频繁发生污染的设备 | o | | | o | | | o | | | | o | |
| 4 | 维修费用多的设备 | o | | | o | | | | o | | o | | |

| 区分 | 队长 | 成员 | 样板数 | STEP合格 |
|---|---|---|---|---|
| 公司高层样板 | 事业部长 | 任员，部长 | 1 | 2 |
| 部长级样板 | 部长 | 部长，课长 | 3 | 2 |
| 课长级样板 | 课长 | 课长，职长 | 7 | 3 |
| 职长级样板 | 职长 | 职长，班长 | 28 | 3 |

**活动成果**

- 培养中高层管理者指导能力
- 结合自身特点设计活动方案
- 提升自主保全必要性的意识

**向后计划**

- 积极指导小组活动
- 彻底开展样板设备的维持/管理
- 积极改善推进系统问题点

## 二、自主保全活动的3个核心工具

为确保自主保全活动的顺利开展，企业必须要激发小组兴趣活动。开展活跃兴趣小组活动需具备一些基本的活动要素，这样才能激发自主保全活动的意愿，如图2-4所示。

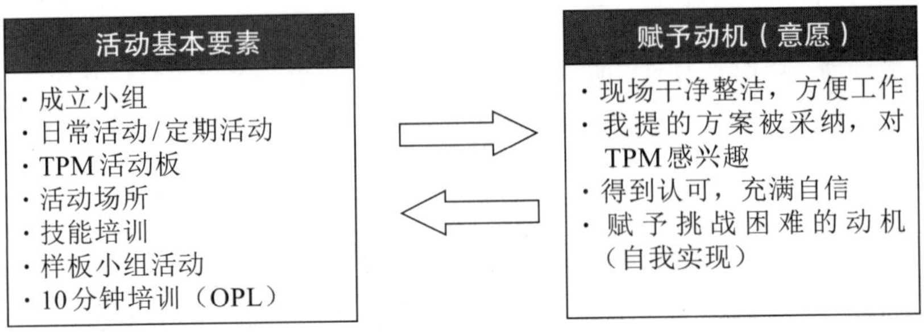
活动基本要素
·成立小组
·日常活动/定期活动
·TPM活动板
·活动场所
·技能培训
·样板小组活动
·10分钟培训（OPL）
赋予动机（意愿）
·现场干净整洁，方便工作
·我提的方案被采纳，对TPM感兴趣
·得到认可，充满自信
·赋予挑战困难的动机（自我实现）

图2-4 激发自主保全活动意愿示意图

上述活动中的3种活动——活动板、小组活动、10分钟培训（One Point Lesson），是自主保全的核心工具，也被称为“自主保全3大神器”。

### 1. 活动板

活动板是部门目标分解到小组活动当中，明确“应该做什么？”“遇到的问题是什么？”“如何解决当前问题？”等内容的工具，同时也是指明活动方向和展示小组活动成果的工具。不同于公告板的公示和传达作用，活动板应展现小组活动的动态过程和活跃程度。

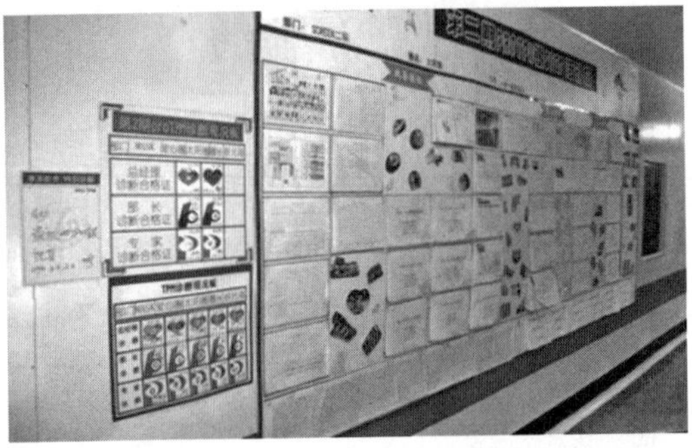

图2-5 S公司自主保全小组活动板

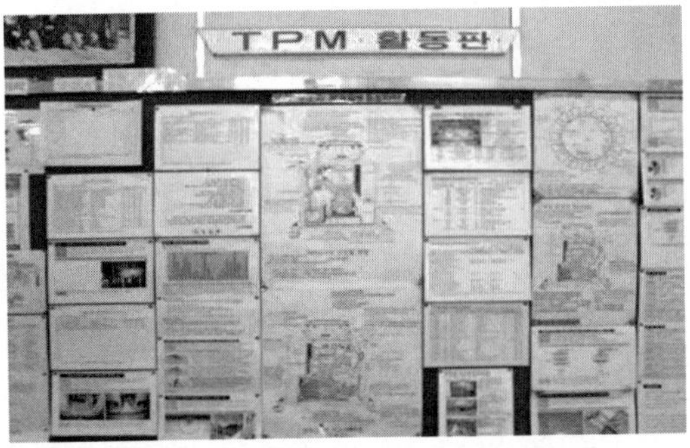


图2-6 B公司自主保全小组活动板

活动板应安装在现场最醒目明亮之处，同时为鼓励参与人员的积极性和发挥个人才艺，各小组活动板内容在指导框架内可以充分地发挥小组特点、优势，进行个性化设计和管理。图2-5与图2-6分别是S公司与B公司的自主保全小组活动板。

活动板管理要不断地思考以下问题。

（1）是否有更新变化？

（2）任务是否明确？

（3）能否看出活动状态？

（4）能否看出现场状况？

### 2. 小组活动

为打破个人思想的局限，必须强调小组

活动和全员参与的重要性。同时在活动结束后，要求小组整理活动内容以及下期活动计划等，并向上级汇报反馈活动结果。

小组活动根据活动方式分为：个人随时进行的日常活动和小组全员参与每周进行的定期活动。

日常活动是指在各自分担区域内进行日常整理、整顿及清扫，查找不合理以及实践小改善，并挖掘疑问点的活动。

定期活动应至少每周开展一次，每次1小时，要求全员参与小组一周活动，讨论不合理改善和业务分工，开展10分钟培训。定期活动应邀请设备和品质部门等相关人员参加，以提供技术和知识方面的支援。定期活动结束后由小组长整理成活动周报，更新到活动板上，并向上级汇报以及反馈到TPM推进办。为保障TPM活动的成功，日常活动和定期活动的有效运营需要管理者的关注和支持。表2-3是定期活动报告案例。

**表 2-3 TPM 活动周报**

| | | | | | |
|---|---|---|---|---|---|
| 小组名 | 自主队 | 活动日期 | ××××年××月××日 | 活动时间 | 9:00 |

出席现况：出席“ ✓”，缺席“× ”

<table>
<tr><td colspan="6">李×☑ 张×☑ 李××☑ 孙××☑ 王×☑ 陈×☑ 王××☑</td></tr>
<tr><td>对象人数</td><td>7人</td><td>参与人数</td><td>7人</td><td>参与率</td><td>100%</td></tr>
</table>

<table>
<tr><th colspan="6">本周活动及本次讨论内容</th><th colspan="2">本次讨论结果</th></tr>
<tr><td colspan="6">目的：本次主要针对液氧设备、储罐区域、空压机房开展TPM活动<br>1.对液氧站设备表面积灰、油渍进行清扫，并指定打扫人员；排查安全隐患及清扫整顿；设备周围设置排水沟；汽化器采取防结冰措施；清除杂物；张贴警示牌<br>2.动力站南侧储罐区进行清扫；西侧空压机看板资料更新及完善不规范内容；进行液氧站安全操作培训<br>3.对指导老师和专家指出问题进行完善；对可视化和5S方面问题进行整改，重点改善管道泄漏问题<br>4.针对循环泵门口路面凹陷积水和安全隐患，协商施工日程</td><td colspan="2">1.进入冬季以来气温骤然下降，液氧站地面结冰，应及时清理。对动力站及液氧站5S不合理处进行整改，做好设备清洁工作<br>2.巩固前期劳动成果的同时，继续检查各个设备不合理处，并进行有效改善。对动力站可视化和5S安全方面进行整顿<br>3.对动力站备用设备进行保养，避免漏油、漏水和设备故障等情况</td></tr>
<tr><td rowspan="2">本周汇总</td><td>查找不合理</td><td>改善不合理</td><td>优秀案例</td><td>疑问点</td><td>OPL培训</td><td>下次活动</td><td>负责人</td></tr>
<tr><td>28件</td><td>25件</td><td>5件</td><td>9个</td><td>3次</td><td>下周二</td><td>李×</td></tr>
</table>

【案例3】▸▸▸

## 小组活动：长白山小组第45期定期活动计划

**活动时间：**本周五，1小时（17:00～18:00）。

**活动对象：**所有小组成员（组长事前确定每个组员各自分担区域）。

**活动步骤：**

（1）准备：组长/记录员事前彻底做好小组活动准备（活动区域、议题、OPL发表者、清扫工具、活动样板、讨论场地等），提高活动效率。

（2）所有小组成员在讨论场所集合。

（3）所有小组成员喊活动口号（进攻！进攻！进攻！好！好！好！）。

（4）组长领导指挥小组活动，简要说明活动内容（1分钟以内）。

（5）组员陈述个人上周日常活动结果（不合理、需改善、未完成、疑问点等）。

（6）现场确认小组未完成项目及主要改善内容。

（7）讨论未完成的活动及重新分配任务（负责人及日程等）。

（8）引导小组成员在活动中多查找疑问点，组长指定解决疑问点的人员。

（9）进行10分钟培训（小组活动当中每周必须要进行一次以上）。

（10）确认活动成果及分配下一周活动任务。

（11）结束时全员再次喊口号（进攻！进攻！进攻！好！好！好！）。

（12）结果整理。

**注意事项：**

（1）记录员和组长进行记录，并更新活动板和活动日志。

（2）所有不合理及需改善内容均以改善提案方式提出。

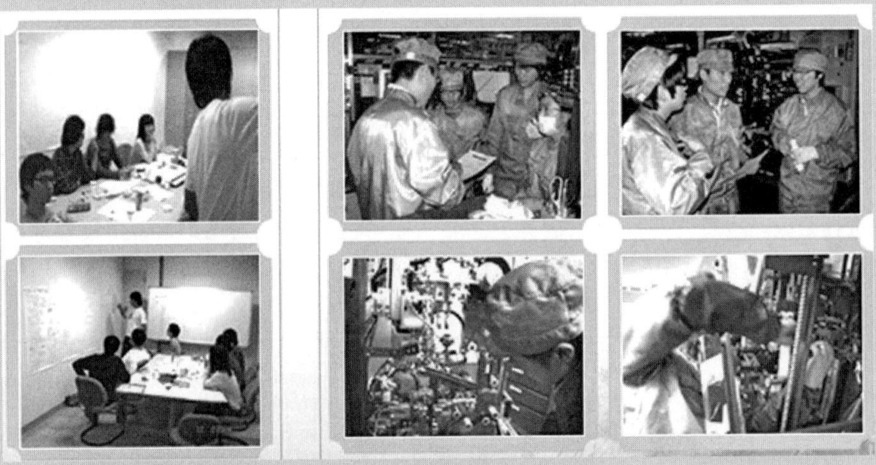

小组定期活动场景

### 3.10分钟培训（One Point Lesson）

作为TPM活动的代表工具，10分钟培训（OPL）不同于传统的单方面传授方式的培训，OPL只需在必要时进行安排，时间很短（通常在10分钟以内）。成员们在10分钟内把自己所知道的知识、改善案例、失败案例、疑问点解答等内容发表出来，帮助小组成员拓宽知识面，从而提升小组的整体水平和经验积累。

建议管理者以身作则，先成为讲师，然后逐步引导下属员工轮流担任讲师。每个小组应每周至少进行一次以上的10分钟培训（OPL）活动。

原则上要求10分钟培训内容概括成一张纸的内容，讲师亲自制作教案、亲自讲解。内容方面要求培训题目与目的明确，最好采用图文并茂的方式，方便大家理解。

10分钟培训可灵活运用班前会、班后会、小组活动等时间进行，并要求全员在理解的前提下，在10分钟培训表格内签字，以确认充分理解了授课内容。10分钟培训的分类，如表2-4所示。

**表 2-4　10 分钟培训分类**

| 序号 | 区分 | 内容 |
|---|---|---|
| 1 | 基础知识 | 日常生产活动或TPM活动当中，针对设备功能和流程的基础知识 |
| 2 | 故障不良案例 | 实际发生过的故障和不良案例，可为预防重复发生明确管理要点。向本工序和相同工序扩散，可以预防类似事故 |
| 3 | 改善案例 | 自主保全和个别改善等现场小组活动所产生的改善案例和改善方式、改善工具 |
| 4 | 疑问点 | 简单疑问点可通过OPL方式解决 |

10分钟培训的开展步骤，如图2-7所示。

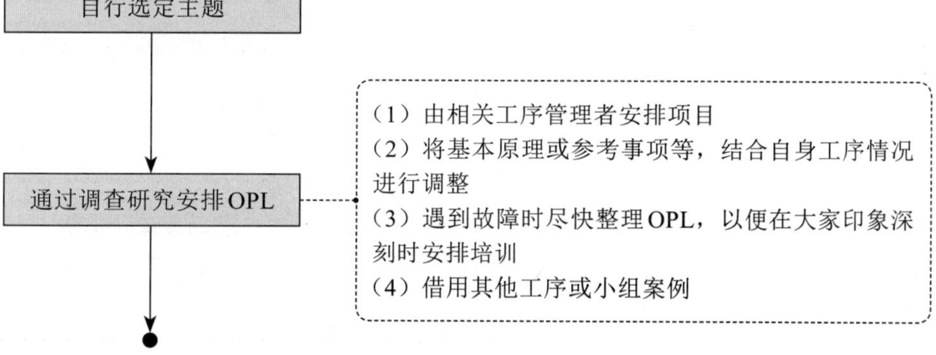


**图2-7**

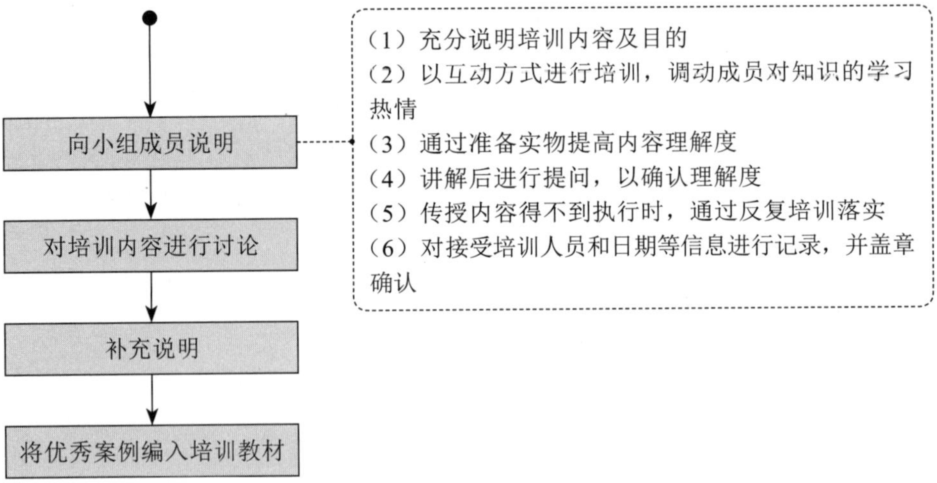


图2-7　10分钟培训的开展步骤

【案例4】

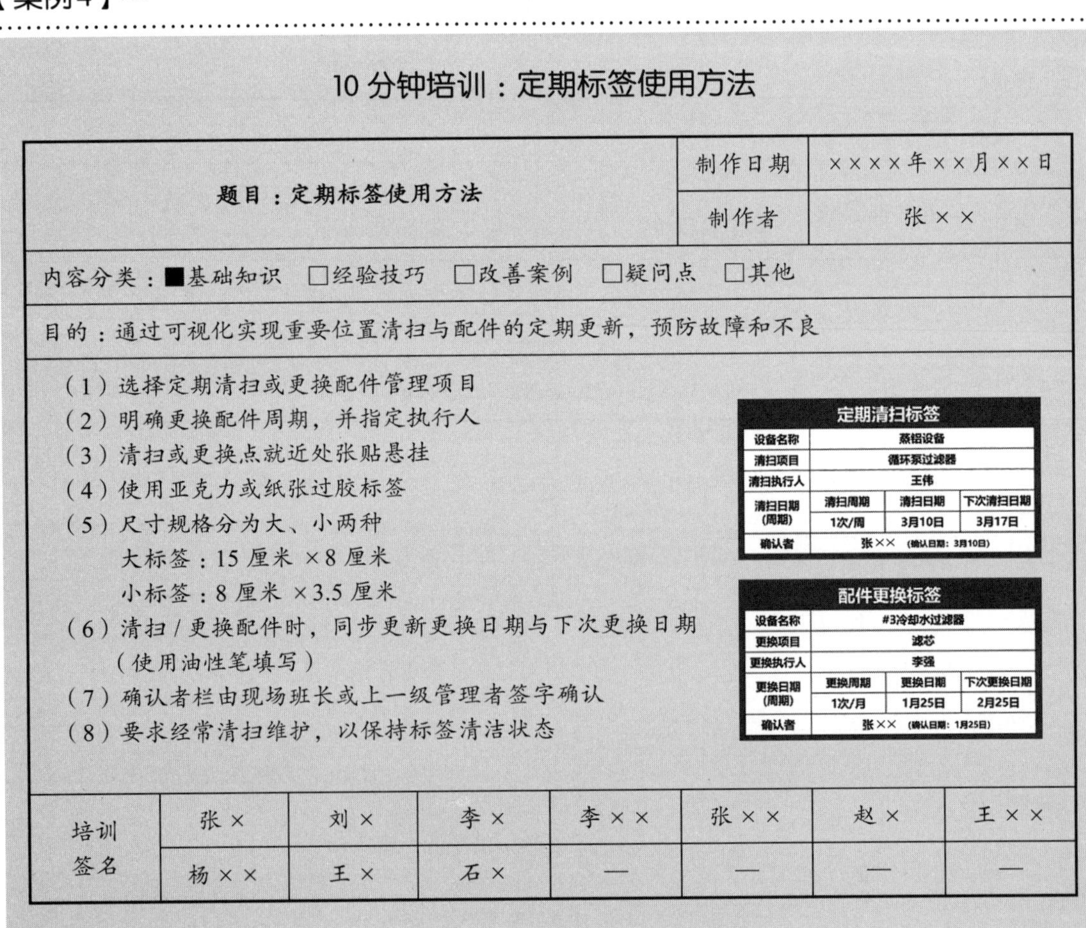

### 10分钟培训：定期标签使用方法

| 题目：定期标签使用方法 | 制作日期 | ××××年××月××日 |
| --- | --- | --- |
| | 制作者 | 张×× |

内容分类：■基础知识　□经验技巧　□改善案例　□疑问点　□其他

目的：通过可视化实现重要位置清扫与配件的定期更新，预防故障和不良

（1）选择定期清扫或更换配件管理项目
（2）明确更换配件周期，并指定执行人
（3）清扫或更换点就近处张贴悬挂
（4）使用亚克力或纸张过胶标签
（5）尺寸规格分为大、小两种
　　大标签：15厘米×8厘米
　　小标签：8厘米×3.5厘米
（6）清扫/更换配件时，同步更新更换日期与下次更换日期（使用油性笔填写）
（7）确认者栏由现场班长或上一级管理者签字确认
（8）要求经常清扫维护，以保持标签清洁状态

**定期清扫标签**

| 设备名称 | 蒸铝设备 | | |
| --- | --- | --- | --- |
| 清扫项目 | 循环泵过滤器 | | |
| 清扫执行人 | 王伟 | | |
| 清扫日期（周期） | 清扫周期 | 清扫日期 | 下次清扫日期 |
| | 1次/周 | 3月10日 | 3月17日 |
| 确认者 | 张××（确认日期：3月10日） | | |

**配件更换标签**

| 设备名称 | #3冷却水过滤器 | | |
| --- | --- | --- | --- |
| 更换项目 | 滤芯 | | |
| 更换执行人 | 李强 | | |
| 更换日期（周期） | 更换周期 | 更换日期 | 下次更换日期 |
| | 1次/月 | 1月25日 | 2月25日 |
| 确认者 | 张××（确认日期：1月25日） | | |

| 培训签名 | 张× | 刘× | 李× | 李×× | 张×× | 赵× | 王×× |
| --- | --- | --- | --- | --- | --- | --- | --- |
| | 杨×× | 王× | 石× | — | — | — | — |

【案例5】▸▸▸

## 10分钟培训：压缩空气过滤套件及油雾器原理

| 题目：压缩空气过滤套件及油雾器原理 | 制作日期 | ××××年××月××日 |
|---|---|---|
| | 制作者 | 王×× |

内容分类：■基础知识　□经验技巧　□改善案例　□疑问点　□其他

目的：学习压缩空气过滤套件原理，增加知识积累，预防设备故障，延长寿命

压缩空气系统中，过滤套件通常由水气分离、调节压力、油雾单元构成，分别对压缩空气去除异物、调节压力、注入润滑油，使阀门或气缸等器件减少摩擦，在提高精度的同时，减少噪声和能源浪费。油雾器工作原理为，利用压缩气流将润滑油进行雾化后，随压缩气管输送到阀门和气缸等气动件，通过润滑保障系统的稳定运行来延长系统寿命

（1）润滑油主入口：通过注油口添加润滑油

（2）润滑油杯：暂存润滑油，并通过透明窗观察油量

（3）单向阀：使用进气压力，对油杯内部产生正压

（4）油滤及油管：根据油杯压力，把润滑油送往油雾器上端

（5）油量调节钮：调节油雾发生量

（6）观察窗：通过透明窗口观察润滑油供应量

（7）阻尼器：通过喷射作用使喷出气体带入润滑油微粒

过滤套件

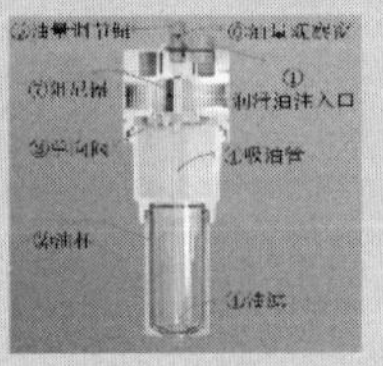

油雾器

| 培训签名 | 汤×× | 季×× | 张×× | 郭×× | 代×× | 刘× | 江× |
|---|---|---|---|---|---|---|---|
| | 白×× | 张×× | 李×× | 黄× | — | — | — |

## 三、TPM诊断（适用于所有STEP）

TPM诊断是评估活动成果的方式，诊断的时间是在当前阶段活动任务完成后。TPM诊断通过后，进入下一阶段活动。

### 1.TPM诊断的步骤

TPM诊断的步骤，如图2-8所示。

诊断是一线管理者支援和指导成果的展现、反馈，是活跃小组活动氛围的途径，同时也是通过现物进行培训的机会。

### 2.TPM诊断目的

TPM诊断目的为以下三点。

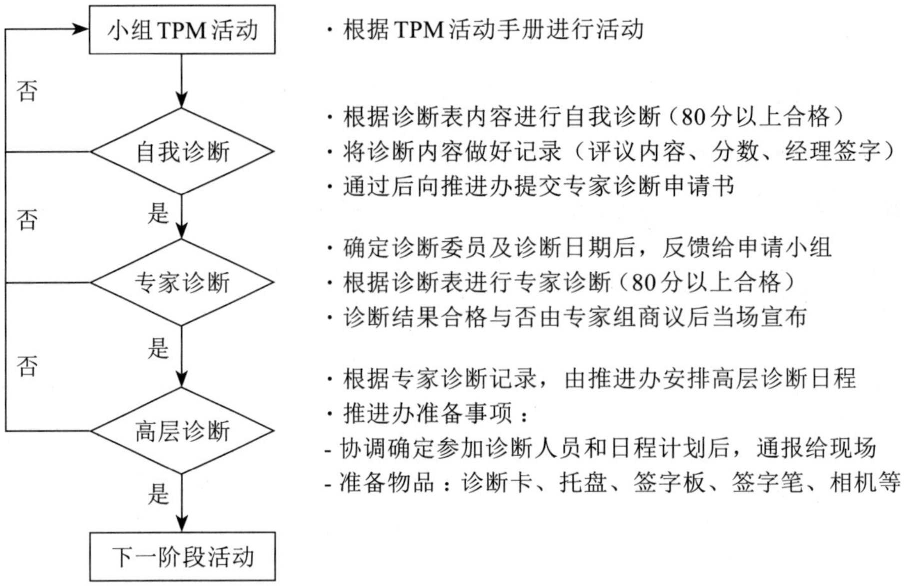
小组TPM活动
否
自我诊断
是
否
专家诊断
是
否
高层诊断
是
下一阶段活动
·根据TPM活动手册进行活动
·根据诊断表内容进行自我诊断（80分以上合格）
·将诊断内容做好记录（评议内容、分数、经理签字）
·通过后向推进办提交专家诊断申请书
·确定诊断委员及诊断日期后，反馈给申请小组
·根据诊断表进行专家诊断（80分以上合格）
·诊断结果合格与否由专家组商议后当场宣布
·根据专家诊断记录，由推进办安排高层诊断日程
·推进办准备事项：
-协调确定参加诊断人员和日程计划后，通报给现场
-准备物品：诊断卡、托盘、签字板、签字笔、相机等

**图2-8　诊断运营步骤**

（1）激励：表扬优秀内容，高度激励努力成果，甚至表扬每一位成员的工作细节等。员工在工作当中一同努力取得成绩时，企业高层和管理者的及时鼓励，将给其带来自我实现的成就感，同时使其产生向更高级别努力的意愿。

（2）对话：有助于全体成员与诊断人员相互交流，让诊断人员了解活动当中的苦衷、工作当中的困难、个人发展的意向等，这是3现经营的好机会。

（3）指导：对比指出问题，更要注重指导，比如，指出3个问题指导4个、指出5个问题指导6个等，并明确指明小组活动方向和活动方法。

**3.TPM诊断判定基准**

小组活动效果差是小组成员和管理者共同的责任。诊断通过与否是教育培训手段，而不是目的。所以，企业应避免相对评价，要做到绝对评价。因为各个小组的活动对象不是完全相同，相对评价对环境恶劣的小组不公平。

因此，企业应制定TPM诊断判定基准。

（1）现物评价：根据活动手册，仔细观察现场每一个现物，甚至观察每个角落。

（2）人员意识评价：通过与小组成员对话，了解成员对TPM小组活动的理解度。

（3）管理者领导力评价：通过与管理者对话，评估管理者对TPM的理解度、关注度、领导力。

（4）全员参与评价：通过定期过程点检，评估整体活动的全员参与和坚持情况。

（5）维持管理评价：本阶段评估完成时，维持管理状态和维持管理基准的落实情况。

诊断与考试不同，诊断是寻找小组流下汗水的地点，认可他们的付出，并对他们进行表扬的过程。在这一过程中，即使发现一些不足，也不能对他们指责训斥。

在此特别提醒，我们在评审时，不能单凭现物、现象评价，而应结合所处环境和小组活动的结果等因素，努力解读其活动投入的程度。对比活动之前，要看活动之后改变了多少，从而辨别活动过程中努力的程度。当然，在上级充分支持和关心，自身具备能力的前提下，对于因疏忽怠慢而导致活动效果差的情况，也应该适当地加以批评和鞭策。

**4. 自主保全结果诊断步骤**

诊断是活跃TPM活动的核心工具，如果长期开展TPM活动，企业高层应达成以下共识：员工潜力无限，只要给他们营造充分发挥能力的氛围，其成果将无止境。在企业管理者和经营者的持续指导和支援鼓励之下，员工将会更加努力地工作，同时会带来日益增强的企业竞争力。表2-5为自主保全结果诊断步骤。图2-9为TPM各阶段合格证案例。

**表 2-5　自主保全结果诊断步骤**

| 序号 | 主要内容 | 准备物品 | 时间 | 负责人 | 备注 |
|---|---|---|---|---|---|
| 1 | 专家诊断小组提交的高层诊断报告书 | 诊断报告 | 前1天 | 专家 | |
| 2 | 事先通知高层诊断信息 | | 前1天 | 推进办 | 时间、人员等 |
| 3 | 小组做好诊断准备 | | 前1天 | 组长 | |
| 4 | 熟悉诊断顺序与路线 | 诊断路线 | 前1天 | 推进办 | |
| 5 | 全员排队，向高层敬礼 | | 诊断当天 | 小组 | 礼仪练习 |
| 6 | 喊口号及展现团队面貌 | | 诊断当天 | 小组 | 事前练习 |
| 7 | 组长发表综合活动成果 | 激光笔 | 诊断当天 | 组长 | 发表简洁明了 |
| 8 | 组员发表具体改善内容 | 激光笔 | 诊断当天 | 组员 | 改善过程/前后对比/效果/感想 |
| 9 | 全员在活动板前面集合 | | 诊断当天 | 小组 | 保持秩序 |
| 10 | 张贴诊断卡，并颁发激励金 | 诊断卡<br>激励金 | 诊断当天 | 总经理 | 全员鼓掌 |
| 11 | 高层致激励辞 | | 诊断当天 | 高层 | 做好记录 |
| 12 | 诊断全程拍照及合影 | 相机 | 诊断当天 | 推进办 | |
| 13 | 诊断结果整理、宣传 | 宣传资料 | 诊断通过后 | 推进办 | 全企业 |
| 14 | 通过小组进入下阶段活动 | | 诊断通过后 | 小组 | |

图2-9　TPM各阶段合格证案例

03

# 第三章
# 自主保全各STEP活动

## 一、自主保全0 STEP——整理、整顿、清扫

### 1. 自主保全0 STEP活动概要

自主保全0 STEP活动是正式进入自主保全活动之前，以设备周边和分配区域为对象，开展的基础性整理、整顿和环境清扫，以实现可视化管理，这是自主保全活动的准备阶段。

TPM自主保全活动应利用5S活动，即整理（Seiri）、整顿（Seiton）、清扫（Seiso）、清洁（Seiketsu）、素养/习惯（Shitsuke），但5S并不是0 STEP活动。5S活动的最终目的是通过彻底贯彻执行整理、整顿、清扫、清洁活动，使其成为个人的工作、生活习惯。

自主保全0 STEP的目的是改变人们的意识和改善周围的环境，为进入正式的自主保全活动提供基础。企业应根据自身情况，确定自主保全活动是从0 STEP开始，还是与1 STEP活动合并推进。

### 2. 自主保全0 STEP主要推进内容

（1）制作自主保全0 STEP手册以及可视化管理手册。

（2）全员学习自主保全0 STEP手册内容。

（3）以全企业为对象划分TPM小组活动区域，并明确“我的设备”“我的区域”。

（4）明确安全意识及制作安全点检表。

（5）制定判定不必要品以及整理的基准。

（6）在全企业范围内开展整理活动并指定免责区域（运营杂货铺）。

（7）开展3定活动和可视化工厂活动。

（8）开展改善环境清扫活动及爱护设备活动。

（9）查找不合理和重要不合理，进行定点拍照，并复原和改善不合理。

（10）查找和解决疑问点。

（11）实施10分钟培训（OPL）活动。

（12）开展运营过程诊断和结果诊断。

### 3. 自主保全0 STEP活动方法

（1）整理活动

在现场明确区分需要（需要品）和不需要（不用品）以及以后需要（不急品），并立即处理不需要物品，将以后需要品移动到免责区或退还，确保现场只存在必需品。活动对象不仅包含有形、无形物品，还包含物品的一部分，比如，缩小货架尺寸、剪短电线或管线等。

整理活动的目标是场地内只存放所需物品。所以建议小组活动的目标设定为，在活动期内整理出90%以上的对象物品，其余要求在下个阶段内整理完成。为确保无遗漏地

找出对象物品，建议对所有整理对象张贴红色标签进行标识。

① 整理活动的必要性

整理活动的必要性，如表3-1所示。

**表3-1 整理活动的必要性**

| 项目 | 为什么不得不做，如果不做时的影响 | | |
|---|---|---|---|
| | 安全 | 品质 | 效率 |
| 不必要配件、材料、夹具、模具、检查器具、半成品、产品、设备、文件等 | （1）减少操作空间<br>（2）环境凌乱<br>（3）倾倒、绊倒<br>（4）碰到、滑倒 | （1）因倾倒、绊倒等原因导致损伤<br>（2）必要品生锈<br>（3）不良品混入 | （1）浪费空间，存在不必要品<br>（2）不便于取出<br>（3）浪费资金<br>（4）库存盘点浪费 |

② 整理对象

整理对象是不必要品，如表3-2所示。

**表3-2 整理对象——不必要品**

| 区分 | 内容 | 备注 |
|---|---|---|
| 必要品 | 作业现场需立即使用的物品 | （1）物品种类：材料/配件、产品、设备、模具、夹具、工具、桌子、工作台、周转箱、小车、托盘等<br>（2）不急/不用品为：不良品，破损品，超出使用寿命的物品，无法修复的物品，旧品种的配件、夹具、模具等，超出定量的物品 |
| 不急品 | 使用频率低或储存量过多，不适合放到当前位置的物品 | |
| 不用品 | 因不能使用而待报废变卖或退还给供应商的物品 | |

注："不急品""不用品"为整理活动的对象。

③ 整理活动步骤

整理活动步骤，如图3-1所示。

完成一次活动之后，后续要定期开展整体整理活动。

④ 开展整理活动前需考虑的事项

开展活动之前，需明确表3-3所示具体事项（5W1H）。

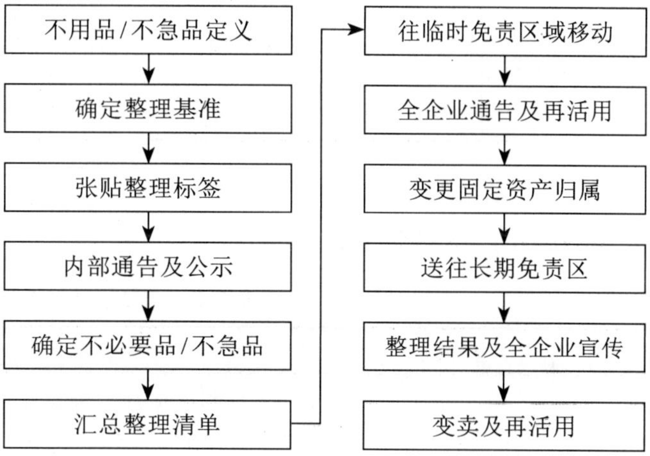


**图3-1 整理活动步骤**

表 3-3 开展活动之前需明确的事项

| 序号 | 事项 | 说明 |
|---|---|---|
| 1 | 整理对象是什么（What） | 明确规定整理对象 |
| 2 | 为什么整理（Why） | 明确规定整理目的 |
| 3 | 在哪里整理（Where） | 明确整理地点和存放地点 |
| 4 | 明确整理时间（When） | 明确规定运行中、运行结束、定期整理周期 |
| 5 | 谁来整理（Who） | 明确上级、支援、团队等，由谁来整理 |
| 6 | 如何整理（How） | 明确整理方法 |

（2）整顿活动

整顿是通过整理使之有条理或有秩序。整顿不能独立存在，比如，物品摆放得再好，只要存在不需要品，还是会影响整顿效果。

整顿活动的基本内容是3定，定品、定量、定位，即确定什么物品、确定数量（最大量、最小量、订货点、库存量）以及存放位置。在开展整顿活动时，要考虑走动步数能否从3步减少到1步，以减少移动浪费，同时要考虑操作的方便性、安全性、品质性等因素，并不是一味地整齐摆放。根据使用效率进行的摆放才是真正的整顿。

① 整顿的必要性

如果没有整顿，现场可能在品质、安全、效率等方面都存在问题，如表3-4所示。

表 3-4 不整顿时的问题

| 对象 | 安全 | 品质 | 效率 |
|---|---|---|---|
| 配件、材料、半成品、产品、夹具、模具、量具、文件、灭火器 | （1）危险<br>（2）异常状况时影响逃生<br>（3）环境凌乱 | （1）混入异物<br>（2）物品因未实现先进先出而过期<br>（3）倾倒、掉落、碰撞、磨损、无保护装置导致划伤等<br>（4）用错配件导致不良<br>（5）异物混入引起不良<br>（6）变形、变质导致精度下降 | （1）不知在哪里，需查找<br>（2）使用配件需耗费修理或清洁等时间<br>（3）耗费查找、取出时间<br>（4）在不必要品当中翻找<br>（5）无现货，需等待 |

② 整顿活动的8要素

整顿活动的8要素，如表3-5所示。

表 3-5 整顿活动的 8 要素

| 序号 | 要素 | 说明 |
|---|---|---|
| 1 | 身：近处 | 操作当中所使用的物品或产品尽可能在操作者附近存放，确保操作者伸手即可触及。同时考虑使用频率，频繁使用物品放在近处（可考虑放置腰间高度或悬挂等方式）、使用频率较低物品放在远处 |

续表

| 序号 | 要素 | 说明 |
|---|---|---|
| 2 | 眼：醒目 | （1）张贴物品名称和用途等信息标签，通过视觉容易辨认，且避免低头或弯腰等增加确认的动作<br>（2）整体趋于地址化和颜色分类、标签、箭头、标牌、指示灯等方式，确保查找时间在30秒以内。摆放时尽量以平行或垂直、直角等形式整齐排列，确保美观<br>（3）对所有移动物品标识定位区域，以区分合格、不合格、待检、已检等状态。通过线条颜色和类型使操作者能够方便地判断，要规范线条颜色和标识方法 |
| 3 | 脚：方便行走 | 行走区域确保无障碍物，避免跨越和绕道等现象 |
| 4 | 手：方便存取 | 减轻重量、减少容器深度、开发容器或存取工具、缩短操作深度、增加容器尺寸等，确保存放和拿取方便 |
| 5 | 物：方便使用 | 确保投入物品随时可用，避免拆开或挑选等额外动作 |
| 6 | 量：必要数量 | 确保先入先出原则、确保储存空间、确保安全库存、确保正常库存量（最大量、最小量、订货点、现库存量） |
| 7 | 器：方便的容器内 | 确保拿取方便，避免额外操作失误动作 |
| 8 | 安：确保安全 | 避免磕碰、掉落、滑动、夹住、坠落、倾倒，安装安全标识和保护设施，保护物品不被损坏、损伤、破损、腐蚀等 |

③ 整顿看板活动

看板活动是显示必要品在哪里（位置）、是什么（名称）、有多少个（定量）等信息，让现场所有人都能够了解标识的整顿方法。看板活动也要用到3定：定位——标识地点（明确存放地点）；定品——标识品名（明确存放物品）；定量——标识数量（明确存放数量），如图3-2所示。

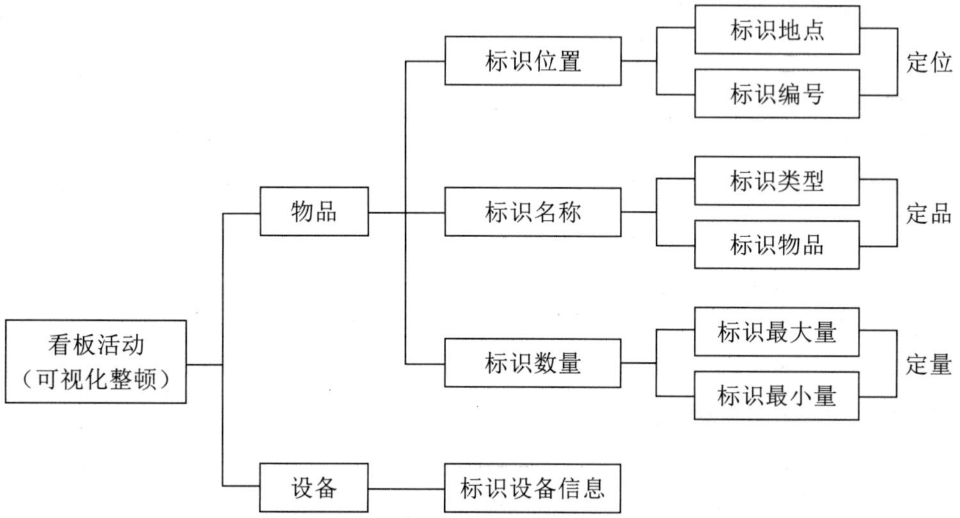


**图3-2　可视化看板体系**

看板活动步骤，如图3-3所示。

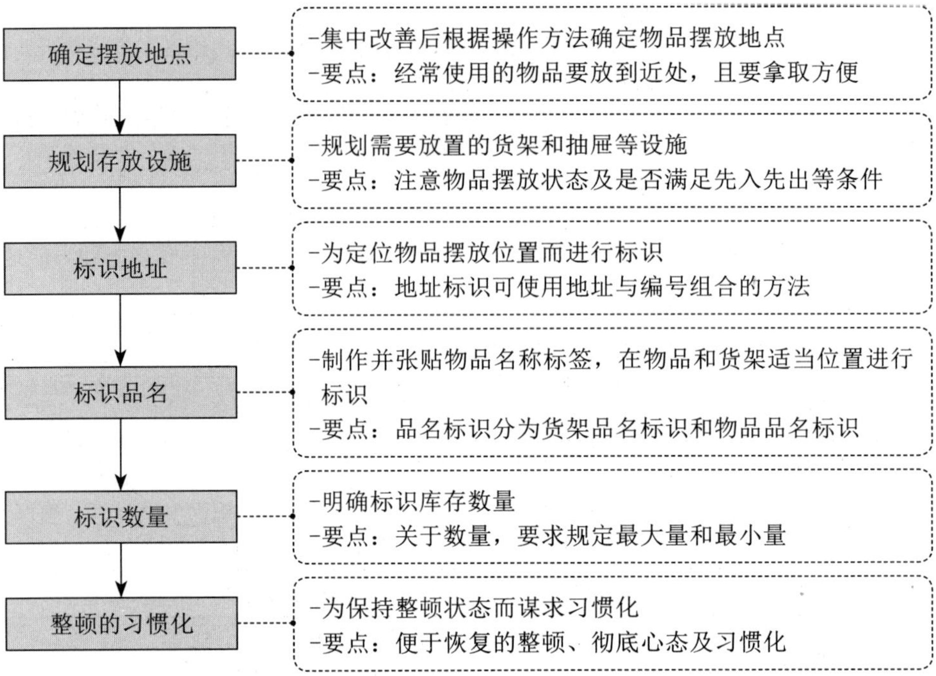


**图3-3　看板活动步骤**

（3）可视化管理

为便于判断现场、现物、现象状况，对人类五感当中的视觉实施醒目化手段。要求一眼能够看出管理致命点、容易区分异常（非正常），以及告知恢复正常的操作方法。可视化管理的目的是“谁都能够一目了然地区分正常与异常状态”。

可视化3原则：

视觉化：通过标识或标签进行颜色管理。

界限化：对异常与正常的界限进行量化识别。

透明化：曝光隐藏位置或调整位置。

可视化管理的关键是，设定管理项目和适合改善的工具，明确规定由谁来执行等责任范围，并通过持续运营管理周期，了解针对问题采取的措施和执行情况。以下是可视化管理判定基准。

① 通过视觉能够了解管理内容。

② 便于判断眼前的正常或异常状态。

③ 显示内容是现在的最新情况。

④ 当遇到问题时方便确认对策。

⑤ 谁都能够了解业务状况。

⑥ 醒目，远处也能够看到。

⑦ 满足使用工具的标准化要求。

【案例1】▸▸▸

## 自主保全 0 STEP 活动

### 定义

进入TPM正规的7STEP之前，先通过以设备和区域为中心的整理、整顿和清扫活动实现可视化管理，是为自主保全活动打基础的阶段

### 目的

| | |
|---|---|
| 现场 | · 确保安全，只有必要物品<br>· 确保必要物品、量、地点<br>· 实现可视化管理，创建干净的现场 |
| 人员 | · 掌握异常和正常的判定基准<br>· 提高查找不合理和自创能力，通过计划性清扫优化5S活动，培养必要和不必要的判断能力，提高作业现场效率 |

### 重点活动内容

整理

| | | |
|---|---|---|
| 目标 | 区分必要、不必要及以后必要物品，使其只保留必要物品 | |
| 内容 | 对象 | 包括所有实物和非实物，以及整体或部分 |
| | 步骤 | 设定整理基准→张贴标签→公示→确定整理清单→搬入免责区域→整理资产→汇总到资产管理部门→整理宣传→重新分配利用或变卖 |
| | 要点 | 开展“省、分、换、再”活动<br>省：节省　分：分享<br>换：交换　再：再利用 |

整顿

| | | |
|---|---|---|
| 目标 | 必要品应方便使用，确保30秒内能够找到。以新员工水准判断异常与否，实现可视化管理 | |
| 内容 | 先行整顿8要素 | 身：距离身体要近<br>眼：方便查找<br>脚：方便行走<br>手：方便拿放<br>物：确保能够使用状态<br>量：满足需求量<br>器：必要的容器内<br>安：确保安全 |
| | 事后完善6要素 | 标识位置、张贴门牌、名称标签、标注最大量和最小量、确保整齐、美观 |

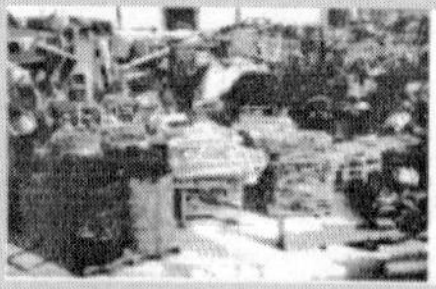

不必要品收集

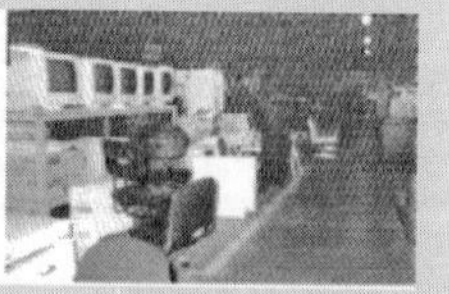

免责区域

| 总整理成果 | | |
|---|---|---|
| 机械类 | 消耗品类 | 工具类 |
| 862 | 1 460 | 1 750 |

- 转新厂使用：650万元人民币
- 转其他工序：1 050件
- 变卖：4.5吨（65车次）

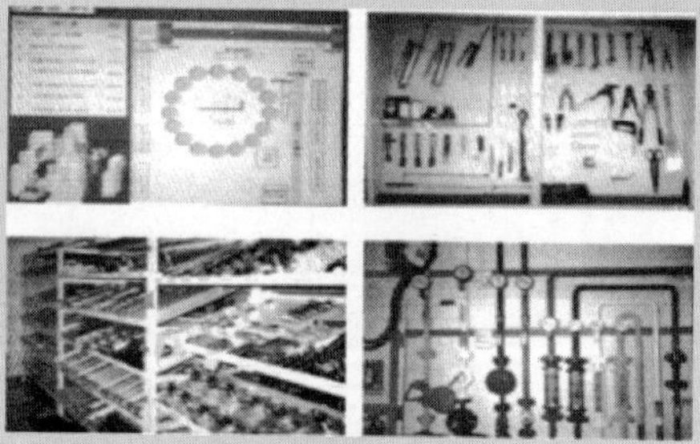

整顿活动

### 活动成果

· 缩短查找物品时间，方便作业
· 减少库存成本，确保空间
· 预防混入不良品和安全事故

### 向后计划

· 整理的生活化以及改善作业移动路线
· 研究减少库存量和可视化管理
· 积极利用资产回收部门和免责仓库

## 【案例2】

### 某企业可视化管理活动

**定义**

可视化管理是为判断现场、现物、现象，通过视觉便于发现的辅助手段

**目的**

·创建自律管理的现场

·浪费的预防管理：提前发现浪费，及时采取对策，预防重复发生

**推进体系**

确定可视化管理的目的

↓

确定管理项目

↓

管理项目可视化工具制作

↓

安装可视化工具并试用

↓

工具开发直到使用者满意为止

↓

使用耐久材料制作

↓

及时修改目标未达部分

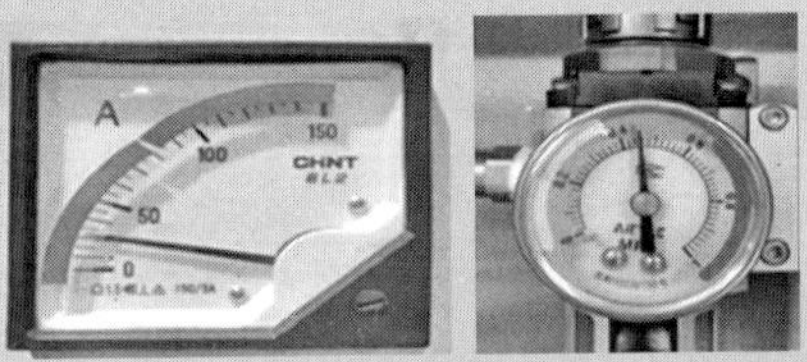

仪表上下限

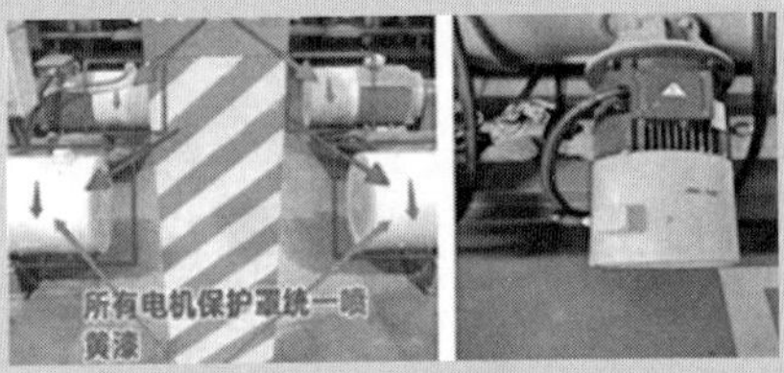


标注旋转方向

安全标识

备品分类标识

管道标识

清扫、注油工具存放盒

**活动成果**

·迅速、正确判断对策，提高维护（操作）的安全性

·通过学习让操作者提高对设备的信心

**向后计划**

·改善可视化管理方法

·各种资料实时管理

## 二、自主保全1 STEP——初期清扫

### 1. 自主保全1 STEP活动概要

TPM的清扫并不是简单的环境清洁。初期清扫是清除设备角落里长期沉积的陈旧污垢，并在清扫各角落的过程中查找不合理点，以确保工作环境干净的活动。初期清扫的主要目的如下。

（1）彻底消除设备上附着的污染

在清扫过程当中，查找被污垢覆盖的微缺陷（磨损、晃动、松动、变形、破损等），并采取改善对策，同时，若发现滑动机构内被灰尘或颗粒物污染，可提前解决，以免发生重大设备问题，这就是预防保全，即“清扫是点检”。

（2）爱护设备

操作人员通过清洁活动，接触到设备内各个角落，在了解设备的同时，对设备产生爱护心，自然形成“我的设备（My Machine）”的意识。这种意识对后期TPM的维持活动很有帮助，所以是必须的任务。

### 2. 自主保全1 STEP主要活动内容

（1）全员学习自主保全1 STEP手册内容。

（2）制作1 STEP活动计划（区分阶段、月和周计划）。

（3）活动指标和成果指标的现水准调查及目标设定。

（4）学习活动设备的结构及性能。

（5）强调安全意识及制作安全检查表。

（6）明确划分“我的设备/区域”。

（7）彻底进行初期清扫，提高对设备的爱护心。

（8）查找不合理及重要不合理，并定点拍照。

（9）复原和改善不合理，将重要不合理设定为主题活动。

（10）推进日常活动和定期活动，查找并解决疑问点。

（11）实施10分钟培训（OPL），制作清扫基准书。

（12）对活动指标和成果指标进行调查及推移图管理。

（13）开展运营过程诊断和结果诊断。

### 3. 自主保全1 STEP活动流程

自主保全1 STEP活动流程，如图3-4所示。

### 4. 自主保全初期清扫活动目的

（1）初期清扫之设备层面目的

在本阶段以未触及或未关注过的天花板、管道上方、墙面、设备内部、阴暗角落、

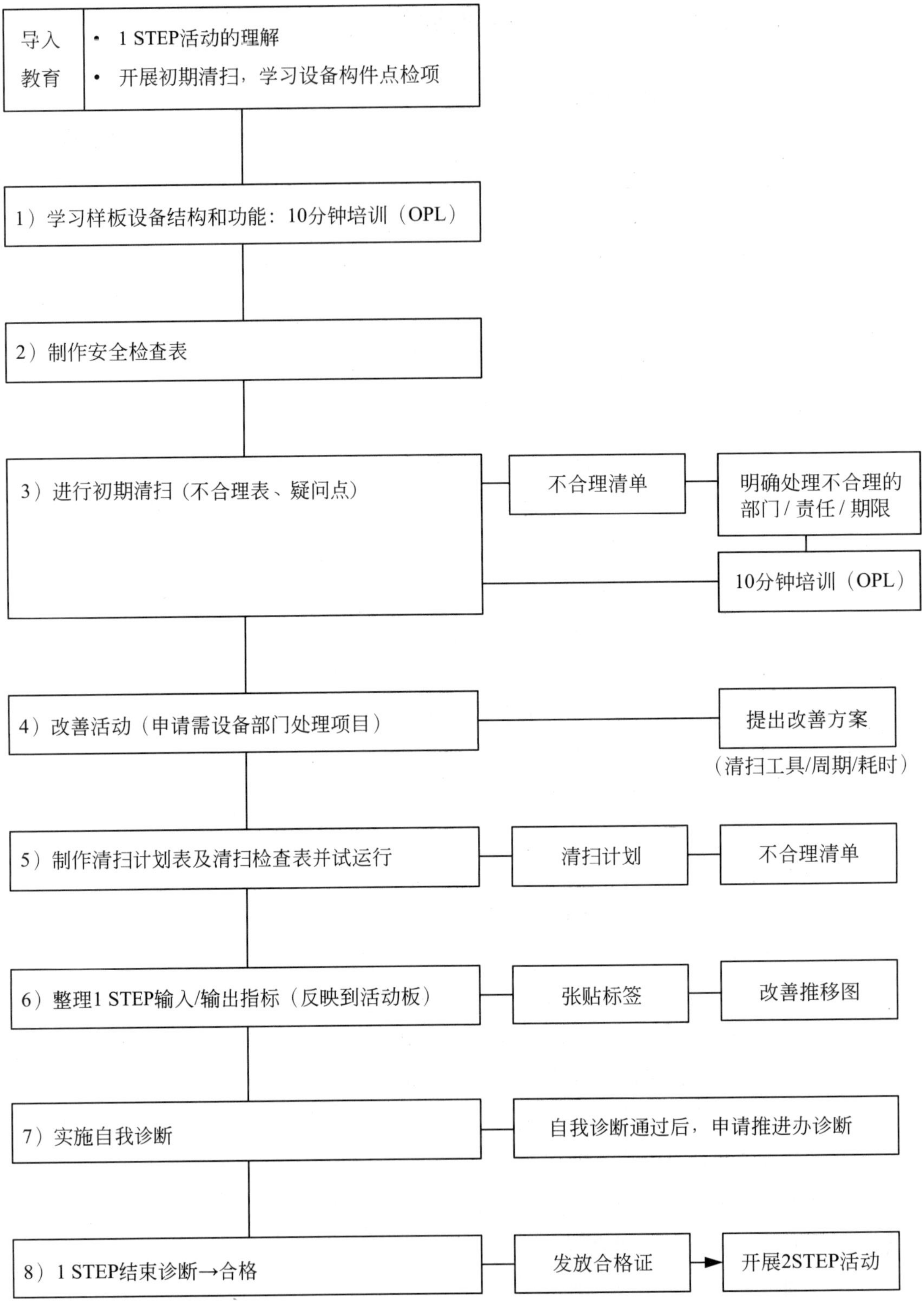


图3-4　自主保全1 STEP活动流程

设备上面和下面为重点，彻底清扫灰尘、异物、污染、碎屑、掉落的材料、飞溅物、残渣等。初期清扫不同于以往表面和周边环境的清扫，它是通过对每个角落进行清扫，使之前不易发现的潜在缺陷显现出来，并让操作者、设备保全和关联人员一同认识这些缺陷。

设备故障和不良等问题因素往往发生在不易发现的角落，因不便于管理或疏于关心，使设备故障或不良的情况时有发生。

因设备清扫不良及缺陷的放任不管而导致的故障及不良案例如下。

-探头处异物导致感应不良，从而导致设备误操作或停滞。

-控制柜循环风扇空滤堵塞，引起散热差、温度上升，从而导致电柜损坏或跳闸。

-旋转、滑轨、压力表、电气、控制系统受异物干扰，引起摩擦、震动、磨损、堵塞、漏电等，成为设备精度下降、动作不良、故障的原因。

-异物随着气流飘散进入，导致配件、材料、原料不良。

-设备存在成百上千的螺栓和螺母，未得到相应点检会出现松动掉落，从而引起故障或不良。

-设备缺少相应机油或黄油润滑，将产生维护问题，从而引发故障。

-设备冲击或撞击产生金属异物，半成品或成品破损导致故障或不良。

TPM活动初期清扫的目的是，通过活动中特有的清扫方式显现出潜在缺陷，并消除微缺陷。

为保障车间或设备整洁而把清扫业务交给外面专业清扫公司的行为完全违背了TPM的自主保全思想，因为，我们需要通过清扫过程亲自触及和观察每个角落，并发现不合理。灰尘和异物被清理得越干净，就越容易发现问题缺陷。微缺陷间相互干扰易发展成大缺陷，从而引起故障或不良，因而，我们应通过清扫活动，彻底发现微缺陷并进行复原和改善，以预防故障或不良的发生，即“清扫是点检”，如图3-5所示。

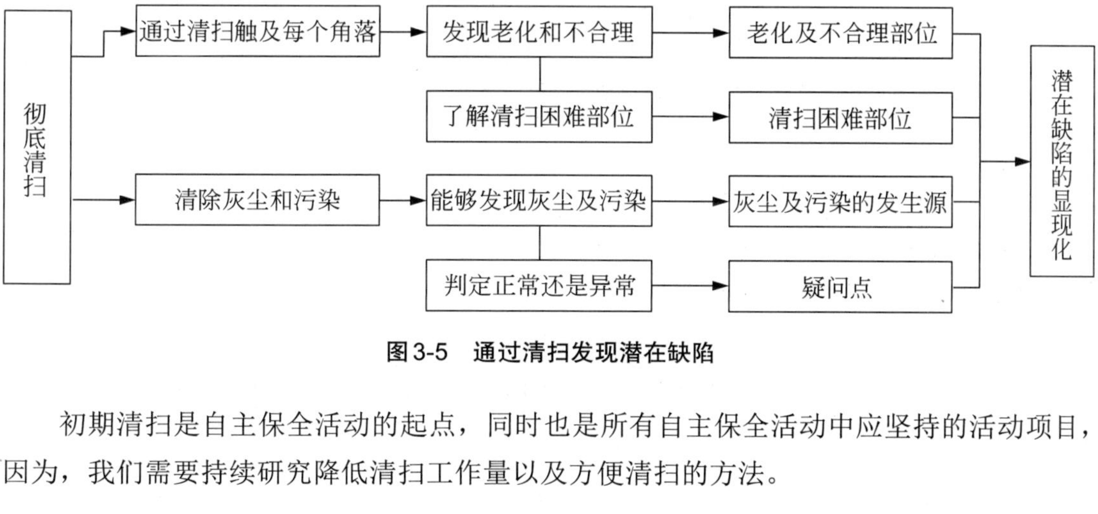


**图3-5　通过清扫发现潜在缺陷**

初期清扫是自主保全活动的起点，同时也是所有自主保全活动中应坚持的活动项目，因为，我们需要持续研究降低清扫工作量以及方便清扫的方法。

为方便清扫，我们有必要研究清扫工具，因为，市场上的清扫工具无法完全适应现场的特殊需求。清扫时需特别注意加工点和品道，加工点作为产品接受加工工艺之处、品道作为产品通过之处，如存在异物将直接导致产品不良，因而，企业需要及时研发合适的清扫工具，以保障彻底的清扫效果。

如遇到短时间内无法清除的长期积累污垢时，企业可先制订清扫计划，然后再实施。计划的内容应包括在哪里、由谁、什么期限内、想要达到什么程度、使用什么工具等项目。

清扫活动同样要在确保安全的情况下进行。活动前必须要明确各种安全保障设施，分析工序内存在的危险因素及注意事项，以确保在清楚清扫与品质相关性之后再开展清扫活动。

（2）初期清扫之人员层面目的

为达成TPM目标，首先需要改变人对设备的管理常识、固定观念、固化行为。因此，这一活动特别强调管理者的关心和指导。

亲身体会现场工作（重叠小组活动）的经验管理者，能够机智地应对这个难题。管理者应在现场以身作则，和员工一同清扫，并引导员工积极地参与活动。作为提供指导的管理者、班组长、小组长，不仅对设备层面，同时对人性方面也应该给予充分的关注。

管理者应不断关注：小组成员是否存在苦衷，计划让小组成员学习什么样的知识，如何激发成员的实力和活动热情，安排什么样的支援和指导等内容。

很多员工都非常了解现场存在的问题和改善的方法，但因没遇到机会而无法发挥，因此，管理者应营造能够让员工充分发挥能力的活动氛围。

这一操作自然会激发员工参与的热情。随着活动的进行，逐渐显现出现场环境的变化和干净的工作环境，员工将逐步理解TPM活动的重要性。并且，员工在设备清扫中查找疑问点、改善不合理、降低故障和不良的尝试，会逐渐提升自信心，从而更加爱护各自岗位上的设备。

同时，在每天的TPM活动中，成员之间喊口号互动、相互交流、敞开心扉，增进了彼此的信赖，提高了协同合作能力，营造了开心的工作氛围。

初期清扫活动虽然有些辛苦，但只要管理者给员工指明努力的方向，必然能够提升员工满意度，降低离职率。

**5.自主保全1 STEP活动方法**

（1）TPM清扫时的考虑要点

TPM清扫时的考虑要点，如图3-6所示。

（2）制作清扫工具考虑的要点

要实现彻底完美的清扫，企业必须研究清扫工具，以减少清扫时间，提高清扫质量，便于困难部位清扫。

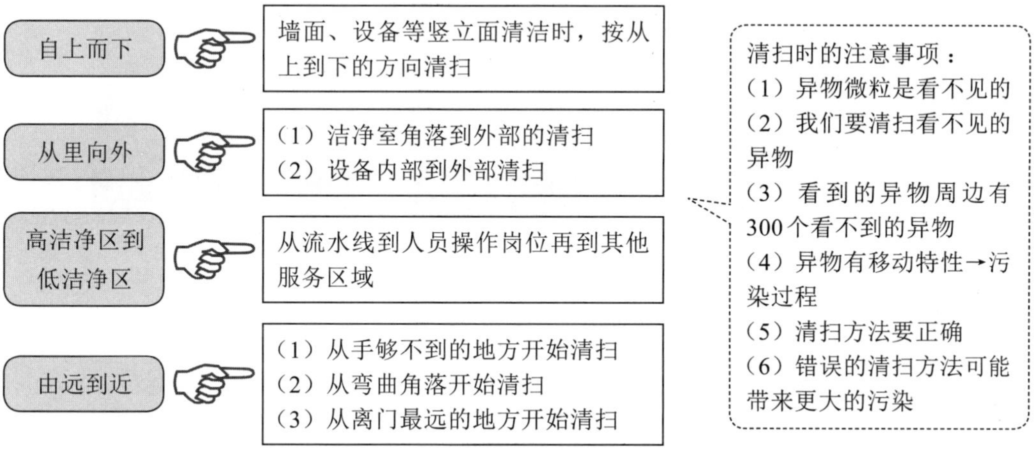


**图3-6 TPM清扫时的考虑要点**

- 研究旋转体周边和设备角落污染物、溶液结晶颗粒等异物的消除方法与清扫工具。
- 溶液、水、铁屑等污染物，需根据性质区别清扫方法。
- 为消除角落污染物，需区分相应清扫工具。
- 研究方便高处的清扫工具。
- 研制工具需考虑各工序特点。
- 工具应用是人类的特性，需不断研制新工具。

（3）管理者以身作则进行清扫

开展TPM活动后，必然会出现有些小组自发活动活跃，有些小组活动进展缓慢。

活动消极小组存在的共性原因有：不了解活动方法、小组成员团队能力不足、管理者能力和支援不足、划定活动区域过大、长期未清洁导致无从下手等。为克服以上问题，某公司的做法是：总经理每天亲自带领管理者投入1小时，从最落后的小组和最困难的区域开始支援清扫活动。总经理带领领导团队亲自在现场参与清扫和改善不合理活动，极大地提高了员工参与活动的热情，落后小组甚至主动挑战更高的目标，从拖后腿的小组开始转变成公司优秀的活动小组团队，在全公司100多个小组当中最早通过STEP考核。改变小组活动氛围后，周边设备、品质、工序、人事等部门也伸出援助之手，逐步提高参与度，最终形成全公司层面全员参与TPM活动。图3-7为管理者以身作则进行清扫的案例。

（4）不合理的定义及分类方法

所谓不合理，就是不同于正常状态的非正常现象，即超出标准或超出基本条件和使用条件的现象。为查找不合理，应与最理想状态进行对比。因此，员工应事前学习工序使用条件以及输入规格、工序内各设备单元结构、设备模块、装配、配件性能等，并解决超出最佳条件范围的不合理。设备发生不合理的原因是设备使用信赖性下降和工序管理水平差异。设备不合理应通过现场确认查找，管理性不合理应通过客观评价现场的操作过程来查找。表3-6为16大不合理分类。

（总经理）

（制造副总）

（经营革新部长）

（制造部长）

（设备技术部长）

（人事部长）

**图3-7 管理者以身作则进行清扫**

**表3-6 16大不合理分类**

| 项目 | 不合理定义 | 不合理类型 | 具体不合理现象 |
|---|---|---|---|
| 1.安全 | 对人体、物品产生危害或有潜在危害的部位，或与环境相关的不合理 | 安全、环境相关的不合理 | •平台：凹凸、断层、突出、损坏、磨损<br>•台阶：倾斜、断层、湿滑、腐蚀、把手损坏<br>•照明：照度不足、位置不合理、保护罩污染、保护罩破损、防爆不合理<br>•旋转：罩子脱落，无安全装置、急停装置<br>•移载机：未标识动作区域<br>•消防：无定位、点检记录 |
| 2.整理 | 区分必要物与不要物，废弃及处理不要物 | 不需要/过多 | •不必要设备、材料、备品等过多<br>•过长的电线、管道、螺栓、线团等<br>•无3定（定品、定位、定量），存放效率低，不美观 |
| 3.整顿（3定） | 将必要物维持管理到必要时随时可以方便使用的状态 | 未遵守定品、定位、定量 | •人员、设备、物品状态没有一目了然<br>•无品名、定位、定量标识<br>•无最大量、最小量、订货量、库存量标识 |
| 4.可视化 | 因物品的可视化标识不当而导致的不合理 | 未标识异常与正常 | 无可视化标准，可视化措施不合理等 |
| 5.设备缺陷 | 目前影响不大，但以后会逐渐扩大的小缺点 | 污垢、痕迹、震动、松动、异常、张贴 | 龟裂、塌陷、变形、偏离、磨损、歪斜、腐蚀、晃动、掉落、倾斜、接口、发热、震动、气味、压力、电流、堵住、凝固、动作问题、螺母松动、失真、突出、弯曲、松弛、非标件 |

续表

| 项目 | 不合理定义 | 不合理类型 | 具体不合理现象 |
| --- | --- | --- | --- |
| 6.清扫/清扫困难 | 需要清扫（清扫分为环境层面清扫和功能层面清扫，追求设备的最初始状态），但清扫困难 | 异物、粉尘、金属渣，清扫困难 | •地面、设备、货台、天花板、管道等污染<br>•杂物、灰尘、粉尘、油污、锈迹、涂料等<br>•工具不合理导致清扫时间过长、清洁质量下降、加工点清洁困难、品质不良、吸尘器性能低及过滤器难清理等管理问题 |
| 7.注油不良/注油困难 | 需要注油，但注油不方便或注油困难的部位 | 补充注油，换件、注油困难 | •未按标准注油<br>•无法注油或注油困难<br>•润滑油规格错误等 |
| 8.点检困难 | 需要点检，但不好点检或点检困难的部位 | 点检困难，不方便 | •泄漏、漏油、灰尘飞散等<br>•由于设备结构不合理，生锈、铜屑脱落<br>•因服装、鞋子等带入异物，出入门/气流管理不合理 |
| 9.作业不便 | 作业操作不便、不必要的动作、不产生附加值的动作 | 作业困难，动作浪费 | •单手作业、弯腰、转身、转手、用手扶东西<br>•立时作业、蹲地作业<br>•移动距离长、寻找物品 |
| 10.异物发生源 | 污染、异物等发生源 | 异物发生源管道异物、破损、漏水、泄漏 | 产品，材料，油污，气体等泄漏，玻璃粉末，玻璃棉，焊渣，铁锈，冲击，掉落，落差，冲击，震动，湿度过高，过于干燥，颗粒大小、温度、浓度，加热，反应不良等 |
| 11.故障发生源 | 设备慢性故障再发 | 故障发生源 | 暂停、速度降低等性能问题 |
| 12.不良发生源 | 产品保管状态不良及加工点造成不良的原因 | 不良/报废/返工，量具、工具使用不便、不适 | •原料、半成品、产成品的保管状态不良<br>•以加工点为中心的不良发生源、检验人员的失误及熟练度、必要的量具<br>•工具不足或精度不良、工具缺乏标准化、工具乱丢、易损坏、寻找时间长 |
| 13.搬运/物流 | 实际作业不必要或低效果的搬运，因作业布局不合理所导致的不合理 | 方法、距离、工具、生产布局不合理 | 暂时存放、转载、一次大量搬运，搬运距离长、搬运时间长，搬运工具落后、笨重、轮子损坏，工序间、作业间的搬运距离过长，原材料、半成品、成品出入库不当 |
| 14.标准/流程 | 作业和业务流程、标准不明确或错误所导致的不合理，制造工艺的不合理 | 标准/流程，工艺不合理，业务效率低下 | 作业标准、设备点检标准、规定、手册等无标准/流程、标准/流程不准确（未更新）、标准/流程不具体、不遵守标准/流程 |

续表

| 项目 | 不合理定义 | 不合理类型 | 具体不合理现象 |
|---|---|---|---|
| 15.能源/成本 | 企业角度增加成本或过多消耗，缺乏成本意识导致的能源浪费 | 经费 | 电话费、差旅费、印刷费、会议费等浪费 |
| | | 备品备件 | 劳保用品、工具等浪费 |
| | | 原材料/产品 | 保管、使用、包材等浪费 |
| | | 品质损失 | 遗漏、重复检查、返工返修、出错修复等浪费 |
| | | 库存 | 资金、管理费用、利息过高 |
| | | 各能源浪费 | 水、电、空气、油、液化气、天然气等浪费 |
| 16.其他 | 上述15项以外 | 根据各活动阶段，指定特定项目的专项管理 | |

（5）改善不合理的思考方向

员工应牢记活动手册上不合理的分类与定义，并在查找不合理过程当中了解自己工序内都存在哪些不合理，然后开展复原和改善活动。

员工应提高自己通过工序观察或清扫方式查找不合理的能力。如果工序内存在几百个不合理，但只找到几十个，这意味着遗漏了很多不合理，存在不合理蔓延成故障或不良的风险。所以，员工发现不合理时，应在“不合理登记表”内详细记录地点、名称、状态等信息。

发现不合理应及时加以解决。首先要求个人直接解决；当个人范围内无法解决不合理时，经组内充分讨论，任命负责人，对改善业务进行分工。小组仍无法解决不合理时，应及时向设备保全或上级反馈，并得到支援。

小组应在每周定期会议上一同讨论、分享不合理改善率和改善成果。对新出现的不合理，进行定性分析。并针对重复出现的不合理讨论以下问题：是改善方法错误？还是之前改善后维持不善导致重复发生？员工要培养不遗漏地查找潜在不合理的能力和对不合理快速、准确改善的能力。

（6）清扫和发现不合理5大“作战”

不易被人眼看到的地点会存在管理不善和不合理。如之前提到的，TPM活动不应只局限于表面看得见的地方，而应重视全工序和整体设备，不放过任何角落。所以，我们在开展查找和清扫不合理活动时，应时刻保持5大“作战”思想，如表3-7所示。

**表3-7　5大“作战”详细内容**

| 序号 | 活动项目 | 定义 | 详细内容 |
|---|---|---|---|
| 1 | 打开作战 | 打开作战即打开一切，并能够观察内部而尽可能透明化处理 | 有盖子的地方全部打开清扫，包括设备正反面盖子和控制面板、工具箱、消耗品柜子抽屉等<br>※一旦打开，尤其是阴暗角落，会给我们的视觉和嗅觉带来不小冲击 |
| 2 | 地鼠作战 | 地鼠作战是关注设备底部、背面、角落的意思 | 地面与设备间缝隙、设备与墙面间隙、设备之间（上下左右）缝隙等<br>※狭小和难以看到的缝隙潜伏着不合理 |

续表

| 序号 | 活动项目 | 定义 | 详细内容 |
|---|---|---|---|
| 3 | 蝙蝠作战 | 蝙蝠作战是针对管理困难的阴暗处，要求尽可能安装照明，在必要时进行亮化 | 确认没有照明或阴暗区域、僻静角落，以及现场小仓库、设备驱动部位内部及底部、漏液部位等<br>※设备运行中不易看到的地方必然存在不合理 |
| 4 | 猴子作战 | 猴子作战是针对高处因危险等而不被重视的地方，要求进行定期管理 | 仔细观察设备和风管、箱体上部<br>※从俯视角度观察，可以发现很多不合理现象 |
| 5 | 蜂群作战 | 蜂群作战综合了上述4种方式，是在领导带领下像蜂群一样有组织、不辞辛苦地开展活动 | 像蜜蜂一样全体出击、一同作战才能获得最大效果和价值<br>※统一思想和行动、全员参与、相互协同 |

（7）设备条件管理与老化

① 基本条件与使用条件

基本条件是指设备的清扫、加油和紧固。完善设备的基本条件，是防止故障因素萌发的最重要的活动。 当设备周边存在污垢时，容易导致磨损而引起设备故障。清扫行为可以显现出潜在缺陷，所以清扫也被称为点检。机械设备缺少润滑将无法满足动作要求。润滑油如同人体血液一样重要，滑动、湿润、旋转、磨损、轴承等必须要注油。以螺栓螺母为代表的紧固件的松动也是设备故障很大的影响因素。

使用条件是指，现场操作标准中与设备相关的运行、生产、加工、操作、维持、环境等条件。设备未满足使用条件时将影响精度和加工条件，从而反复引起故障。

② 强制老化与自然老化

老化分为强制老化和自然老化。

强制老化是指，设备正常寿命周期内因维护不善所造成的老化或磨损。自然老化如同人类寿命一样，是与维护无关的老化过程。维护的关键是在使用寿命结束前及时更换。生产现场强制老化的现象很多，需要彻底排查恢复和预防，这样才能实现零故障和零缺陷，因此要特别关注潜在缺陷的排查。

潜在缺陷又分为物理缺陷和心理缺陷，物理潜在缺陷是指物理方面不易被发现的缺陷，比如需要拆解、张贴位置原因、被残渣或污垢覆盖等因素导致的难以发现的缺陷。心理潜在缺陷是指操作者或维护人员意识或技能不足导致的未能及时发现的缺陷，比如漠不关心、放任不管、差不多、不认为是缺陷等。相比物理潜在缺陷，心理潜在缺陷的危害更大。

（8）疑问点就是学习热情的体现

疑问点的查找范围包括产品、设计、材料、环境、方法，以及所有制造范围，并且有两种定义。

① TPM活动当中查找不合理时，遇到无法判定正常与否的现象，即无法判定是否为不合理，从而产生疑问。比如，清扫中发现设备温度很高，但无法判断这个现象是否存在异常；感觉设备噪声有些大、声响有些不同，但无法判定是否正常；油量表没有规定上下限，无法判断油量是否正常。

疑问点案例：组员们发现设备在运行时马达温度高达90度，无法判断是否正常。

这类问题比较典型，可通过上级指导和10分钟培训找到异常状态即故障的答案。针对相同现象，应统一判定基准，确定不合理（异常）现象时应记录到不合理统计表，并进行改善。

② 不了解设备结构和原理、产品加工工艺等，内心产生疑问。当出现疑问时，首先要在“TPM活动板疑问点明细表”中记录。关于疑问点的解决，由相关组织班组长商议确定解决方法，主要知识可通过10分钟培训方式传授给现场活动小组成员。管理者层面要认识到，TPM小组积极提出疑问点，表明小组活动热情度高。在发掘疑问点并得以正确改善的过程当中，员工技能和能力可以获得提升，“TPM活动板疑问点明细表”是活跃TPM活动的重要工具。

（9）领导的鼓励和指导

管理者指导和激励信息体现在活动板上面，其作用非常大。当员工个人小成果得到认可和表扬时，会更加激发他们努力的意愿。除了文字表扬外，还要有当面的语言激励，表扬的内容包括TPM活动所有范围，也可借鉴如下项目：清扫活动、查找不合理、不合理改善、发生源/困难部位改善、分析故障/疑问点、10分钟培训、定期活动、标准管理、团队力、学习内容、活动指标、成果指标、领导力、推进力等。

激励者通常是相应管理者、专家、推进办或企业高层，也可根据实际情况灵活调整。同时建议表扬包含哪里、什么、如何改善等内容。

【案例3】▸▸▸

### TPM自主保全活动感想

**活动感想（1）**

公司通过导入“TPM活动”，使大家了解到全员参与自主保全的重要性。本人也通过活动，学习了设备知识，知晓了设备改善和故障简易处理的方法，提高了岗位操作水平，减少了故障发生频次，降低了劳动强度，同时也增强了工作自信心。

希望以TPM活动为契机，学习更多的设备知识，掌握更多的岗位技能，切实降低劳动强度，提高生产效率。同时也希望部门管理人员给予更多的支持和鼓励，大家一起努力通过二阶段评审。

**活动感想（2）**

TPM是全员参与、共同进步的活动，接触TPM几个月以来，我感触良多。以TPM活动促进环境安全部这个团队区域工作环境的改善、工作效率的提高无疑是成功的。每个人的进步都很明显，到后期，见到一些现场发生的问题，都能迅速判断出不合理，进而积极整改。九月份的月度整改较上月有巨大的进步，整改效率以及整改率都有大跨步的提高，希望后期继续努力，实现公司目标、部门目标以及每个人的目标。

## 【案例4】▸▸▸

### 某企业自主保全 1 STEP 活动

**定义**

清扫活动当中通过人体五感发现的设备异常现象，并进行复原

**目的**

| | |
|---|---|
| 设备 | 清除尘土和污染，预防潜在缺陷，复原老化问题，提高点检和维修质量，缩短时间 |
| 人员 | 培养爱护设备和解决疑问的兴趣，通过现场实践活动培养领导力，体验（学习）“清扫是点检”的思想 |

**推进体系**

导入教育：理解 1 STEP 活动
↓
理解样板设备结构和性能
↓
开展初期清扫
↓
改善活动
↓
制作清扫清单和检查表
↓
整理 In-Out 指标
↓
进行自我诊断
↓
1 STEP 通过诊断
↓
开展 2 STEP 活动

**活动要点**

- 在安全的前提下开展活动
- 维持发展前面的STEP内容
- 学习设备结构和性能
- 研究清扫技能及设计清扫工具
- 不合理查找100%、复原90%以上，管理故障日志，分析对策消除故障现象
- 制作并遵守清扫基准书
- 制作4种表格（不合理/疑问点/发生源/困难部位）

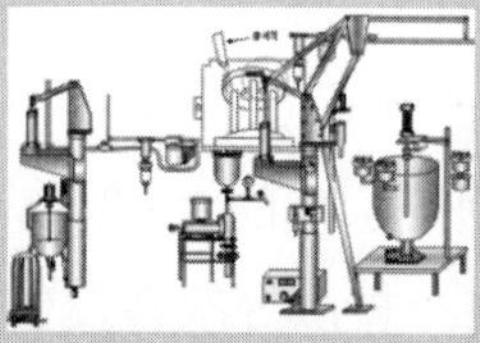

设备结构图

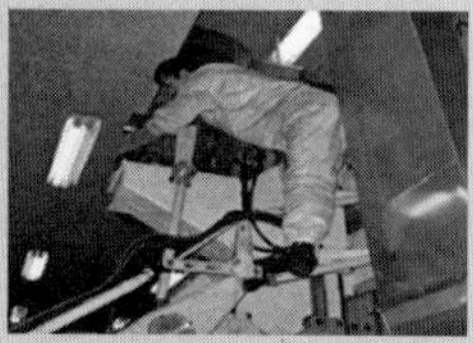

初期清扫

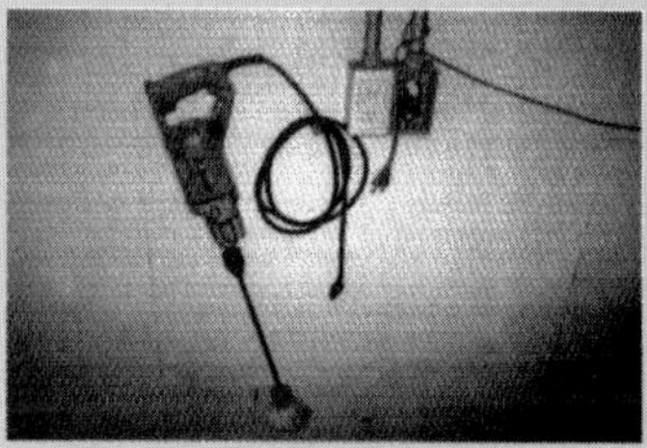

开发清扫工具

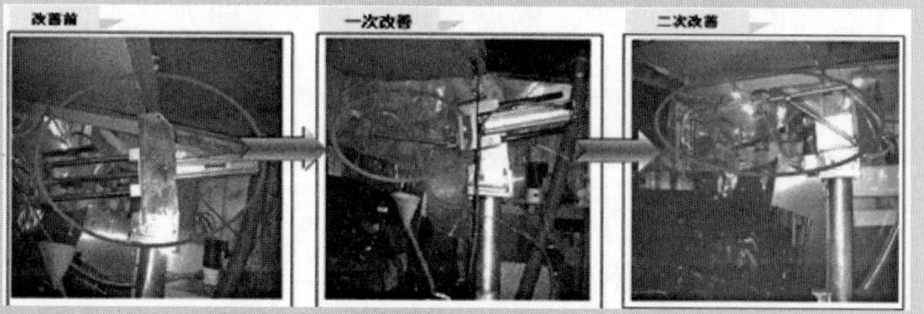


改善案例

**活动成果**

- 提高爱护设备的意识
- 重现设备原貌

**向后计划**

- 日常清扫和点检活动的习惯化
- 解决发生源和困难部位问题根源

## 三、自主保全2 STEP——发生源/困难部位对策

### 1.自主保全2 STEP活动概要

自主保全1 STEP是清除设备长期沉积污垢，同时了解设备大体结构的活动，而2 STEP是激发员工改善意愿和创意的活动阶段。进入2 STEP并不意味着抛开1 STEP活动内容，这一阶段应在维持前面阶段内容的同时，开展本阶段改善活动，逐步提升活动水平，以避免退步，这也是自主保全活动体系的特点。随着活动等级的提升、维持项目的增加，企业应带动全员不断研究和创新提升维持效率的方法，即缩短清扫时间和延长维持效果。

研究发生源对策是为了极大地减少污垢及故障的发生和实现零不良；困难部位对策的目的是通过清扫、点检、注油困难部位的改善解决不便操作的问题并缩短时间。为此，活动小组应针对所查找的污染和故障发生源，减少因清扫和设备故障而停机的时间，从各工序（设备）中查找并消除引发产品不良的发生源，以确保零不良的改善；同时解决清扫、点检、注油困难项，以维持改善效果。

### 2.自主保全2 STEP主要活动内容

（1）自主保全前面STEP活动内容的维持发展。

（2）全员学习自主保全2 STEP手册内容。

（3）深化学习活动对象设备的结构性能。

（4）查找不合理及改善重要不合理。

（5）制作发生源/困难部位的“3现”不合理地图，查找及改善发生源。

（6）学习Why Why分析法等改善发生源所需的工具。

（7）查找及改善困难部位，学习分析方法对困难部位进行改善。

（8）确定基本遵守、重点管理项目的管理方法。

（9）推进日常活动和定期活动。

（10）查找并解决疑问点，恢复及改善不合理。

（11）实施10分钟培训（OPL）。

（12）明确和管理活动指标。

（13）开展运营过程诊断和结果诊断。

### 3.自主保全2 STEP活动流程

自主保全2 STEP活动流程，如图3-8所示。

### 4.自主保全2 STEP活动方法

在1 STEP中，清理了设备上的陈旧灰尘和污染。设备干净之后就很容易发现之前未

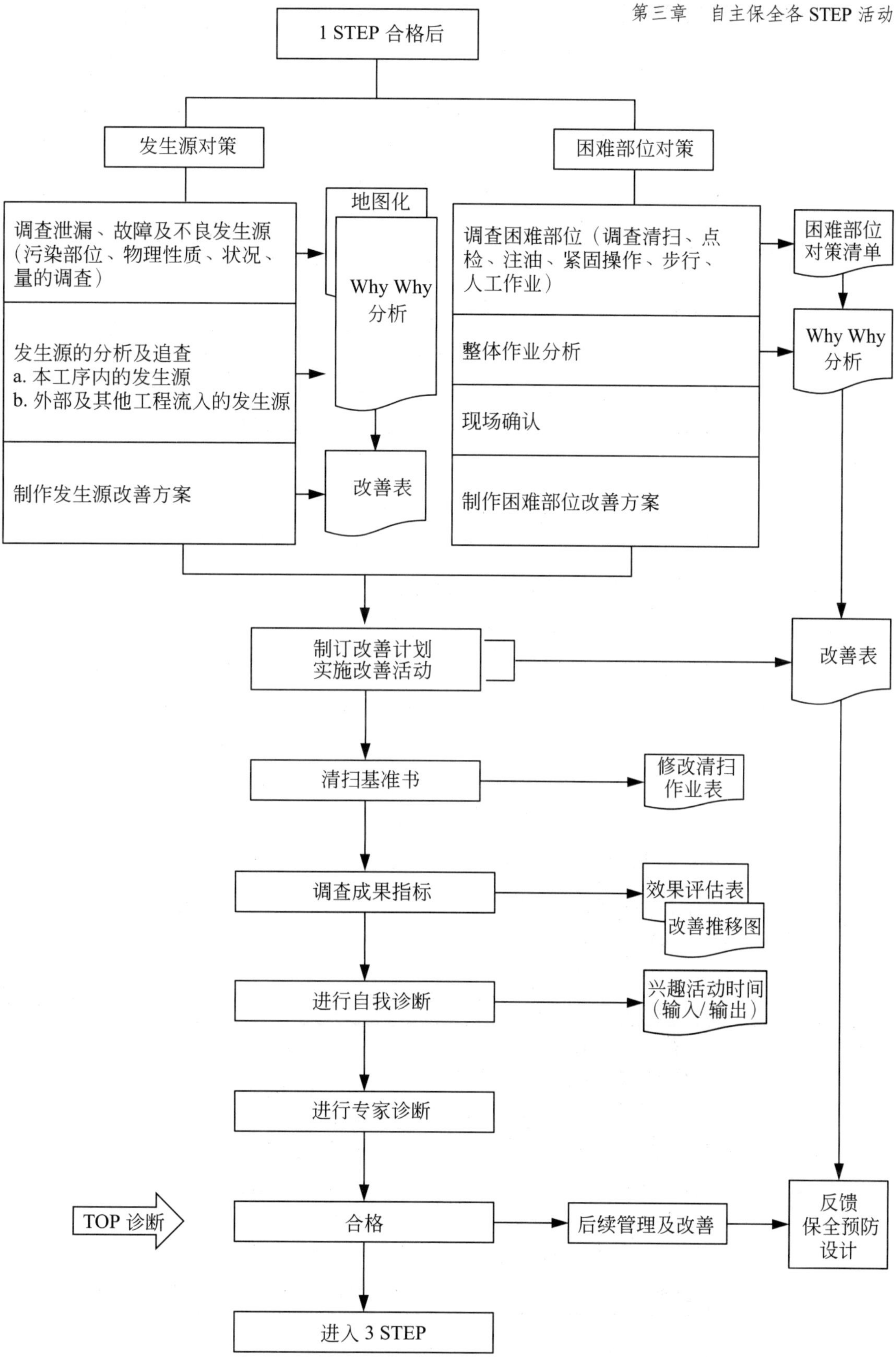


图 3-8　自主保全 2 STEP 活动流程

重视的灰尘或污染等情况，员工也会自然而然地产生出便于清扫的想法，这样可以减少清扫时间，发现缺陷，使之不能再恶化。

进入2 STEP后，员工以更加强烈的改善意愿和兴趣，投入改善设备、清理灰尘和污染发生源、清扫困难部位的工作中。

2 STEP活动很重要的一个环节是，员工在实施发生源对策的过程当中，不得不学习机械工艺或动作原理，因为，不了解工艺原理就无法采取有效的对策。发生源对策作为从根源上消除异物、污染、故障、品质问题、操作失误等的措施，需要对现象的逻辑性进行分析，并制定有效对策。往往很多问题的产生原因看似简单，但实际上却是由很多因素相互交织而形成的。因此，TPM小组需要积极地使用Why Why分析法等分析工具，以取得良好的活动成果。

发生源对策是指针对异物、污染、故障、品质问题、操作失误等各类发生源采取的消除措施，或当无法消除时，为减少发生量、杜绝发生源采取的措施。

困难部位对策是针对操作、清扫、点检、注油、物流、手工作业等方面操作困难或耗费时间长等情况，采取的缩短操作时间、改善操作性能等措施。

通常发生源和清扫困难部位是同时存在的，如果能够成功实施发生源对策而无须清扫时，可省略困难部位对策。此类情况也较普遍，所以要先采取发生源对策。当遇到不能完全杜绝发生源的情况时，则需要以定期清扫的方式来加以维持，比如，用安装局部罩子的方式减少飞溅范围，以缩短清扫时间。困难部位对策是通过小组活动来收集方案，当遇到清扫困难时，可以发明清扫工具来逐步改善清扫效果。

（1）发生源和困难部位改善活动

发生源和困难部位改善活动的最终目的是，缩短清扫、点检、注油时间，营造好的工作环境，方便工作的开展，具体如表3-8所示。

**表3-8 发生源和困难部位改善活动目的**

| 发生源改善对策 | 困难部位改善对策 |
|---|---|
| （1）消除污染和异物发生源<br>（2）避免各种油类泄漏、溢出、飞溅<br>（3）杜绝或减少工序内异物的发生<br>（4）查找痼疾、不良发生的根本原因<br>（5）防止设备机械磨损、污染及物料飞溅<br>（6）排除安全隐患及重复性故障原因 | （1）改善清扫困难部位<br>（2）改善点检困难部位<br>（3）改善注油困难部位<br>（4）改善操作困难部位<br>（5）改善调整困难部位<br>（6）改善人工操作困难部位<br>（7）改善定期更换及拆解清扫困难部位 |

大部分情况下，污染的发生源不易被肉眼发现，所以，TPM小组需要从污染现象的产生机理和特性着手，查找发生源，如表3-9所示。

**表 3-9　从污染现象的产生机理和特性着手查找发生源**

| 污染源 | 物理条件 | 污染现象 | 结果 |
|---|---|---|---|
| 铁屑、锈、药品、纤维、粉尘等 | 冲击震动 | 飞溅和沉积 | 污染 |
| | 静电 | 吸附周边异物 | |
| | 破损及带入异物 | 上表面堆积 | |
| | 气流飞散 | 移动和储存污染 | |

对品质影响较大的工序，企业需通过建立洁净室等设施，以维持更加干净的操作环境。洁净区域对异物发生源的改善步骤如下：

① 学习异物微粒的物理特性。

② 调查现场气流、静电等主要影响因子。

③ 了解引起产品不良的微粒形状、大小、成分等，确认微粒种类。

④ 明确引发产品不良的原因。

⑤ 追查异物发生路径，查明发生过程和源头。

⑥ 消除发生源或阻断其与产品的接触。

⑦ 利用合理方式去除产品上的微粒。

⑧ 根据管理标准，持续维持管理，避免产品不良的发生。

（2）Why Why 分析工具

Why Why 分析工具是按照规定步骤无遗漏地查找不良、故障现象的原因的方法。Why Why 分析工具的使用如图 3-9 所示。

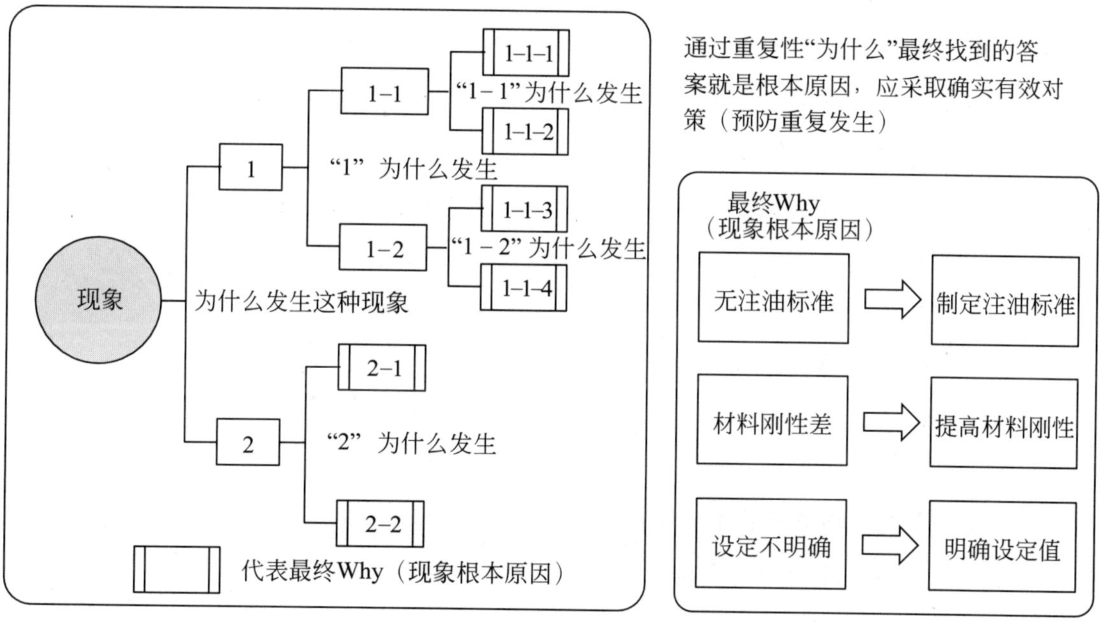


**图 3-9　Why Why 分析工具的使用图示**

企业在应用Why Why分析法时，应注意以下事项。

① 不要只依赖过去的经验和知识，否则无法查找真正原因。

② 不要丢弃破损件，应将之作为不明原因证据使用。

③ 运用头脑风暴讨论方式收集各种信息，不要否定他人提出的意见。

④ 与设备、品质、技术等相关人员一同进行分析。

⑤ 明确了解设备及工序结构以及流程后，再进行分析。

⑥ 立足于3现查找，明确影响因素。

⑦ 在找出真正原因前，反复提出为什么。

⑧ 找出疑似原因后，进行反向验证，找到真正的原因。

⑨ 制定对策并实施后，要确认成果。

⑩ 未达到预期成果时，重新进行Why Why分析，找出真正原因。

⑪ 达到预期成果后，重新制定维持管理基准进行管理。

【案例5】▸▸▸

## 金属异物发生源改善活动

**1.活动背景和目的**

R公司的"无限探索"TPM小组为解决工序内金属异物增多的问题，在自主保全2 STEP活动时提出了"减半金属异物"的活动目标。并在增设新工厂带来的工序品质和人员都很不稳定的背景下，结合1 STEP活动经验制定出以下活动原则。

（1）小组活动，将设备、品质、技术等部门人员纳入活动成员编制。

（2）针对2 STEP活动中清扫不足部分，实施更加细致的清扫活动。

（3）根据"我的设备、我的区域"等分担区域，集中开展查找金属异物的活动。

（4）详细制作发生源3现地图（Map），明确浪费的数量。

（5）通过Why Why工具集中分析问题的根源。

（6）在改善成果得到验证之前，不断集思广益，反复改善。

（7）改善成果得到认可后，制定管理基准并持续确认管理。

**2.消除金属异物活动的步骤和内容**

消除金属异物活动的步骤和内容如下所示。

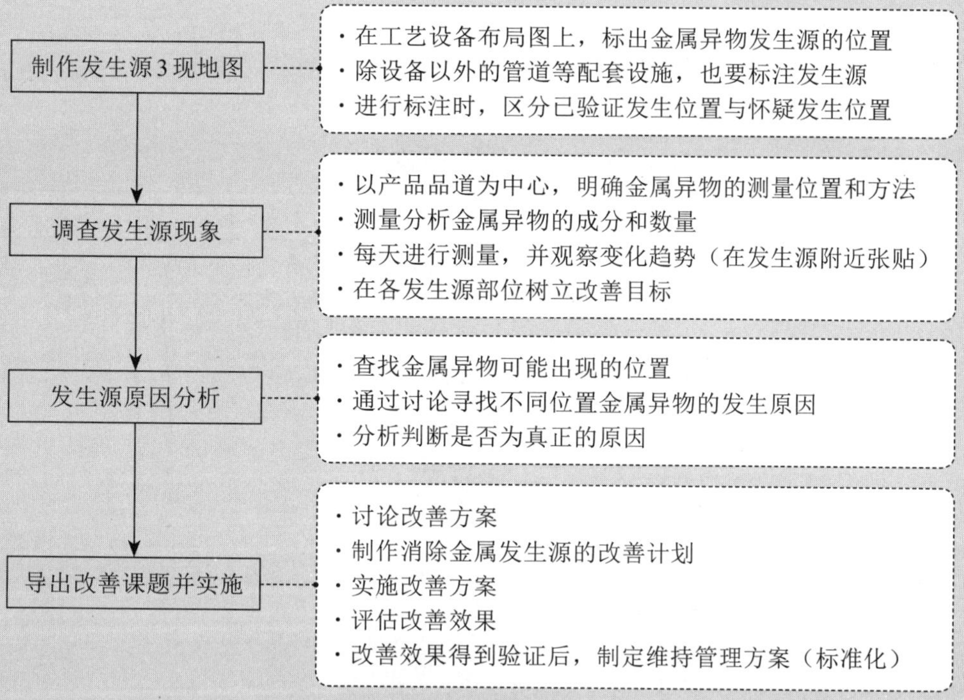

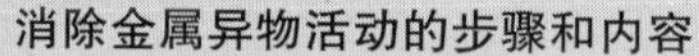

**消除金属异物活动的步骤和内容**

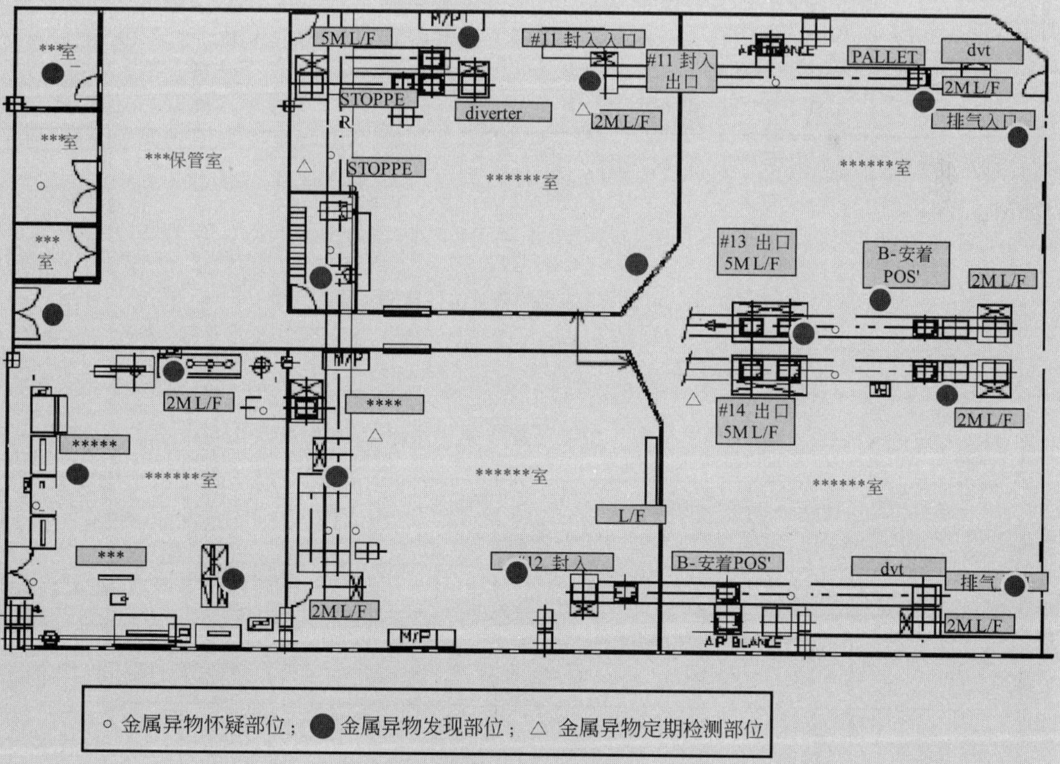


**金属异物3现地图**

### 3.查找金属异物的方法

查找金属异物时需重点围绕以加工点和品道为中心的易发生金属异物的位置，具体查找方法如下。

查找金属异物的方法

| 项目 | 详细内容 |
|---|---|
| 金属异物 | (1)新安装的设备，需确认设备内部和管道内异物是否清理干净<br>(2)新安装设施的管道接口和焊接位置是否存在生锈现象<br>(3)需完善管道、炉体内部等点检困难部位的检测及管理方案<br>(4)设备配件上是否存在金属异物成分<br>(5)设备内部是否因磨损而产生金属异物<br>(6)拆装设备外壳或移动机构时是否产生异物<br>(7)投料和包装工序是否保持清洁<br>(8)发生冲击(冲击值)的位置是否产生磨损和金属异物<br>(9)炉体传送物流结构是否存在磨损和异物<br>(10)链条、皮带等旋转处是否产生金属异物，是否有防飞溅装置<br>(11)工具和清扫用品，容器等物品是否携带或产生金属异物<br>(12)排风口、空调滤芯处是否存在金属异物的粘连或堆积<br>(13)空调内是否存在生锈现象，风淋室维持状态如何<br>(14)材料入库是否确认清洁度，是否有金属异物带入<br>(15)设备部门的服装、鞋类、维修工具是否带入金属异物<br>(16)设备检修后是否彻底恢复清洁状态<br>(17)门、通道以及房间压差等是否彻底管控，以避免气流带入异物<br>(18)搬运叉车及车辆行走路线及内外区域是否彻底区分管理<br>(19)移动设施(叉车、吸尘器、托盘、电梯等)是否重点排查 |

【案例6】▸▸▸

## 某企业自主保全 2 STEP 活动

定义

针对上一个STEP未能解决的发生源、困难部位，集中跟踪分析并“0”化

目的

| 区分 | 发生源对策 | 困难部位对策 |
|---|---|---|
| 目的 | 理想状态的方便维持 | 理想状态的方便维持 |
| 目标 | 老化、不合理发生数量清零 | 缩短老化，不合理复原实践 |
| 改善思想 | ·明确老化、不合理发生机理<br>·切断和根除发生问题路径 | ·确定解决问题方案<br>·缩短采取措施时间 |

**推进体系**

“分析发生源现象”—— Why Why分析
（什么、在哪里、问题程度）

↓

发生源对策（目标、计划、对策内容）
· 从根源阻断发生源
· 减少发生总量
· 飞溅最小化

↓

确认效果

↓

分析清扫、注油、点检困难部位现象

↓

对策（目标、计划、对策内容）

↓

确认效果

↓

修改完善上个STEP基准书

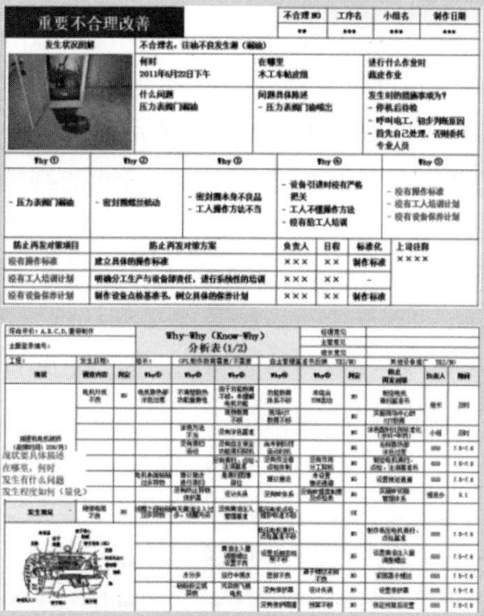


发生源改善方案

点检困难部位（制作脚垫）

**活动成果**

· 解决发生源、困难部位根源
· 缩短清扫、点检时间

**向后计划**

· 强化解决问题的技能培训
· 建立保全预防信息体系

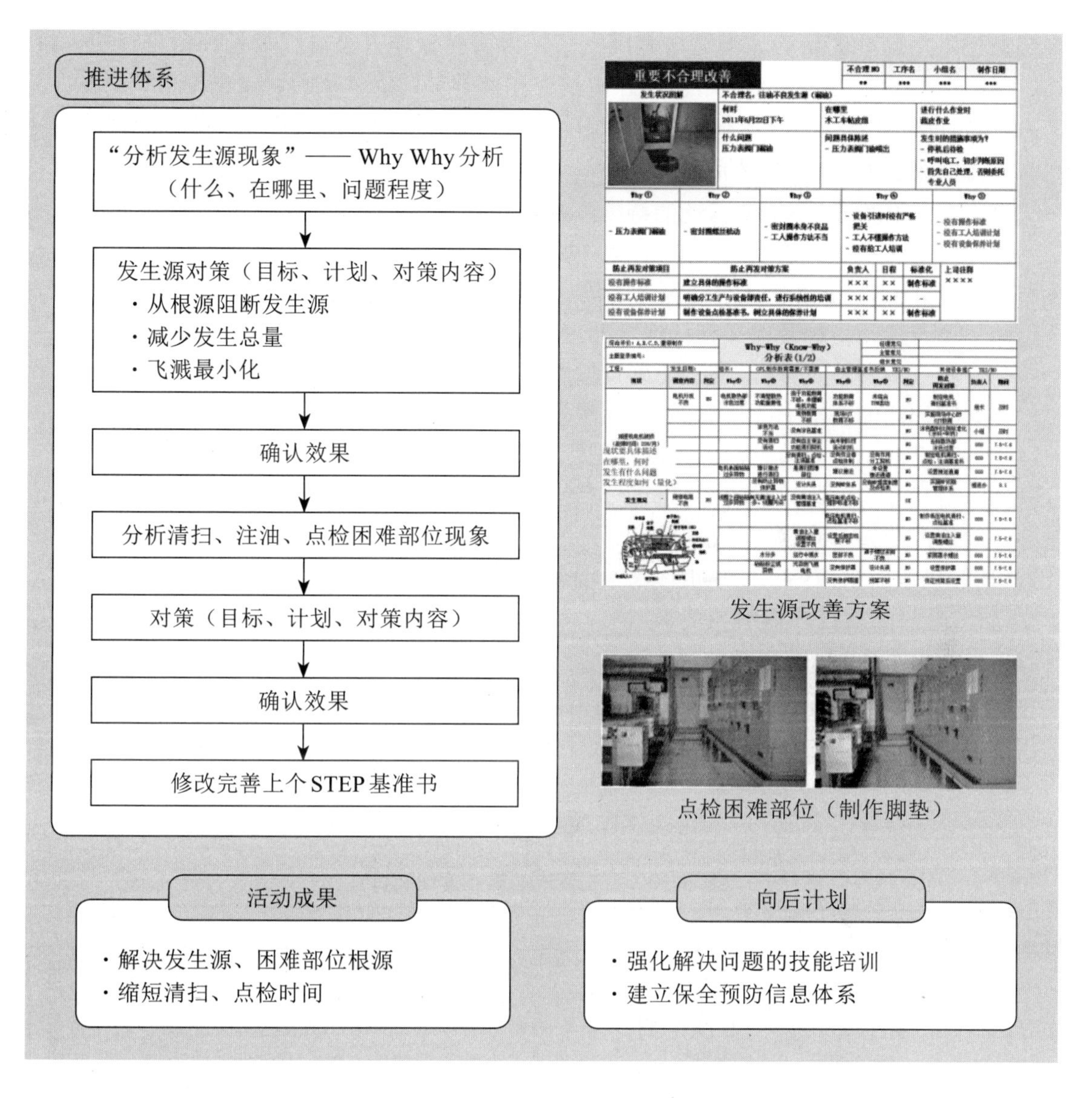

## 四、自主保全3 STEP——清扫/点检/注油基准书制作

### 1. 自主保全3 STEP活动概要

小组自主制定“需遵守基准”，并为了便于遵守及缩短操作时间而持续改进、完善。回顾前面阶段，在1 STEP清除了长期沉积的陈旧污垢和污染物，2 STEP为维持清扫状态而开展解决发生源和清扫困难部位的活动，使现场设备焕然一新。3 STEP为了维持现状，而自主完善各小组需遵守的基准和清扫、点检、注油基准。

引进TPM之前的现场基准通常是由技术和设备等部门制定，并单方面要求现场遵守。为挑战自主保全目标TPM 3阶段活动要求，在原先工艺和设备理论基础上，结合到目前为止的自主保全活动中积累的成果和经验，重新起草并与相关职能部门协商后完善基准体系。这种现实经历不但能让现场员工体会遵守标准的必要性和重要性，还可以增强员工遵守标准的信心。当完成基准书后，再次对操作人员进行设备和自主点检、维修、调整、维持能力等方面的培训，并由设备和技术部门提供支援，以保障培训质量。3 STEP作为设备基本条件（清扫、注油、紧固）的总结，是TPM自主保全的关键阶段。

### 2. 自主保全3 STEP主要活动内容

（1）自主保全前面STEP活动的持续维持和发展。

（2）自主保全3 STEP手册内容的全员理解。

（3）制订3 STEP活动计划（区分阶段、月和周计划）。

（4）调查活动指标及成果指标现水准，设定活动目标。

（5）制作清扫/点检基准书，明确点检部位、确认点、方法等。

（6）制作注油基准书，进行注油/润滑培训，查找注油点等。

（7）根据清扫、点检、注油基准书进行点检。

（8）对目标与实际差异进行分析，与维保部门重新划定业务分工。

（9）修改清扫、点检、注油基准书。

（10）确认成果指标、结果指标及管理推移图。

（11）开展运营过程诊断和结果诊断。

### 3. 自主保全3 STEP活动流程

自主保全3 STEP活动流程，如图3-10所示。

### 4. 自主保全3 STEP活动方法

（1）明确自主管理4大项目

自主管理的重点管理项目为清扫、点检、换件、润滑和除锈等，如表3-10所示。

**表3-10　自主管理的重点管理项目**

| 序号 | 管理项目 | 说明 |
| --- | --- | --- |
| 1 | 清扫 | 首先评估未清扫产生的不良和每月带来的损失。预防异物清扫是彻底消除产品线周边异物的清扫，是消除腐蚀、磨损污垢、碎片、线头等不良发生根源的清扫，是观察设备的每个角落并进行状态确认的清扫，同时也是定期点检的清扫。为维持无尘室的清洁环境，需进行无尘化清扫，应对进入无尘间的材料、消耗品及人员衣物上的污染异物进行清理 |
| 2 | 点检 | 点检是指为预防设备问题，在问题发生之前找出问题原因的操作<br>（1）故障点检是确认驱动设备磨损、异常噪声、发热、微粒状况、润滑状态、晃动现象，以及电气设施周边的温湿度、污染、进入水分、线路连接状态的点检<br>（2）预防不良点检是确认设备运转条件是否在设定范围内、产品物流通道是否存在污染物的点检<br>（3）预防事故点检是重点确认各类安全设施的正常性能、应对异常时提前确认危险因素、电气安全方面裸漏、药品危险因素等的点检 |
| 3 | 换件 | 定期换件是指通过定期拆卸维护、清扫及更换配件来维持设备正常运转条件的行为。以预防设备问题为目的的定期拆卸、换件等维护，是针对易损和问题配件，进行定期换件、拆卸、清理，确认腐蚀和堵塞等问题 |
| 4 | 润滑和防锈 | 是通过定期注油、油量管理来预防磨损和摩擦、防锈的活动。防锈方面，为预防水分和溶液侵蚀，定期涂敷黄油、防锈漆。预防故障润滑活动是为延长各类滚珠轴承寿命和预防异物，定期注入黄油、换件（每1～2年更换1次），对滑道处进行润滑及防锈等操作 |

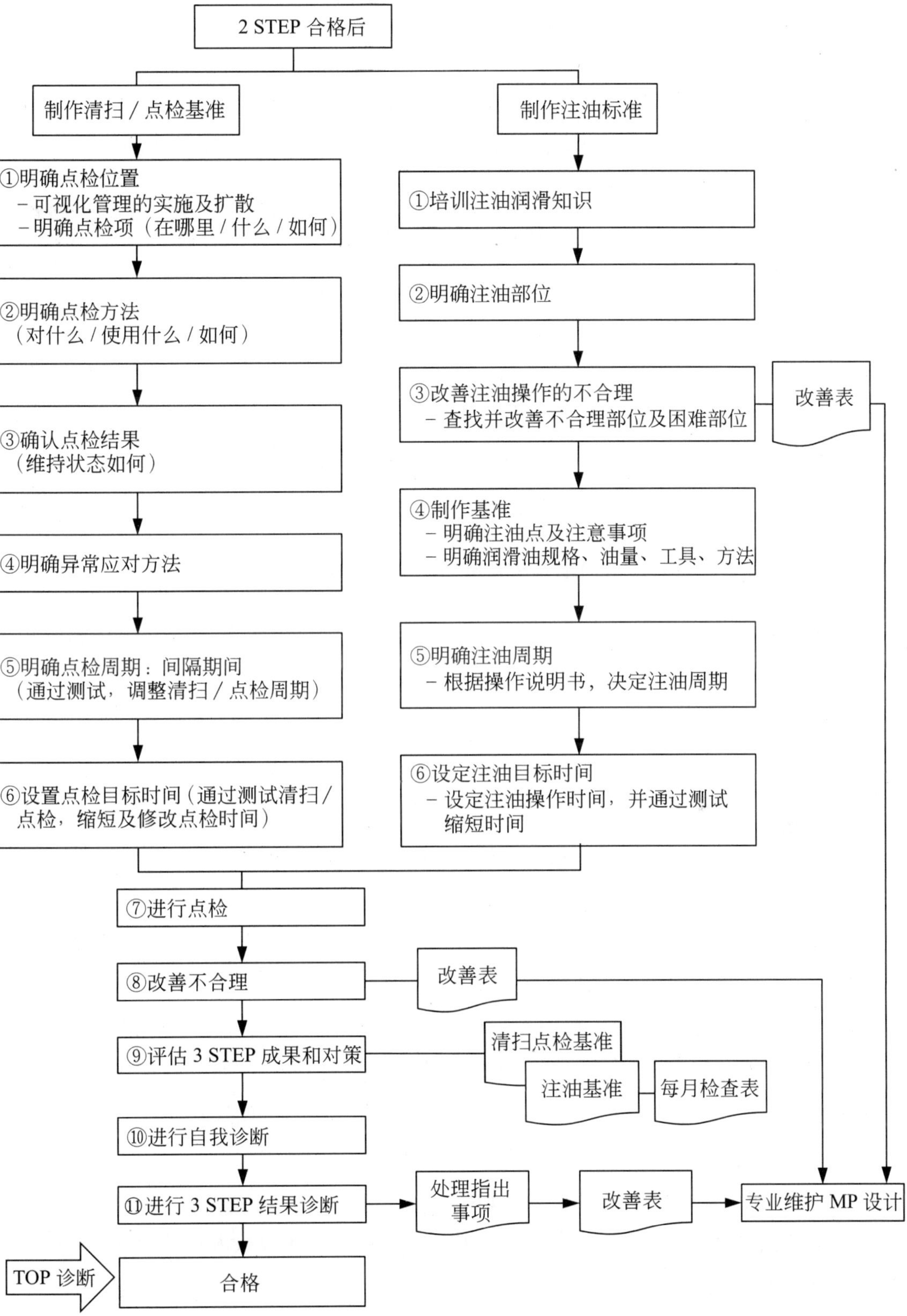


**图 3-10　自主保全 3 STEP 活动流程**

（2）制作自主管理基准书

制作自主管理基准书的顺序为：了解单位设备结构图→明确管理项目→确定管理方法及周期。自主管理基准书的要点、主要内容及制作指南，如图3-11所示。

**基准书要点**

· 操作内容的各项设置及自主点检项
· 人工操作项（从准备到结束）
· 定期点检、清扫、更换
· 各产品操作中的注意事项
· 原辅材料管理基准
· 改善案例及故障和不良分析报告的基准相关项（新增/修改）

**基准书主要内容**

· 管理项目：配件、部件名称
· 区分清扫、点检、更换、调整、注油等自主管理项目
· 明确管理基准
· 确定管理方法
· 所需工具、耗材
· 所需时间及实施时间
· 管理周期及分工
· 设备构造及功能（结构图）

**基准书制作指南**

· 根据设备类型各自制作一份基准书
· 操作条件中实时确认项目不放入基准书
· 以定期管理项目为主，整理并明确预防问题条件
· 根据现场管理需求，添加和完善所需管理项目
· 生产与维保部门进行分工，签字确认后发布受控

**图3-11　自主管理基准书的要点、主要内容及制作指南**

制定基准书的重点是，对所有管理项目无遗漏且详细地进行查找和管理，其内容如下。

① 在各设备基准书的基础上，对大型或结构复杂的设备，根据点检项目数量，按区间（部件）进一步分化管理。

② 明确清扫、点检、注油管理项目后，根据管理项目规模，决定基准书数量。

③ 每个设备或区域/部件划分单位，至少需要一张清扫基准书。

④ 需考虑管理项目数量，确定点检和注油基准书合并或分开管理方案。

⑤ 制作设备结构图，并展现到基准书内。

⑥ 在结构图内标注出点检、注油处，并在基准书内注明设备相应零部件名称。

⑦ 清扫、点检部位名称需使用企业内通用且规范的术语。

⑧ 以设备或部件单位，明确清扫、点检项目。

⑨ 清扫的基准以去除污染和无异物为原则；而点检的基准要求尽量量化判断，即使靠五官感知，也要量化数据（例如：减速器不能发烫→温度50℃以下）。

⑩ 清扫主要以擦拭、刮掉等方式表现；而点检则以确认温度、压力值、噪声等方式表现，同时要求明确清扫、点检工具的使用方法。

⑪ 明确点检异常时的具体操作方法，比如，哪些项目由点检人直接处理，哪些项目委托其他部门处理等。

【案例7】

## 某企业自主保全 3 STEP 基准书

### 清扫/点检/注油基准书

| 所属：×××<br>设备名：#3 注塑机 | 小组名：必胜组 | 制定日期 | ××××年××月××日 |
|---|---|---|---|
| | | 修改日期 | — |

设备结构图

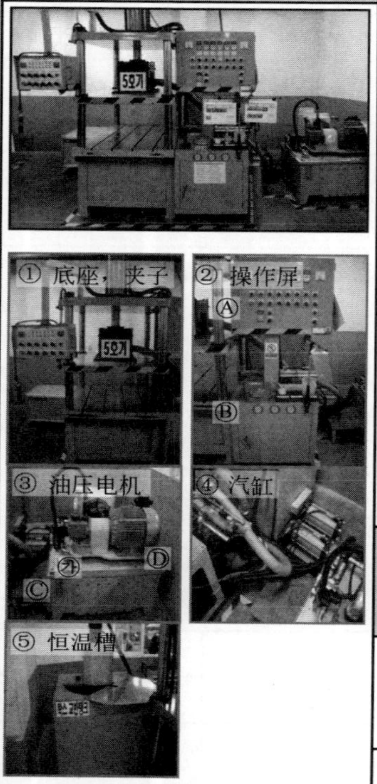


| 区分 | 清扫/点检部位 序号 | 项目 | 清扫/点检基准 | 清扫/点检方法 | 清扫/点检工具 | 异常时的措施 | 需要时间（分钟） | 周期 日 | 周 | 月 | 季度 | 担当 |
|---|---|---|---|---|---|---|---|---|---|---|---|---|
| 清扫 | ① | 底座、夹子 | 不能有蜡及异物 | 用凿子凿开、用抹布擦拭 | 凿子 抹布 | 通知设备 | 10 | ○ | | | | ××× |
| | ② | 操作屏 | 不能有蜡及异物 | 用压缩空气吹、用抹布擦拭 | 气枪 抹布 | 通知设备 | 20 | | | ○ | | ××× |
| | ③ | 油压电机 | 不能有油污及异物等污染 | 用抹布擦 | 抹布 | 通知设备 | 15 | | ○ | | | ××× |
| | ④ | 汽缸 | 不能有异物、污染 | 用抹布擦 | 抹布 | 通知设备 | 10 | | ○ | | | ××× |
| | ⑤ | 恒温槽 | 内部不能有沉淀物，外部不能有异物、污染 | 用铁铲/凿子去除异物 | 铁铲 凿子 | — | （240） | | | | ○ | ××× |
| 点检 | Ⓐ | 温度调节机 | 动作有无 | 确认 | 肉眼 | 通知设备 | 1 | ○ | | | | ××× |
| | Ⓑ | 油压压力表 | 3~4.2千克/立方厘米 | 确认 | 肉眼 | 通知设备 | 1 | ○ | | | | ××× |
| | Ⓒ | 油压油量 | 油量表1/2以上 | 确认 | 肉眼 | 补充 | 1 | ○ | | | | ××× |
| | Ⓓ | 油压装置台 | 动作有无 | 确认 | 肉眼 | 通知设备 | 1 | ○ | | | | ××× |
| | 时间合计 | | | | | | 59 | — | | | | |

| 区分 | 序号 | 注油部位 | 油类 | 油量（升） | 注油方法 | 注油工具 | 需要时间（分钟） | 周期 日 | 周 | 月 | 季度 | 担当 |
|---|---|---|---|---|---|---|---|---|---|---|---|---|
| 注油 | ① | 油压、油槽 | 液压油 #68 | 20 | 用油壶补充 | 油壶 | 20 | | | | ○ | ××× |
| | 需要时间合计 | | | | | | 20 | （☆周期：每年补充1次） | | | | |
| 基准时间：120分钟 | | 目标时间：60分钟 | | | 现需要时间：79分钟 | | | — | | | | |

| 设备名 | AC设备 | 清扫基准书 |
|---|---|---|
| 担当 | ××× | |

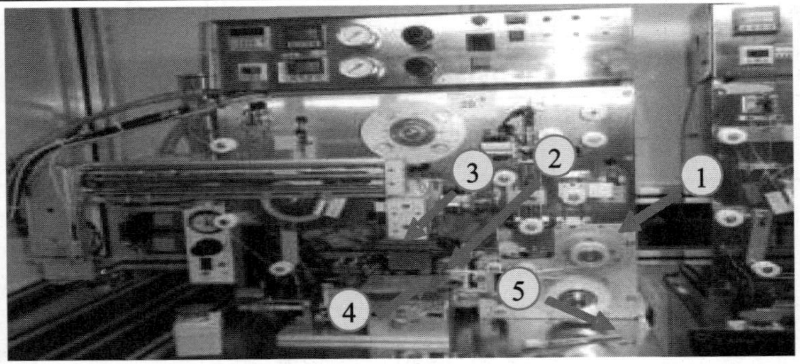

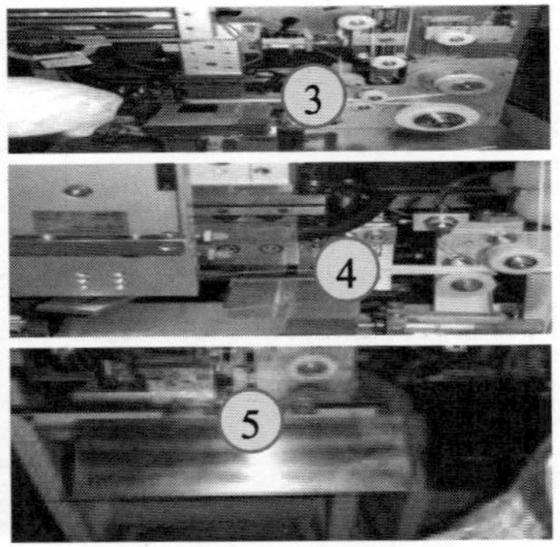


| 序号 | 部位 | 清扫方法要求 | 点检 | 清扫工具 | 确认方法 | 周期 | 备注 |
|---|---|---|---|---|---|---|---|
| 1 | AC夹扣 | 使用棉棒同方向擦拭干净 | 夹扣是否松动 | 棉棒 | 无尘布，肉眼 | 2小时/次 | 标准管理 |
| 2 | AC切刀 | 棉棒蘸丙酮同方向擦拭3至5次 | 是否生锈及异物堆积 | 棉棒和丙酮 | 无尘布，肉眼 | 2小时/次 | 标准管理 |
| 3 | AC压头 | 棉棒蘸丙酮擦拭2至3次 | 压头是否生锈或出现刮痕 | 棉棒、丙酮、镜子 | 无尘布，镜子 | 2小时/次 | 标准管理 |
| 4 | 分离器 | 棉棒蘸丙酮同方向擦拭3至5次 | 螺丝是否松动或损伤 | 棉棒和丙酮 | 无尘布，肉眼 | 2小时/次 | 标准管理 |
| 5 | 作业平台 | 棉棒蘸丙酮擦拭2至3次 | 平台上面是否有污迹 | 毛刷、棉棒、清洗液 | 无尘布，肉眼 | 2小时/次 | 标准管理 |
| 6 | 其他 | 日常管理内容：显示器和传送带每天清扫一次，设备机身及内部每2周清扫维护一次 | | | | | |

评价基准

|  | 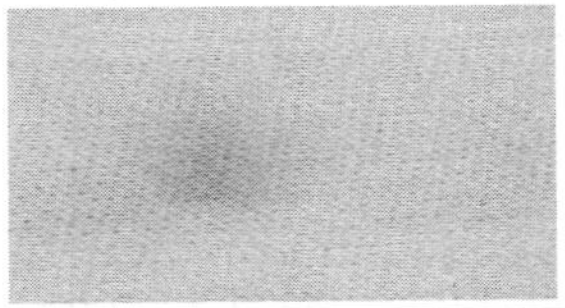 | 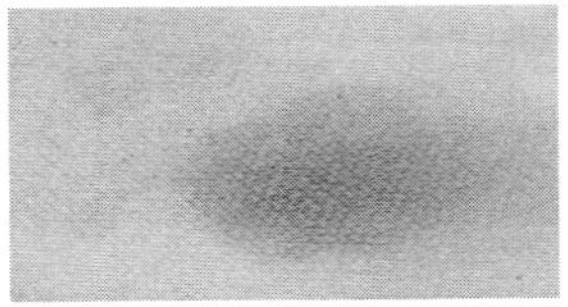 | 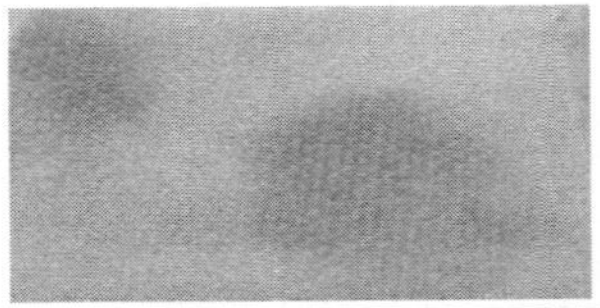 |
|---|---|---|---|
| 合格 | 合格 | 停线清扫 | 停线清扫 |

备注： 标准管理类清扫后不能残留棉棒纤维等残渣和异物，日常管理类不能有异物堆积和清扫死角。

(3) 润滑

润滑是在两个物体之间注入液态或膏状物质，以减少摩擦，便于动作。

① 润滑的目的

润滑的目的是使机械摩擦部位形成油膜，从而减少摩擦，预防烧毁及磨损，减少能源消耗，提升机械效率，具体如图3-12所示。

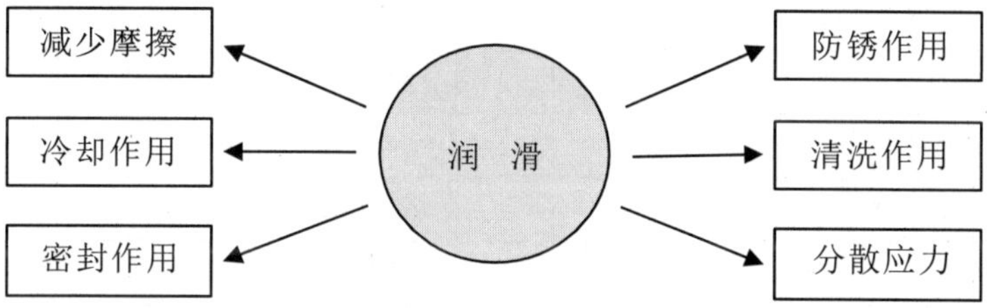


图3-12 润滑的目的

② 润滑的分类

根据润滑油膜的厚度，润滑方式分为全膜润滑、边界润滑、极压润滑，如图3-13所示。

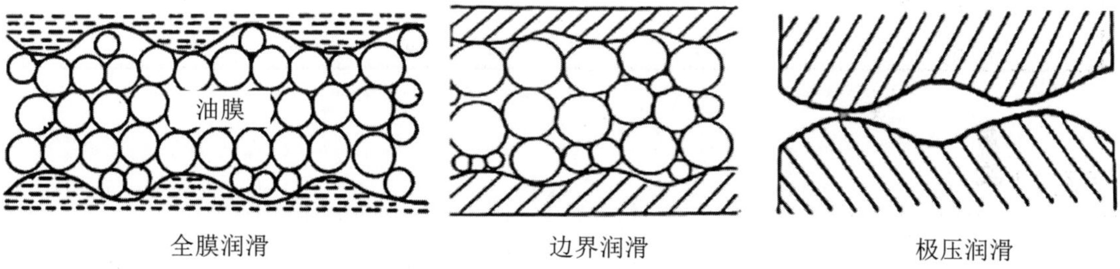


图3-13 润滑方式

全膜润滑（Full Film Lubrication）：亦称厚膜润滑或完全润滑，是最理想的润滑状态。

边界润滑（Boundary Lubrication）：亦称薄膜润滑或不完全润滑。因润滑油纯度下降或受到冲击、过载等因素导致油膜覆盖不全时，会形成临界润滑，摩擦面靠吸附在摩擦面的分子膜方式润滑。

极压润滑（Extreme Pressure Lubrication）：负荷过载或摩擦面温度过高时，摩擦面直接触碰易被破坏。为避免极端环境下产生磨损，极压型润滑油中会添加极压添加剂，在摩擦面形成极压保护膜，以减缓干摩擦引起的配件磨损。

【案例8】

### 某企业的设备注油表

| 设备名称 | 序号 | 注油点 | 数量 | 油类 | 工具 | 方法 | 周期 | 备注 |
|---|---|---|---|---|---|---|---|---|
| 黑化炉 | 1 | 驱动变速箱 | 1 | #150 | 油壶 | 手动(更换) | 3个月 | |
| | 2 | 驱动减速器 | 1 | #220 | 油壶 | 手动(更换) | 3个月 | |
| | 3 | 链条驱动 | 1 | #646 | 油刷 | 人工涂敷 | 随时 | |
| | 4 | 给油导管轴承 | 26 | #85 | 油枪 | 注入 | 1个月 | |
| 面板脱脂 | 1 | 驱动减速器 | 2 | #220 | 油壶 | 更换 | 3个月 | 机油设备 |
| | 2 | 驱动链条 | 2 | #646 | 油刷 | 人工涂敷 | 随时 | |
| | 3 | 吊篮链条 | 2 | #646 | 油刷 | 人工涂敷 | 随时 | |
| | 4 | 出入口传送带驱动减速器 | 1 | #220 | 油壶 | 注入 | 3个月 | |
| | 5 | 出入口滚轮物流驱动减速器 | 1 | #220 | 油壶 | 注入 | 3个月 | |
| | 6 | 脱脂液循环泵 | 1 | #150 | 油壶 | 补充 | 1个月 | |
| | 7 | 给油导管轴承 | 20 | #85 | 油枪 | 注入 | 1个月 | |
| 框架脱脂 | 1 | 驱动减速器 | 1 | #220 | 油壶 | 注入 | 3个月 | |
| | 2 | 驱动链条 | 2 | #646 | 油刷 | 涂敷 | 随时 | |
| | 3 | 吊篮链条 | 1 | #646 | 油刷 | 涂敷 | 随时 | |
| | 4 | 出入口传送带驱动减速器 | 1 | #220 | 油壶 | 注入 | 3个月 | |

【案例9】

### 某企业的设备结构点检表

| 序号 | 点检处 | 点检项目 | 点检方法 | 工具 | 判定基准 | 异常措施方法 | 区分 | | 活动周期 |
|---|---|---|---|---|---|---|---|---|---|
| | | | | | | | 运行中 | 停机 | |
| 1 | V形皮带 | 松动 | 目视 | 眼 | 松紧2%以内 | 调整或更换 | ○ | | 每周 |
| 2 | V形轮 | 磨损 | 用手触摸 | 手 | 斜面无凹凸 | 更换 | | ○ | 每周 |
| | | 晃动 | 目视 | 眼 | 纵横向无晃动 | 向班长汇报 | ○ | | 每周 |
| 3 | 普通皮带 | 龟裂 | 目视 | 眼 | 无龟裂、开裂 | 向班长汇报 | | ○ | 每周 |
| | | 偏心 | 目视 | 眼 | 无偏心 | 调整 | ○ | | 每周 |
| 4 | 链条 | 松紧 | 目视 | 眼 | 轴距4%以内 | 调整 | ○ | | 每周 |

续表

| 序号 | 点检处 | 点检项目 | 点检方法 | 工具 | 判定基准 | 异常措施方法 | 区分 | | 活动周期 |
|---|---|---|---|---|---|---|---|---|---|
| | | | | | | | 运行中 | 停机 | |
| 5 | 链轮 | 晃动 | 目视 | 眼 | 纵横向无晃动 | 向班长汇报 | ○ | | 每周 |
| 6 | 马达 | 震动 | 用手触摸 | 手 | 无震动 | 向班长汇报 | ○ | | 每天 |
| | | 温度 | 用手触摸 | 手 | 温度低于60℃ | 向班长汇报 | ○ | | 每天 |
| | | 动作 | 目视及用手触摸 | 眼／手 | 风扇无异常 | 向班长汇报 | ○ | | 每周 |
| | | 松动 | 紧固 | 扳手 | 螺栓无松动 | 紧固 | | ○ | 每月 |
| 7 | 螺栓 | 松动 | 测试锤敲击 | 测试锤 | 无松动 | 紧固 | ○ | | 每月 |
| 8 | 轴承 | 异常噪声 | 使用听诊棒 | 耳／听诊棒 | 无噪声 | 向班长汇报 | ○ | | 每天 |
| | | 温度 | 用手触摸 | 手 | 温度低于50℃ | 注入少量黄油 | ○ | | 每天 |
| | | 松动 | 紧固 | 扳手 | 螺栓无松动 | 紧固 | | ○ | 每周 |

【案例10】

## 某企业油类规格可视化管理

某企业根据油品等分类基准制作不同标签张贴到注油部位进行管理。标签显示油类规格、注油周期、编号等内容，为了便于清洁，要求使用防水材质。关于注油分工，由设备部门培训生产部门，从简单的注油项目开始逐步向生产部门移交注油维护业务。

油品等分类基准

| 区分 | 规格 | 颜色 | 标签 | 润滑部位 | 业务分工 | |
|---|---|---|---|---|---|---|
| | | | | | 生产 | 设备 |
| 机油 | Omega #646 | 红色 |  | 常规链条、链式传送带 | ● | ● |
| | Omega #605 | 蓝色 |  | 气缸 | ● | |
| | Omala #150 | 黄色 |  | 减速机 | | ● |

续表

| 区分 | 规格 | 颜色 | 标签 | 润滑部位 | 业务分工 | |
|---|---|---|---|---|---|---|
| | | | | | 生产 | 设备 |
| 机油 | Omala #220 | 绿色 | 专业保全 #220 Omala No: | 驱动/减速 | | ● |
| 黄油 | Omega #57 | 紫色 | #57 Omega No: | 链式链接、齿轮类 | ● | |
| | Omega #64 | 橙色 | #64 Omega No: | 减速马达、衬套/滑轨 | ● | |
| | Omega #85 | 深蓝 | #85 Omega No: | 循环风扇、P/B轴承 | ● | |
| 特殊 | MR #220 | 褐色 | 自主保全 #220 MR No: | 真空泵 | ● | |
| | Dow #704 | 黄绿 | 专业保全 #704 Dow No: | 压力泵 | | ● |
| | Omala #690 | 粉红 | 专业保全 #690 Omala No: | 油压供应 | | ● |
| | Tellus #68 | 土色 | 自主保全 #68 Tellus No: | 油压机 | ● | |
| | 变压器油 | 灰色 | 专业保全 1,2类 变压器油 No: | 变压器 | | ● |

【案例11】▸▸▸

## 某企业油类颜色可视化管理基准

某企业根据润滑油类规格，统一了注油工具和标识（可视化），如下所示。

## 油类颜色可视化管理基准

<table>
<tr><td colspan="5" rowspan="2">油类颜色可视化管理基准</td><td>制作日：</td></tr>
<tr><td>修改日：</td></tr>
<tr><td>适用范围</td><td colspan="2">分类</td><td>颜色</td><td>设备</td><td>图解范例</td></tr>
<tr><td rowspan="12">1.适用于所有注油基准<br>2.机油用圆形标签，润滑脂用三角形标签<br>3.标签颜色按本基准执行<br>4.统一规范注油工具，避免混用</td><td rowspan="4">机油</td><td>Omega #646</td><td>红色</td><td>常规链条</td><td rowspan="12">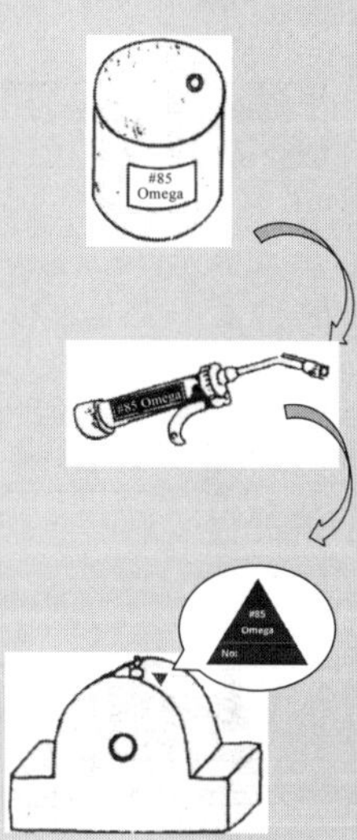
</td></tr>
<tr><td>Omega #605</td><td>蓝色</td><td>气缸</td></tr>
<tr><td>Omala #150</td><td>黄色</td><td>减速机</td></tr>
<tr><td>Omala #220</td><td>绿色</td><td>驱动减速</td></tr>
<tr><td rowspan="3">黄油</td><td>Omega #57</td><td>紫色</td><td>齿轮类</td></tr>
<tr><td>Omega #64</td><td>橙色</td><td>滑轨等</td></tr>
<tr><td>Omega #85</td><td>深蓝</td><td>轴承</td></tr>
<tr><td rowspan="5">特殊油类</td><td>MR #220</td><td>褐色</td><td>真空泵</td></tr>
<tr><td>Dow #704</td><td>黄绿</td><td>压力泵</td></tr>
<tr><td>Omala #690</td><td>粉红</td><td>油压供应</td></tr>
<tr><td>Tellus #68</td><td>土色</td><td>油压机</td></tr>
<tr><td>变压器油</td><td>灰色</td><td>变压器</td></tr>
</table>

## 注油可视化管理

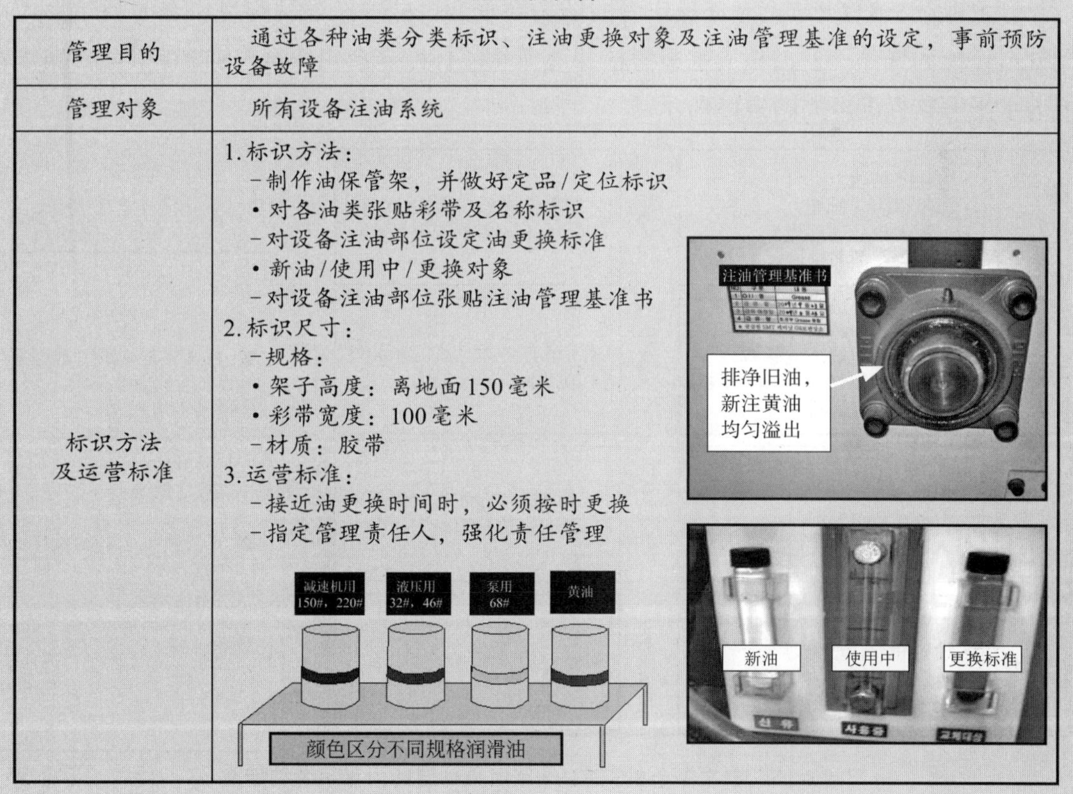

<table>
<tr><td>管理目的</td><td>通过各种油类分类标识、注油更换对象及注油管理基准的设定，事前预防设备故障</td></tr>
<tr><td>管理对象</td><td>所有设备注油系统</td></tr>
<tr><td>标识方法<br>及运营标准</td><td>1.标识方法：<br>-制作油保管架，并做好定品/定位标识<br>• 对各油类张贴彩带及名称标识<br>-对设备注油部位设定油更换标准<br>• 新油/使用中/更换对象<br>-对设备注油部位张贴注油管理基准书<br>2.标识尺寸：<br>-规格：<br>• 架子高度：离地面150毫米<br>• 彩带宽度：100毫米<br>-材质：胶带<br>3.运营标准：<br>-接近油更换时间时，必须按时更换<br>-指定管理责任人，强化责任管理<br>
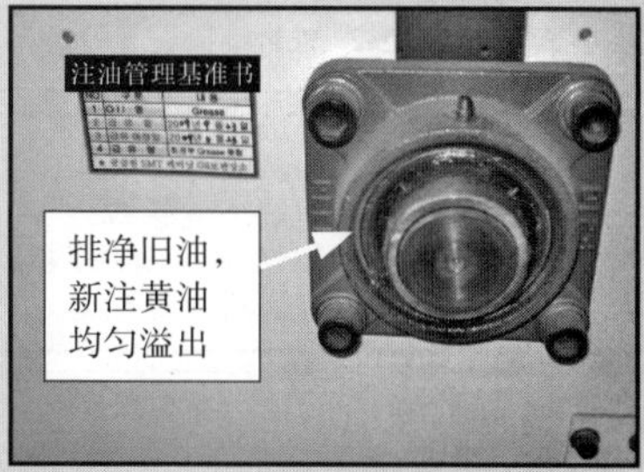

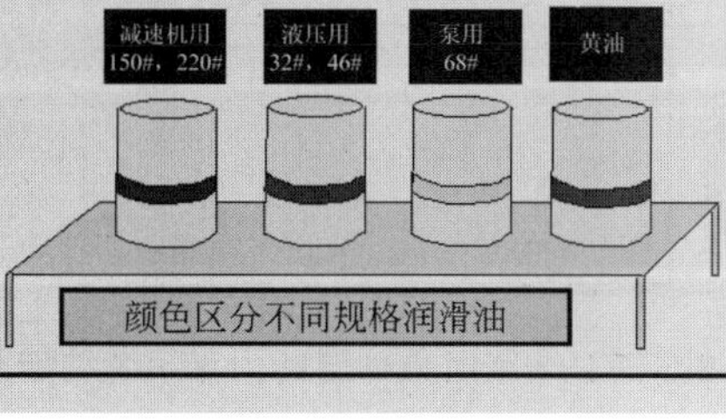

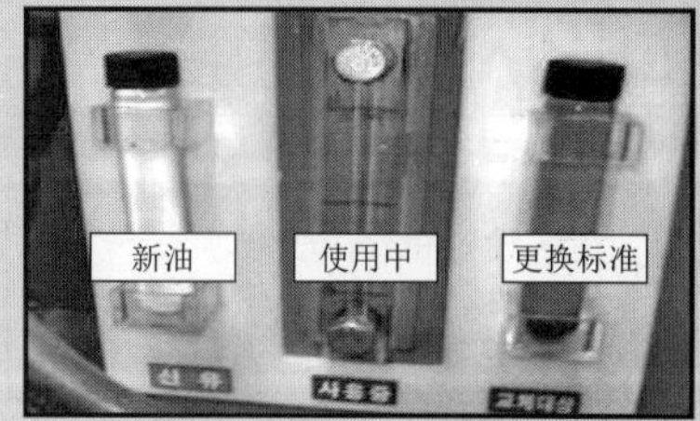
</td></tr>
</table>

（4）自主管理基准书培训

企业应对全体TPM小组成员进行基准书内容的培训，培训后要对培训结果进行评估，以提升员工的技能水平。

自主管理基准书的培训内容、方法与结果评估，如图3-14所示。

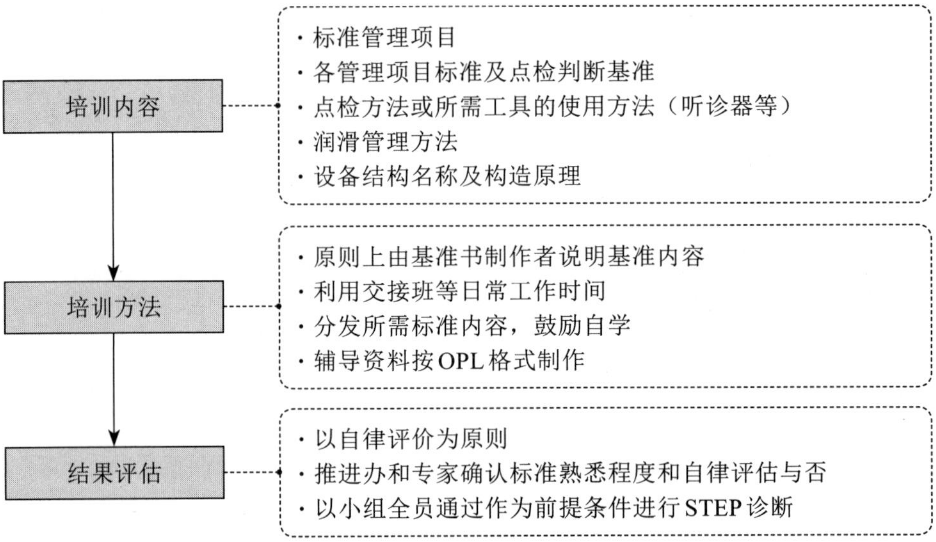


**图3-14　自主管理基准书的培训内容、方法与结果评估**

自主保全3 STEP结束时，操作者的能力要求为：能够在理解构造原理的基础上，正确开展点检和操作，参加相应水平考核并遵守相应标准。自主保全3 STEP 结束时操作者能力水平考核标准，如图3-15所示。

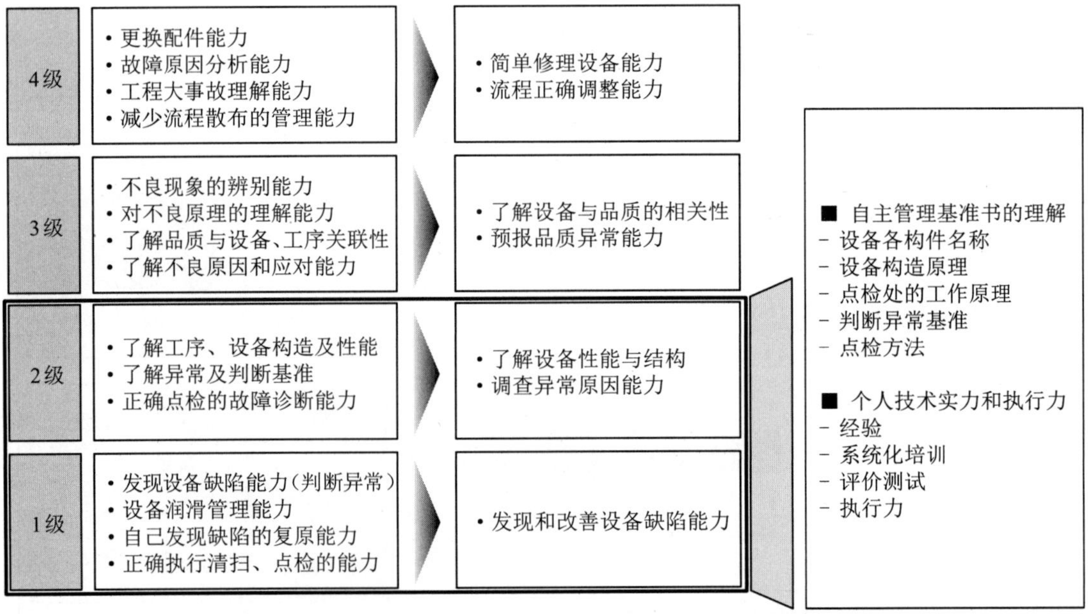


**图3-15　自主保全3 STEP结束时操作者能力水平考核标准**

## 【案例12】

### 某企业自主保全3 STEP活动

**定义**

为提高清扫、注油活动，改善注油困难部位并制作操作基准

**目的**

· 维持上一个STEP内容
· 消除润滑不良问题
· 缩短清扫、点检、不良时间

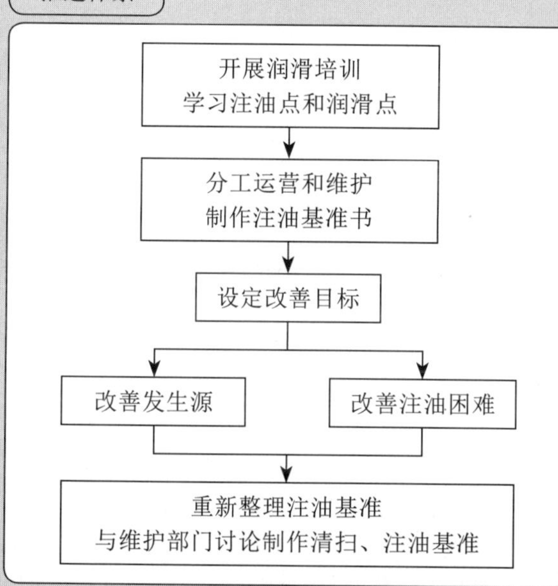

**推进体系**

开展润滑培训
学习注油点和润滑点
↓
分工运营和维护
制作注油基准书
↓
设定改善目标
↓
改善发生源 / 改善注油困难
↓
重新整理注油基准
与维护部门讨论制作清扫、注油基准

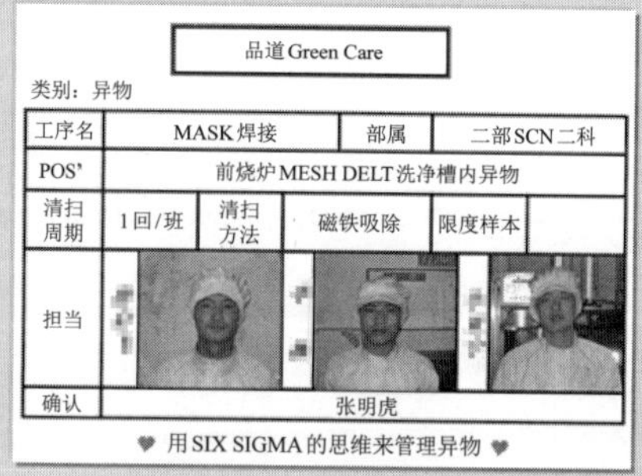

品道 Green Care

类别：异物

| | | | | | |
|---|---|---|---|---|---|
| 工序名 | MASK焊接 | | 部属 | 二部SCN二科 | |
| POS' | 前烧炉MESH DELT洗净槽内异物 | | | | |
| 清扫周期 | 1回/班 | 清扫方法 | 磁铁吸除 | 限度样本 | |
| 担当 | | | | | |
| 确认 | 张明虎 | | | | |

♥ 用SIX SIGMA的思维来管理异物 ♥

清扫/点检/注油基准书

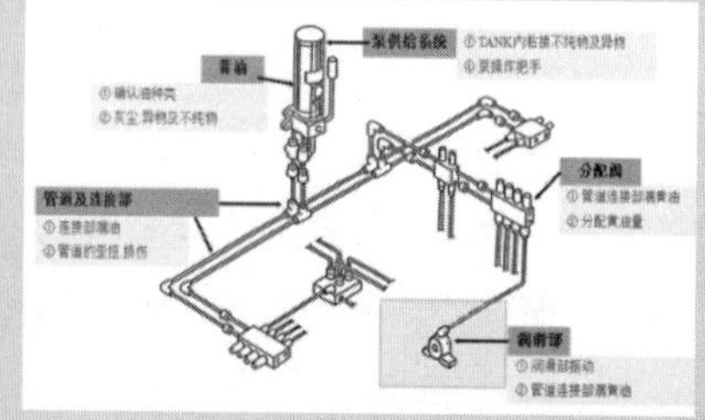

注油地图

润滑部位标识基准

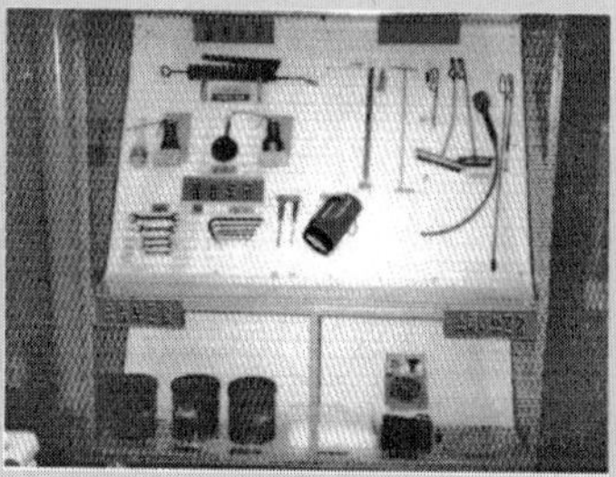

注油工具保管

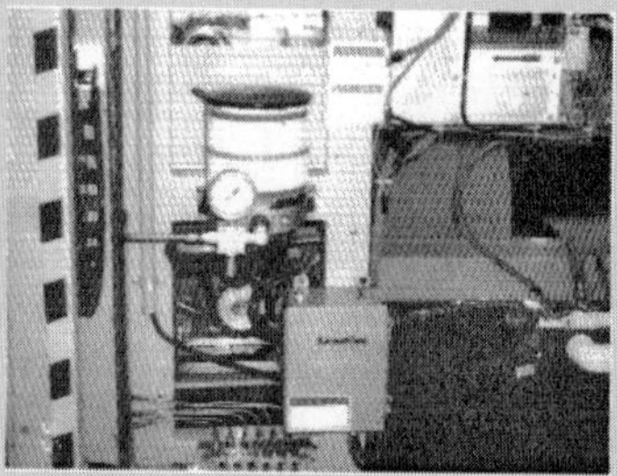

注油改善案例

**活动成果**

· 缩短清扫、注油、点检时间
· 维持设备基本条件

**向后计划**

· 根据基准书，PM执行率达到100%
· 根本性改善发生源、困难部位

【案例13】

## 小组活动感想——热情中绽放的“火星小组”

为了适应瞬息万变的世界形势和无限竞争的时代，我司引进了全员参与的TPM活动，并以5S作为基础全面开启了TPM活动。

我们“火星小组”活动的样板设备是烧结炉。主要工艺是利用450℃高温，燃烧涂敷绿、蓝、红色荧光粉时所添加的高分子物质。炉体设备周边环境温度非常高，人体靠近烧结炉就会感觉到炙热难耐、呼吸困难，设备上面的温度甚至可以烤熟生鸡蛋。因为高温炉体和网带物流的特点，高温和设备铁锈粉尘污染是主要攻克的难关。

在TPM活动初期，为去除设备的陈年污垢，我们小组决定开展清扫设备的活动。但在炉子高温和金属网带物流结构环境下，对网带无论怎样努力擦拭，也看不到铁锈污染的减少。这让很多刚开始积极参与的组员逐渐萌生了“在做无用功的想法”。甚至也有家属抱怨天天换洗工作服为什么还这么脏?

大家的活动士气开始低落，在一次小组定期活动上，某位组员提出改变活动方法的建议，即将设备运转设施以外的罩子和脚踏板等全部拆除清扫。起初大家的意见分歧较大，经过激烈讨论后，最终还是采纳了拆除清扫的建议。

拆除罩子后的场面实在让人惊讶，炉体安装后从未清扫过，陈年的铁锈粉末和灰尘以及各种垃圾堆积在一起，像沙滩上的沙子一样倾泻出来。清除了这些污染源后，清扫开始变得轻松，铁锈污染也有了立竿见影的改善效果。接下来，“为维持炉底清洁，需要安装照明设施”的建议也得以采纳，使烧结炉一直保持明亮整洁的状态。从而整个工序也变得容易清扫，小组活动如虎添翼。

小组成员的点子是无穷无尽的，通过接下来的几次突破性改善，烧结炉也逐渐呈现出全新的面貌。

进入3 STEP活动以来，为了维持之前的改善状态，小组自主制定了清扫、点检、注油基准，在TPM活动之前，这些标准通常是由技术等相关部门提供的。在3 STEP活动阶段，现场人员根据之前所积累的成果和经验，在标准内追加了需要现场遵守的项目，进一步完善了现场标准过程。当然，更新的标准，在与原制定部门以及相关部门充分沟通后才生效。这一过程让现场人员充分理解了每个标准的目的和重要性，增强了自己制定标准的自豪感和遵守的决心。这个过程也是TPM自主管理思想最基本的原动力。

上述活动不仅带来了设备的变化，我们小组也在悄悄地改变，对TPM活动的兴趣越发浓厚，几乎包揽了公司内外所有奖项。并且，近期顺利通过了TPM自主保全3阶段诊断。

随着活动的深入，我们利用小组获得的各类奖金，组织了一次小组家庭出游活动。这在增进同事之间感情、提升小组凝聚力的同时，也获得了家属对我们工作的理解和支持。

在TPM活动过程中，组员们对设备和流程做了大量的学习和研究，对车间内的小设备完全可以自行维修，很好地提升了维修能力。通过TPM活动，每个人都成了烧结炉工序的改善能手，其他很多工序小组也纷纷过来参观学习，这极大地提高了组员们的自信心和成就感。

在活动成果方面，我们小组的工序良品率从97.4%上升到99.9%，故障件数从46件/月下降到2件/月，生产量也从16 350件/日增加到了18 150件/日，为公司创下了新纪录。通过TPM活动，我们切身体会到设备与人的变化，我们将一如既往地不断挑战，为成为世界一流小组而不断努力进取！

## 五、自主保全4 STEP——总点检

### 1. 自主保全4 STEP活动概要

为极大地发挥设备的性能，需要“设备能手”用眼睛无遗漏地检查和查找设备主要结构和配件上的潜在缺陷，并不断采取复原和改善措施。1～3 STEP以维护设备基本条件及预防老化为主，而4 STEP的任务是“培养真正的设备能手”。

4 STEP活动是操作员工学习设备结构系统，进一步提升五感查找问题的能力，以及开展科学日常点检活动循环，提高自主保全能力的活动。

如同对人类五脏六腑各功能进行详细诊断和治疗以维持健康和延长寿命一样，操作员工对设备发动机、燃油系统、动力系统、电子系统等进行诊断和维护，也可以延长设备的使用寿命。

4 STEP活动理论上共分为4-1到4-4 STEP，企业可根据自己的现状和特点适当进行调整，但总点检活动必须要在与设备维保部门的紧密合作下开展。

### 2. 自主保全4 STEP主要活动内容

（1）自主保全前面STEP内容的持续维持和发展。

（2）自主保全4 STEP手册内容的全员学习。

（3）确定总点检项目，准备培训教材。

（4）准备总点检教育的技能培训场和教具，培养各课程讲师。

（5）明确培训对象和教育方法，拟定总点检教育培训日程。

（6）进行设备6大系统总点检培训（主辅系统及加工点的理解）。

（7）进行总点检培训以及考核，制订总点检计划并实施。

（8）将总点检当中发现的不合理进行汇总并制定对策。

（9）实施不合理的改善。

（10）制作设备点检基准书。

（11）划分设备维保部门与预防保全（PM）业务。

（12）开展过程诊断及结果诊断。

### 3. 自主保全4 STEP活动流程

自主保全4 STEP活动流程，如图3-16所示。

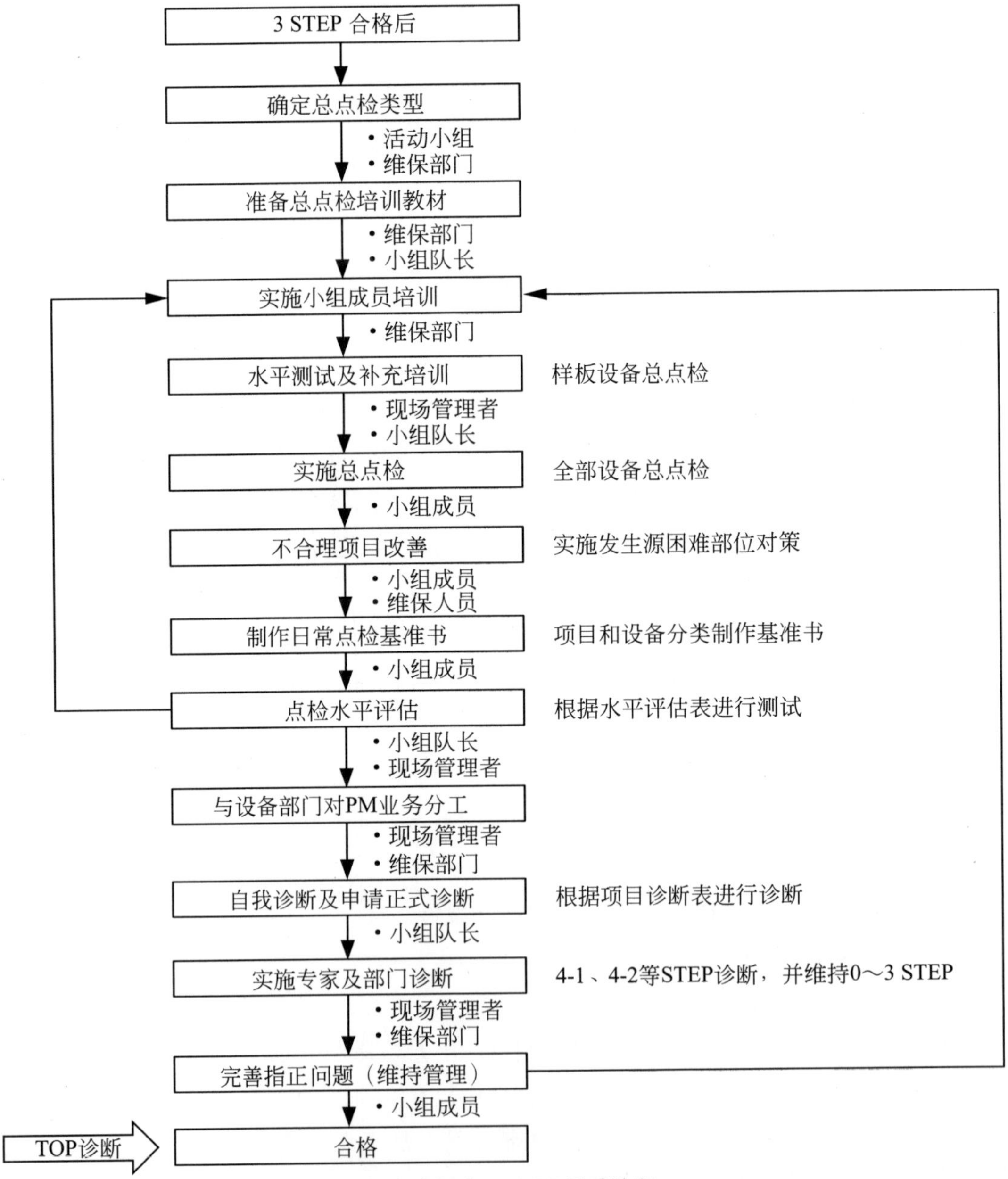


图3-16　自主保全4 STEP活动流程

### 4. 自主保全4 STEP活动体系

自主保全4 STEP活动体系，如表3-11所示。

表3-11　自主保全4 STEP活动体系

| 阶段 | 总点检范围（体系） | | 部位 | 内容（目标） |
|---|---|---|---|---|
| 4-1 | 紧固、润滑设备主体 | 紧固配件 | 螺栓螺母、键、铆钉、楔子 | （1）学习加工点以及发生不良和设备损失的原因<br>（2）很多紧固配件需按主设备节拍准确协调各系统<br>（3）学习设备本体满足连续加工精度条件的机械架构和硬度基本知识<br>（4）通过润滑油、润滑脂、切削油等润滑剂，确保旋转和滑动处润滑，提高机械效率 |
| | | 轴、轴承 | 轴、联轴器、滚珠轴承、滑动轴承 | |
| | | 油脂润滑 | 黄油、油盒、油泵、支管、油路、润滑处 | |
| | | 机油润滑 | 润滑油、油罐、滤芯、油泵、调压阀、单向阀、油路、支管、润滑（旋转）、润滑（浸润） | |
| 4-2 | 驱动、传送、运转 | 驱动部 | 马达、泵 | 本系统是能量转换和改变机构，确保加工点连续性的马达、齿轮、减速机等各配件缺陷将导致品质不良或设备损失，所以应学习总点检方式以及经验 |
| | | 流水线 | 传送带、链条、滚轴流水线 | |
| | | 齿轮变速 | 齿轮、齿轮变速、皮带变速、链条变速 | |
| | | 离合器 | 离合器、刹车、凸轮、引导面 | |
| | | 压力容器 | 压力罐、热交换机 | |
| | | 管道阀门 | 管道、阀门、堵头 | |
| 4-3 | 电力、仪器仪表、控制 | 电气 | 主开关、线路 | （1）学习电器基本原理、各种开关和机械的操作方法以及控制柜点检方法<br>（2）电气控制系统方面，要开展以及时控制转换能量为目的的点检方法学习 |
| | | 仪器仪表 | 温度计、压力表、压差计、油量表、调距仪 | |
| | | 控制 | 控制柜、中继箱、电动马达、限位开关、光电开关 | |

续表

| 阶段 | 总点检范围（体系） | | 部位 | 内容（目标） |
|---|---|---|---|---|
| 4-4 | 空油压 | 空压系统 | 空压机、过滤器、调压阀、润滑系统、管道、方向阀、油量阀、执行机构 | （1）空压系统通过压缩空气操控加工，气压源、调压、润滑、换向器等系统出现缺陷时将引起品质不良或设备损失<br>（2）油压系统缓冲直线及旋转动作，使加工点更加柔和 |
| | | 油压系统 | 液压油、油罐、过滤器、泵体 | |

（1）加工点的理解

设备是由机械和配件组成的具备一定功能的机械装置。加工是指对材料以物理或化学方式进行变形或变质以及拆解、组合的过程，是设备与材料（或配件与材料）在特定位置的相对作用。

加工点是指发生变形、变质、分解、组合的点（线、面），由形成加工点的系统、维持连续加工的系统以及决定加工点的引进系统组成。比如，车床刀头与材料接触点、材料与夹具的接触部位、组装时2个配件结合之处、面板涂敷部位等，为保障稳定的生产，需确保加工点的稳定。

企业在4 STEP活动开始之际，应强调加工点理论，评估活动结果对加工点的影响程度。加工点和工艺原理，应由设备保全和技术部门主导，并对生产部门的TPM小组成员进行培训。图3-17是加工点图例。

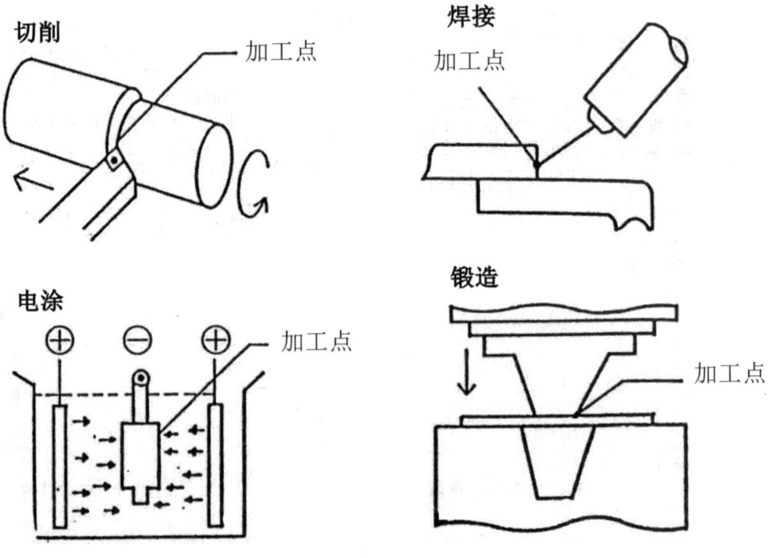


图3-17　加工点图例

（2）加工点系统

设备是因为加工而存在的，加工是生产产品的过程。为保障均质化产品，需维持加工点的连续性。设备6系统已包含设备所有条件，需正确遵守，如图3-18所示。

总点检的目的是，在正确理解加工点设备6系统的基础上，通过现场确认点检（总点检）的行为查找不合理，并解决问题。

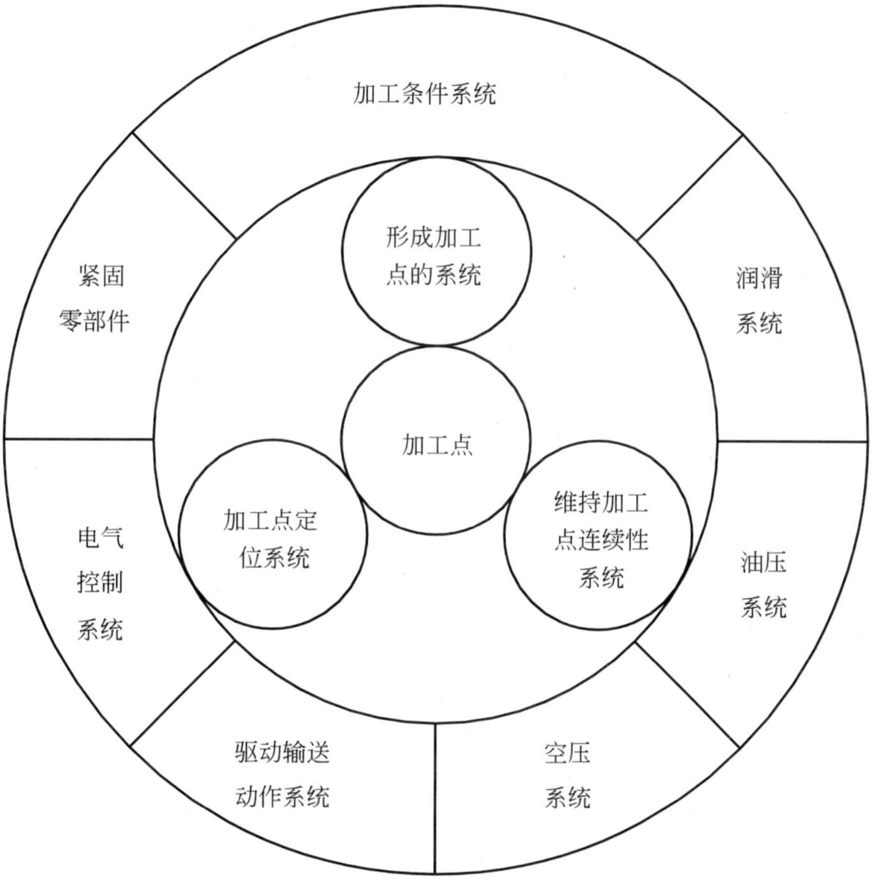


**图3-18　加工点的设备6系统**

加工点3要素为，形成加工点系统、加工点定位系统和维持加工点连续性系统。

形成加工点系统包括工具、材料、加工条件、加工体系。

加工点定位系统和维持加工点连续性系统包括润滑系统，油压系统，空压系统，驱动、传送、动作系统，电控系统，连接配件及设备主体。

【案例14】

### 加工点3要素体系

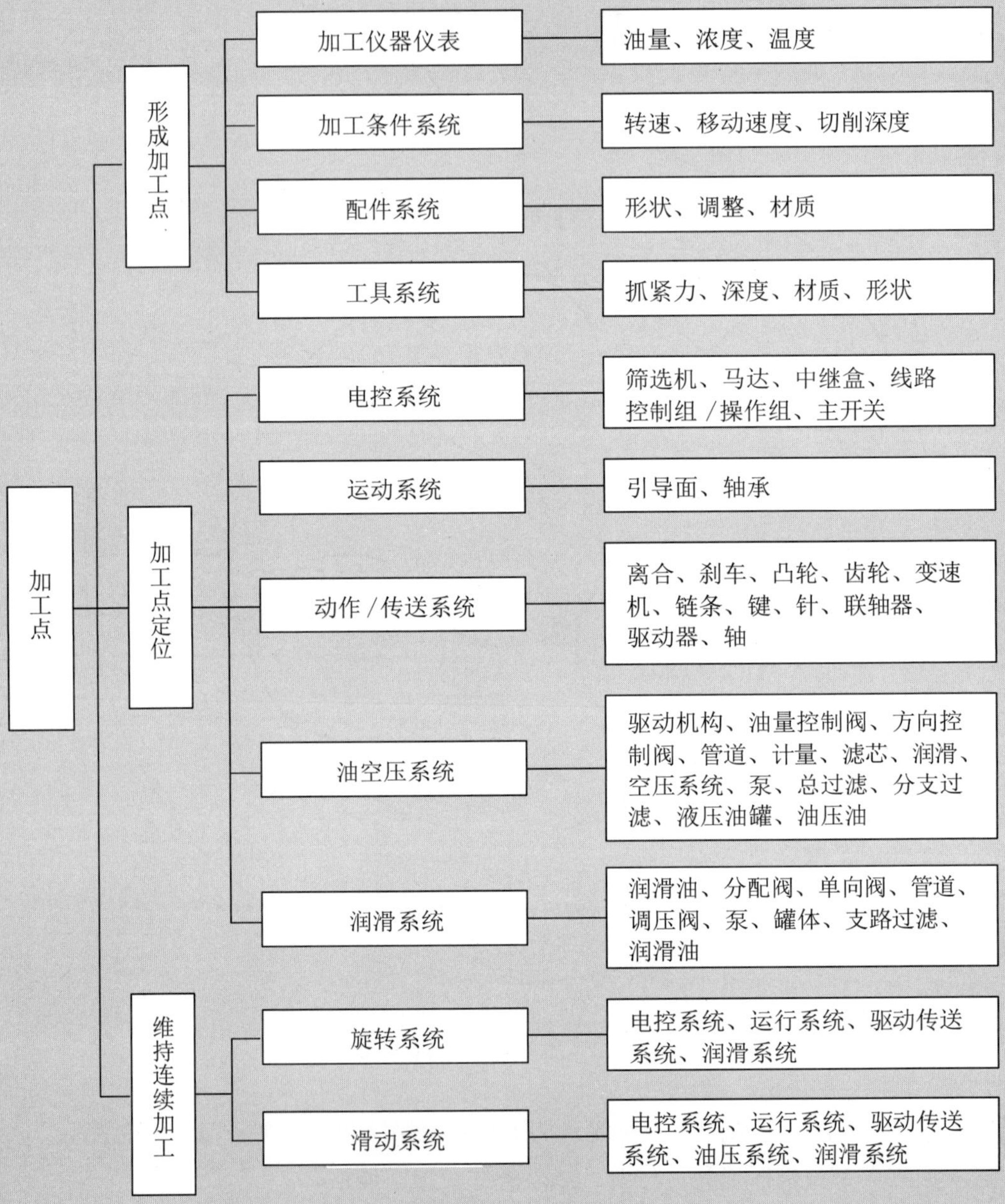
加工点
形成加工点
加工仪器仪表
油量、浓度、温度
加工条件系统
转速、移动速度、切削深度
配件系统
形状、调整、材质
工具系统
抓紧力、深度、材质、形状
加工点定位
电控系统
筛选机、马达、中继盒、线路控制组/操作组、主开关
运动系统
引导面、轴承
动作/传送系统
离合、刹车、凸轮、齿轮、变速机、链条、键、针、联轴器、驱动器、轴
油空压系统
驱动机构、油量控制阀、方向控制阀、管道、计量、滤芯、润滑、空压系统、泵、总过滤、分支过滤、液压油罐、油压油
润滑系统
润滑油、分配阀、单向阀、管道、调压阀、泵、罐体、支路过滤、润滑油
维持连续加工
旋转系统
电控系统、运行系统、驱动传送系统、润滑系统
滑动系统
电控系统、运行系统、驱动传送系统、油压系统、润滑系统

### 5. 总点检培训的准备

作为教材所使用的基准和资料，需要设备保全部门提前准备。

设备保全部门首先要详细找出操作者可以通过五感进行外观诊断和通过诊断工具进行部分点检的操作项目。接下来要研究培训内容，根据培训内容制作总点检手册，明确定义点检对象的设备基本结构、功能、配件名、点检方法、判定基准、老化现象、原因、处理方法等。为了确保操作者能够顺利执行点检，还需要准备设备所使用的仪器、配件样品、简化图等教具。

进入4 STEP后，维保部门甚至被称为“维保课堂”，所以维保人员很重要。表3-12为维保人员对各小组进行总点检培训需准备的项目。

**表 3-12　总点检培训准备项目**

| 区分 | 准备内容 | 备注 |
|---|---|---|
| 制造部门小组 | （1）4 STEP总点检手册（要领）事前熟悉 | 推进办、专家讲课 |
| | （2）播放各大系统总点检视频 | 推进办准备 |
| | （3）各大系统总点检教材事前预习 | 推进办准备 |
| | （4）设备现场调查（观察） | 调查故障、暂停等 |
| | （5）设定总点检方向及活动项目 | |
| | （6）疑问点提议（事前提示设备保全讲师） | 反映到总点检教材 |
| 设备维保讲师 | （1）加工点的说明及设备结构调查 | |
| | （2）确定各系统总点检教材（根据推进办教材与小组疑问点，由讲师完善并确定） | 教材概论、OPL格式准备 |
| | （3）准备实习教具（样品、图解、实物、图等） | 事前确认实习场地 |
| | （4）制作总点检表（每个配件） | |
| | （5）制作总点检手册（每个配件） | |
| | （6）小组测试项目 | |

### 6. 自主保全4 STEP活动方法

企业可以设备6系统分类来开展总点检活动，也可根据工序特点按照设备总点检和流程总点检开展活动。表3-13为某企业总点检活动案例。

表 3-13　某企业总点检活动案例

| 工序名 | 设备名 | 点检分类 | | |
|---|---|---|---|---|
| | | 设备6系统 | 单位设备 | 流程 |
| 荫罩工序（Mask） | 脱脂 | ◎ | ○ | |
| | 压机 | ◎ | ○ | |
| | 氢气/黑化炉 | ◎ | | ○ |
| | 焊接设备 | ◎ | ○ | |
| 荧光膜工序（RM/SRY） | RM设备 | ○ | ◎ | |
| | SRY设备 | ○ | ◎ | |
| | 调和 | | ○ | ◎ |

注：◎主；○副。

设备6大系统分为“配件连接（机械）与设备主体”“驱动、传送、动作”“润滑”“电力”“油空压”“电气控制”。如果在3 STEP活动已完善润滑系统，则此阶段可省略润滑系统。企业也可根据设备的规模，将几个系统加以合并。

如果企业以小型设备和横向设备为主，可选择单元总点检，同时学习设备6系统内容，分单元地设计STEP活动。如果企业的设备规模大、工序复杂，且需重点管理投入药品时，则应选择流程总点检活动。

设备6大系统的每个领域都应详细制作总点检教材（手册），设置培训场地。培训场地除了有理论教育培训室外，还需配备技能实习的装备和材料等，并任命和培养内部技能培训讲师。完成上述准备后，企业就可以实施培训了。企业应以培训知识作为基础，全面开展设备总点检活动，查找新不合理，改善发生源，解决疑问点等，通过更加深入和高质量的改善活动达成既定目标。

【案例15】▸▸▸

## 设备总点检分类案例

个人技能评价

| 分类 | 基础 | | | | 钳工 | | | | 组装 | | | | | 油/空压 | | | | | | 图纸 | 润滑 | 附带知识 | | 其他 | | | 消耗品 | | 安全 | 评价结果（项目数） | |
|---|---|---|---|---|---|---|---|---|---|---|---|---|---|---|---|---|---|---|---|---|---|---|---|---|---|---|---|---|---|---|---|
| 序号 | 1 | 2 | 3 | 4 | 5 | 6 | 7 | 8 | 9 | 10 | 11 | 12 | 13 | 14 | 15 | 16 | 17 | 18 | 19 | 20 | 21 | 22 | 23 | 24 | 25 | 26 | 27 | 28 | 29 | | |
| 项目 / 姓名 | 工具使用及相关知识 | 螺栓螺母相关知识 | 键销相关知识 | 轴瓦和轴固定相关知识 | 划线技能相关知识 | 锉削技能相关知识 | 装配调试技能相关知识 | 焊接技能相关知识 | 凸轮、棘轮、槽轮相关知识 | 超轮、齿条、齿轮相关知识 | 离合器与刹车相关知识 | 用电器组装调试知识 | 突发故障的判断和对策 | 物流线及止逆相关知识 | 空压油水分离器 | 电磁阀相关知识 | 气缸相关知识 | 油空压管线相关知识 | 油气管线回路图 | 绘图相关知识 | 润滑相关知识 | 材料相关知识 | 检测操作及相关知识 | 马达及减速器相关知识 | 真空泵与油压泵相关知识 | 供料机相关知识 | 轴承相关知识 | 密封圈与密封垫相关知识 | 安全相关知识 | 理论 | 技能 |
| 张× | ○ | ○ | □ | □ | ○ | □ | □ | □ | ○ | ○ | △ | □ | ○ | ○ | ○ | ○ | ○ | ○ | ○ | ○ | △ | ◎ | ○ | △ | □ | □ | □ | △ | ○ | 24 | 19 |
| 王× | ○ | ○ | □ | △ | ○ | ○ | □ | □ | ○ | △ | △ | △ | △ | ○ | ○ | ○ | ○ | ○ | ○ | ○ | △ | ○ | △ | △ | △ | □ | □ | △ | ○ | 19 | 24 |
| 李× | ○ | ○ | □ | △ | ○ | △ | △ | △ | ○ | △ | △ | △ | △ | △ | △ | △ | △ | △ | △ | ○ | △ | ◎ | ○ | △ | ◎ | ◎ | □ | △ | ○ | 9 | 24 |
| 张×× | ○ | ○ | △ | □ | ○ | □ | □ | □ | ○ | ○ | △ | △ | ○ | ○ | ○ | ○ | ○ | ○ | ○ | ○ | □ | ◎ | ○ | □ | □ | □ | □ | △ | ○ | 24 | 19 |
| 李×× | ○ | ○ | □ | △ | ○ | □ | □ | □ | ○ | ○ | □ | △ | △ | ○ | ○ | ○ | ○ | ○ | ○ | ○ | △ | ◎ | △ | △ | ◎ | □ | □ | △ | ○ | 20 | 20 |
| 王×× | ○ | ○ | □ | △ | ○ | ◎ | ◎ | ○ | □ | □ | ○ | △ | △ | △ | ○ | ○ | ○ | △ | △ | ○ | △ | ◎ | △ | △ | ◎ | ◎ | ◎ | ◎ | ○ | 13 | 19 |
| 白× | △ | △ | △ | ◎ | △ | ◎ | ◎ | △ | ◎ | △ | △ | ◎ | ◎ | ◎ | ◎ | ◎ | ◎ | ◎ | ◎ | □ | ◎ | ◎ | ◎ | ◎ | ◎ | ◎ | ◎ | ◎ | ○ | 2 | 8 |
| 陈× | ○ | ○ | □ | □ | ○ | ◎ | ◎ | ○ | △ | □ | △ | ◎ | △ | △ | △ | △ | △ | ◎ | ◎ | ○ | △ | ◎ | △ | ◎ | ◎ | ◎ | ◎ | △ | ○ | 9 | 16 |
| 赵× | ○ | ○ | ○ | △ | ○ | ○ | ○ | △ | □ | □ | ○ | △ | △ | △ | △ | △ | △ | △ | △ | ○ | △ | ○ | ○ | △ | △ | ◎ | ○ | △ | ○ | 14 | 26 |

注：◎理论知识和技能全都未掌握；△只掌握技能；○只掌握理论知识；□理论知识和技能全都掌握。

以下2项是对上面技能项目的详细描述。

| 区分 | 知识/技能 | 项目名 | 螺栓螺母相关知识 |
|---|---|---|---|
| | | 序号 | 详细内容 |
| 系统 | 知识 | 1 | 了解国际规格与国内规格差异 |
| | 知识 | 2 | 了解螺栓与螺母种类 |
| | 知识 | 3 | 了解螺栓与螺母种类的材料差异 |
| | 知识 | 4 | 了解螺栓与螺母各尺寸丝牙深和螺距 |
| | 知识 | 5 | 了解细螺丝规格与用途 |
| | 知识 | 6 | 了解通用螺丝与特种螺丝种类及用途 |
| …… | | | |
| 应用 | 技能 | 19 | 根据螺栓种类、尺寸，能够正确紧固 |
| | 技能 | 20 | 能够添加和使用防松螺母装置 |
| | 技能 | 21 | 能够正确实施钢丝固定防松措施 |

| 区分 | 知识/技能 | 项目名 | 电磁阀相关知识 |
|---|---|---|---|
| | | 序号 | 详细内容 |
| 系统 | 知识 | 1 | 了解图纸中电磁阀符号 |
| | 知识 | 2 | 了解电磁阀的种类及功能 |
| | 知识 | 3 | 了解线轴式电磁阀构造和特性 |
| | 知识 | 4 | 了解提升式电磁阀构造和特性 |
| | 知识 | 5 | 了解单向电磁阀的作用及用途 |
| | 知识 | 6 | 了解双向电磁阀的作用及用途 |
| …… | | | |
| 应用 | 技能 | 21 | 可应对线轴电磁阀错位和电磁阀密封圈破损 |
| | 技能 | 22 | 能够对电磁阀不出异物进行处理 |
| | 技能 | 23 | 能够处理电磁阀排气口油污 |
| | 技能 | 24 | 能够降低电磁阀排气噪声 |

**【案例16】**

## 某企业自主保全 4 STEP 活动

**定义**

现场员工与设备保全部门人员一同仔细确认现物部件，改善老化和不合理，维持设备正常运转，并针对重要部位或部品制作提前感知异常的点检基准及活动准则

**目的**

| | |
|---|---|
| 人员 | · 发现异常的能力<br>· 对异常进行处置和恢复的能力<br>· 制作判定基准的能力<br>· 设备维护和管理的能力 |
| 设备 | · 改善老化（不合理、发生源）对策<br>· 点检、处置、困难部位改善<br>· 真正维持设备基本 WLF |

**推进体系**

确定总点检清单
↓
准备总点检培训教材
↓
制订总点检培训计划
↓
开展小组成员培训
↓
评估培训水平及补充培训
↓
实施总点检
↓
不合理清单对策及社团会议
↓
开展不合理项目改善活动
↓
制作日常点检临时基准书
↓
检查点检能力（→ 返回 开展小组成员培训）
↓
自我诊断和申请诊断
↓
诊断（专家、组长、员工）
↓
指出问题（维持管理）（→ 返回 开展小组成员培训）
↓
与保全部门进行 PM 业务分工

总点检手册

总点检培训

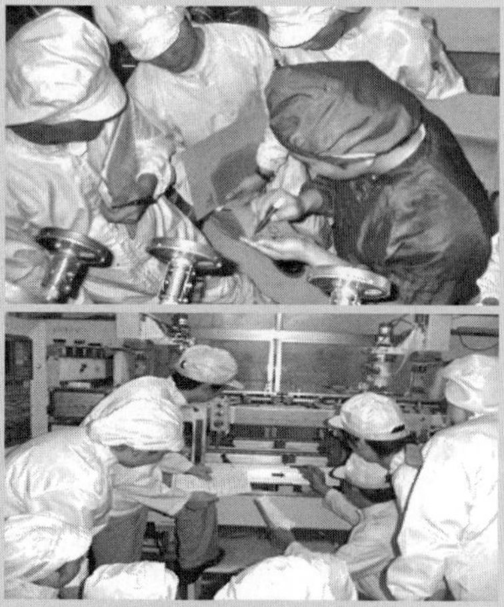

总点检

【案例17】▸▸▸

## 自主保全 4 STEP 活动——操作者 Skill-up（技能提升）

**定义**

通过培训活动提升操作技能

**目的**

通过TPM活动培养设备维护能力强和能够应对职场需求的人员

**推进内容**

（1）TPM技能培训基础课程（32学时）
- 主任级以下员工
- 机械、电器、电子、油空压、焊接等课程

（2）TPM技能教育中级课程（40学时）
- 技能培训基础课程结业者
- 系统控制、器具、Unit、Local排线

（3）Robot（机械手）操作课程（32学时）
- Robot工序设备操作者和维护人员
- 理解机械手结构、性能、操作、设计

（4）品质管理培训（32学时）
- 6 Sigma W/B, G/B课程

（5）读100本书
- 优秀经营、经济类图书300本

（6）OPL扩散
- OPL传播教育及发行案例书籍

（7）TPM学习会
- 优秀事例发表会

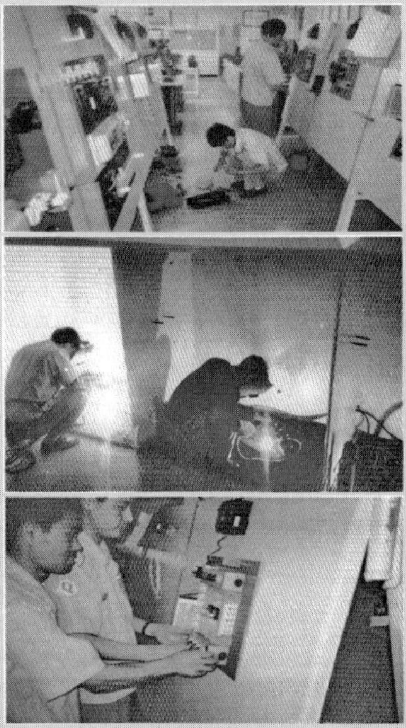

技能培训

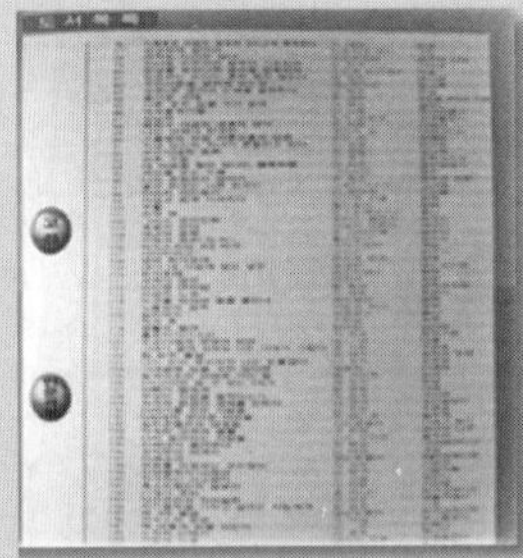

读100本书活动

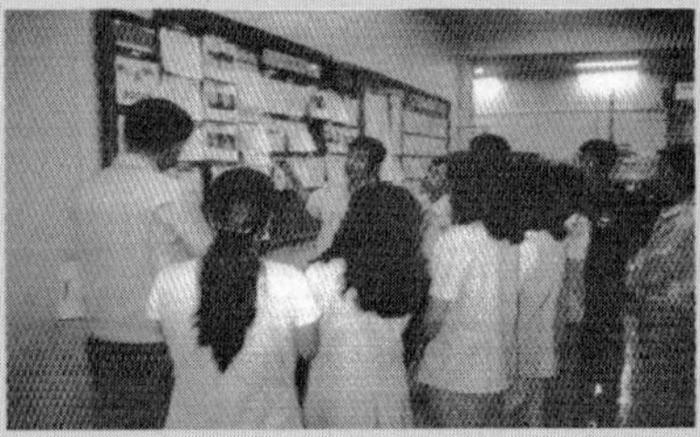

TPM学习会

**活动成果**

- 操作人员设备保全能力Level-up（水平提升）
- 通过学习让操作者提高对设备的信心

**向后计划**

- 创建操作者有效Skill-up（技能提升）体系
- 开发各种培训课程

## 六、自主保全5 STEP——自主点检

### 1. 自主保全5 STEP活动概要

TPM活动以来，TPM小组从2 STEP开始尝试自己制作标准并感受自觉遵守的重要性。在5 STEP，小组需要对上述基准书，根据活动以来记录的数据（故障、品质、安全），从可靠性和正确性层面重点复审完成设备结构和配件等具体细致化的基准书，以确保有效开展自主保全活动。

在4 STEP总点检的结果中添加新点检项目，并反映到自主保全基准书里，以追求更加彻底的零故障、零不良体系，虽然提高了设备的可靠性和维护性，但还需要清扫、注油、点检等人员持续的操作。因而在5 STEP，小组还需要研究可视化管理和防止失误手段来提高作业效率和预防失误，并且重新评估人和机械的作用，改善设备，以实现提高操作性和易发现异常的目的。针对每一道工序和每一套设备，通过体系进行立体综合性点检，理解体系并完善更加容易遵守的标准，从而实现操作者自己制作标准并遵守标准的自主管理习惯是5 STEP目的所在。

### 2. 自主保全5 STEP主要活动内容

（1）整理1 STEP到4 STEP遗留的课题。

（2）制作5 STEP活动计划书（区分阶段、月和周计划）。

（3）调查活动指标、成果指标现水准及设定计划。

（4）复审清扫、点检、注油基准书及总点检各项目基准书。

（5）故障、暂停数据调查、原因分析及对策制定。

（6）故障、暂停对策及结果评估。

（7）复审个人技能评价方法，持续开展提高技能相关培训。

（8）制作自主点检基准书。

（9）重新划定自主保全与专业保全业务分工。

（10）专业保全人员对自主保全人员指导点检方法，确保顺利交接新业务。

（11）制作自主点检日程表并实施。

（12）评价自主点检目标达成度。

（13）开展运营过程诊断和结果诊断。

### 3. 自主保全5 STEP活动流程

自主保全5 STEP活动流程，如图3-19所示。

### 4. 自主保全5 STEP活动方法

（1）自主点检活动

① 重新审核清扫、注油基准（如图3-20所示），针对3 STEP制作清扫、注油基准；

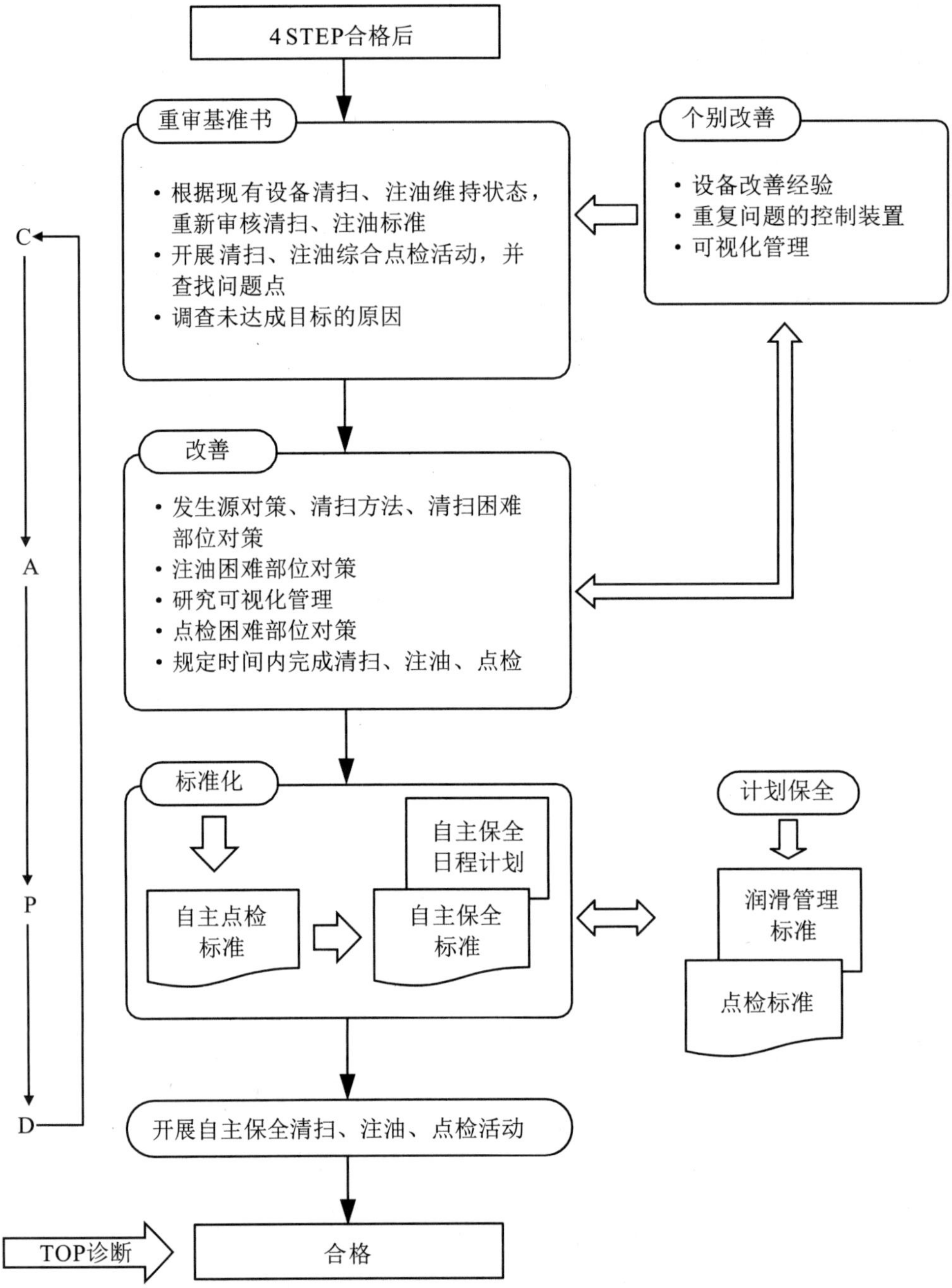


图3-19　自主保全5 STEP活动流程

根据现阶段经验，重新审核清扫和润滑管理标准。

② 针对4 STEP制定总点检各项目的点检基准，根据现有经验，重新审核点检方法。

③ 制作自主保全（清扫、注油、点检）基准，针对总点检各项目，按照每个设备，重新审核并制作清扫、注油、点检基准。

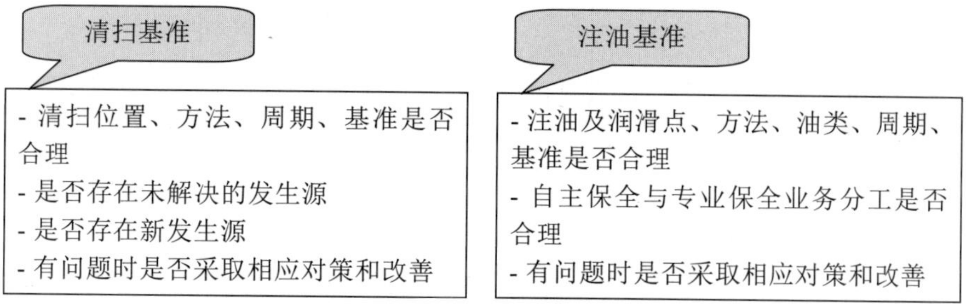
清扫基准
- 清扫位置、方法、周期、基准是否合理
- 是否存在未解决的发生源
- 是否存在新发生源
- 有问题时是否采取相应对策和改善
注油基准
- 注油及润滑点、方法、油类、周期、基准是否合理
- 自主保全与专业保全业务分工是否合理
- 有问题时是否采取相应对策和改善

**图3-20　重新审核清扫、注油基准**

④ 将自主保全与计划保全点检基准进行对比，并重新划分业务分工。

• 点检部位、目的、内容、方法、周期、判断基准的合理性。

• 通过改善点检困难部位、研究可视化管理等方式缩短时间。

⑤ 提升五感判定能力，重新分析设备系统故障履历，重新审核日常点检基准。

• 点检内容自主保全和计划保全分工的合理性。

• 将设备故障、暂停基本条件因素与其他外观发现项目进行层别。

• 利用设备构件、功能分析故障、暂停现象，并采取措施。

• 根据故障、暂停对策结果，重新审核日常点检基准。

• 重新审核个人技能评价体系，并提高知识和技能要求。

⑥ 重新审核自主保全基准。

• 通过五感判断内部老化引起的异常。

• 彻底实施设备、作业方法的改善和可视化管理，以达成时效目标。

• 制作自主保全日程表，按规定周期执行自主保全。

（2）制作自主管理基准书

企业应根据各设备点检项的数量、内容、规模，制定自主管理标准，首先应明确清扫、注油、点检项的合并与独立分类方案。

点检基准书主要由紧固、驱动、电力、油/空压等项目组成，应根据点检的工序、设备、结构件、配件，明确具体的点检部位。

点检基准作为点检项的判定规格，可以用限度样本、仪器、颜色、声响、气味等方式表达。点检方法包括望、闻、问、切和仪器检测等。

诊断中发现异常时的应对措施主要有调整、补充、紧固、换件、设备维保、及时向相关部门或上级反馈等。

表3-14为某企业自主管理基准书。

表 3-14　自主管理基准书

| 设备名称 | 压机 | 自主点检基准书 | | | | 制作日期 | | | ××××年××月××日 | | | |
|---|---|---|---|---|---|---|---|---|---|---|---|---|
| 制作部门 | 生产2科 | | | | | 更新日期 | | | ××××年××月××日 | | | |
| 点检部位 | 点检位置 | 点检项目 | 点检方法（条件、工具、要害处） | 异常判定基准 | 异常处理方法 | 点检周期 | | | 点检部门 | | 运行中 | 停机 |
| | | | | | | 月 | 周 | 日 | 生产 | 维保 | | |
| 导杆 | 后轴 | 变形或磨损 | 肉眼确认是否存在变形或磨损 | 存在变形或磨损 | 更换 | | ○ | | | ○ | ○ | |
| | 高度 | 切口间隙 | 塞尺测量0.1～0.3毫米规格内 | 超出规格 | 调整间隙 | ○ | | | | ○ | | ○ |
| | 液压缸体（上下） | 动作 | 压力3.5～4.0千克/平方厘米，确认动作平滑 | 动作不平滑 | 调整或修理 | | ○ | | | ○ | ○ | |
| | 中心滚轮 | 变形或磨损 | 通过实物确认动作时，轴、珠的脱离情况 | 脱离或延伸 | 调整或更换 | | | ○ | ○ | | ○ | |
| | 引导滚轮 | 变形或错位 | 确认弯曲变形与否，旋转是否平滑 | 变形动作不平滑 | 调整或更换 | | | ○ | ○ | | ○ | |
| 纠错检查 | 分卷装置 | 变形或错位 | 是否变形或破损，转动是否平滑 | 变形等 | 更换 | ○ | | | | ○ | ○ | |
| | 液压缸体 | 动作 | 压力3.5～4.0千克/平方厘米，确认动作平滑 | 动作不平滑 | 调整或修理 | ○ | | | | ○ | ○ | |
| | 支撑杆 | 变形 | 肉眼确认断开或弯曲 | 断开弯曲 | 修理或更换 | | ○ | | ○ | | ○ | |
| 分割 | 切割 | 磨损或破裂 | 是否处于管理状态 | 切不断（发生切口不良） | 更换或研磨 | | | ○ | ○ | | ○ | |
| | 液压缸体 | 动作 | 压力4.0千克/平方厘米，确认动作平滑 | 动作不平滑 | 调整或修理 | ○ | | | | ○ | ○ | |
| | 支架 | 变形或破损 | 确认变形或破损，是否粘上异物 | 变形或破损存在异物 | 修理更换清扫 | | ○ | | ○ | | ○ | |
| | 保护罩 | 变形或破损 | 确认变形或破损 | 变形或破损 | 调查或更换 | | | ○ | ○ | | ○ | |

（3）故障分析及对策

为减少故障，首先要进行故障分析，分析的内容包括故障位置、故障现象、问题程度、发生时间、故障频率、涉及影响等。其次，调查故障的产生原因，第一步要找出直接原因，第二步要查找技术层面、培训层面、管理层面等的原因。

采取的故障对策也需要区分技术、培训、管理等方面。生产、设备、品质等相关部门一同用头脑风暴的方式进行分析和讨论，能够确保制定出正确的对策，避免重复性故障。表3-15为故障分析及对策案例。

**表3-15 故障分析及对策**

| 故障现象 | | | 故障原因 | | | 对策 |
|---|---|---|---|---|---|---|
| 位置 | 现象 | 程度 | 1次原因（直接） | 2次原因 | 基础原因 | |
| 1.旋转设施<br>轴承/油封/齿轮/飞轮<br>2.塔槽类<br>主体/罩子/架子等<br>3.热交换<br>外壳/管道/发热管道<br>4.管道<br>管道/法兰/阀门/配件<br>5.马达<br>转子/定子/轴承<br>6.线路开关<br>7.机械<br>8.其他 | 1.磨损<br>2.磨蚀<br>3.腐蚀<br>4.拉伸<br>5.脱落<br>6.歪曲<br>7.变形<br>8.疲劳<br>9.龟裂<br>10.破损<br>11.剥离<br>12.泄漏<br>13.堵塞<br>14.污损<br>15.烧损<br>16.振动<br>17.移动<br>18.发热<br>19.供油中断<br>20.熔断<br>21.动作不良<br>22.接触不良<br>23.漏电<br>24.短路<br>25.绝缘不良<br>26.断路<br>27.接地<br>28.爆炸<br>29.其他 | 1.不可修复<br>2.换件修复<br>3.局部维护修复<br>4.全面换件<br>5.全面修理<br>**故障时机**<br>1.启动时<br>2.运行当中<br>3.日常点检发现<br>4.定期点检发现<br>**故障频率**<br>1.第一次故障<br>2.偶尔故障<br>3.其他<br>**故障影响**<br>1.影响生产<br>2.对生产无影响 | 1.无设备计划<br>2.设计<br>3.材质<br>4.制作组装<br>5.安装<br>6.验收<br>7.点检计划<br>8.点检操作<br>9.修理计划<br>10.修理操作<br>11.润滑<br>12.运行（误操作）<br>13损失<br>14.搬运操作<br>15.试运转<br>16.寿命<br>17.环境不良<br>18.过载<br>19.不可抗力 | **（A）技术原因**<br>1.机械设计、安装技术问题<br>2.维保技术问题<br>3.故障对策技术问题<br>4.引发故障的技术问题<br>5.厂家技术缺陷<br>**（B）教育原因**<br>1.技术知识不足<br>2.设备基准误解（不理解/忽视）<br>3.练习不足<br>4.经验不足<br>5.忽视（知道但不遵守） | **（C）管理原因**<br>1.最高层的责任心不足<br>2.设备组织缺陷<br>3.无技术培训<br>4.技术标准管理制度不明确<br>5.点检制度缺陷<br>6.无反馈制度<br>7.岗位安排及人事管理问题<br>8.工作消极<br>9.无生产计划<br>10.预算不足 | **（A）技术对策**<br>1.设计改善<br>2.设备改善<br>3.确定保全制度<br>4.修改设备标准<br>5.改善操作方法<br>6.更换材质<br>7.更新设备<br>8.更换配件<br>**（B）教育对策**<br>1.完善技术培训<br>2.维修培训<br>3.点检培训<br>4.运行操作培训<br>5.提高个人意识<br>**（C）管理对策**<br>1.提高高层管理意识<br>2.改善保全管理岗位<br>3.完善培训制度<br>4.及时实施对策<br>5.改善人事管理<br>6.提高工作积极性 |

（4）提升设备使用条件管理能力

TPM在保障设备性能的正常发挥方面，强调基本条件和使用条件的管理。1 STEP活动中提到的设备基本条件，即设备3要素的清扫、注油、紧固。设备基本条件活动是预防设备老化和故障的重要手段，在自主保全活动体系中设计，在3 STEP结束时落实。

使用条件作为设备管理必须了解和遵守的条件，一旦偏离，将引发重复性故障。为满足设备使用条件，必须要提升员工的标准管理能力和技能。

使用条件分为设备设计、加工安装、运行、维持4阶段（如表3-16所示）。工程部门负责设备规格设计、加工生产、安装条件等业务。生产部门在自主保全活动中，当遇到设备层面改造时，应以MP（Maintenance Prevention）提案的方式反馈到工程部门，同时严格把关设备的加工和安装施工过程，以预防问题的发生。

设备的运行和维持是生产部门的职责。生产部门应在完全理解标准和流程的基础上，逐步提升对设备和工艺流程的改造、点检、维修、更换、预防故障等能力。提升操作员工的运行和维持能力，是自主保全5 STEP的主要目标。

**表3-16　设备使用条件的4阶段**

| | 分类 | | 考虑项目 | 具体应用项目 |
|---|---|---|---|---|
| 使用条件 | 设计 | 1.设计 | 结构与组件是否合理 | 马达功率、链条强度等 |
| | | 2.规格 | 是否超出设计负荷 | 功率、转速、压力值等负荷 |
| | 加工安装 | 3.加工 | 是否按图纸生产加工 | 焊接及组装、公差问题 |
| | | 4.安装 | 安装施工是否合理 | 位置、电线管道连接及固定 |
| | 运行 | 5.运行 | 是否正确运行 | 磨合、预热、震动、冲击等 |
| | | 6.操作 | 是否正确操作 | 步骤顺序、异常停机步骤 |
| | | 7.环境 | 环境是否满足条件 | 温湿度、粉尘、静电、震动 |
| | 维持 | 8.维持 | 是否定期进行维保 | 定期更换机油、滤芯，校准 |

（5）工序自主点检活动

工序自主点检是指以各工序加工点为中心，在了解加工原理和规则的基础上，为预防不良和故障而进行的正常加工条件的维护和调整活动。其主要内容是，按既定步骤调查相应工序加工点以及各加工点的原理和规则，并根据调查的结果，形成加工点设备单元的性能和功能确认表。根据加工点原理、规则和确认表，培训小组成员应在培训后对其理解程度进行评价，以确保全员掌握培训内容。

自主点检活动的目的是，通过各工序单元的总点检，消除不合理，维持设备最佳条件，降低初始不良，减少品质影响因素，具体步骤如表3-17所示。

**表 3-17　自主点检活动步骤和内容**

| 序号 | 活动步骤 | 主要内容 | 输出产物 |
|---|---|---|---|
| 1 | 查加工点 | （1）制作小组活动工序的流程图<br>（2）调查单位工序加工点<br>（3）制作加工点地图 | 加工点地图 |
| 2 | 调查加工点原理 | （1）调查加工点加工原理与规则<br>（2）根据原理和规则，调查设备与工序运行条件<br>（3）制作各设备性能及功能检查表 | （1）各加工点 OPL 教材<br>（2）性能、功能检查表 |
| 3 | 自主点检培训 | （1）围绕加工点学习工序性能和功能<br>（2）学习加工工艺<br>（3）明确小组技能评价计划和目标 | （1）技能评价的实施及目标<br>（2）培训计划及成果 |
| 4 | 实施自主点检 | （1）利用性能和功能检查表实施自主点检<br>（2）调查阻碍发挥最佳性能的不合理<br>（3）开展不合理的改善和复原活动 | （1）不合理清单、改善计划<br>（2）改善案例 |
| 5 | 调查调整及调节点 | （1）调查各工序调整和调节点<br>（2）具体细分调整和调节目的、方法及调整的调节化<br>（3）解决个人操作差异<br>（4）初始不良改善活动 | （1）调整及调节检查表<br>（2）不合理清单、改善计划<br>（3）初始不良改善项目案例 |
| 6 | 初期不良改善活动 | （1）对初始不良进行层别分析<br>（2）明确改善项目排序<br>（3）实施项目改善活动 | 项目活动报告 |

表3-18为某企业调查加工点案例。

**表 3-18　调查加工点案例**

| 流程 | 铝丸供应 | 抽真空 | 蒸铝 |
|---|---|---|---|
| 工艺原理 | 铝丸供给机构向铝丸基座每次安装一颗铝丸 | 通过小车真空泵，对产品与蒸铝基座及小车空间抽取真空，以形成蒸铝前真空环境 | 在真空状态，对铝丸瞬间加热蒸发，给产品内表面镀一层铝模 |
| 加工点 | 铝丸基座与供给机构接触点 | 产品与蒸铝基座及小车接触点 | 加热器、铝丸、蒸铝基座形成腔体 |
| 图解 | 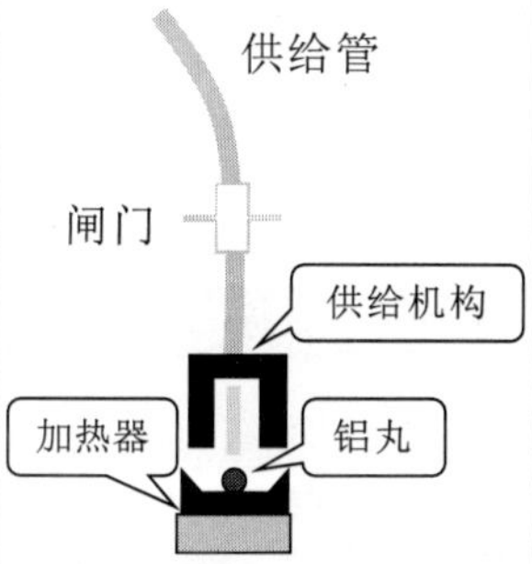 | 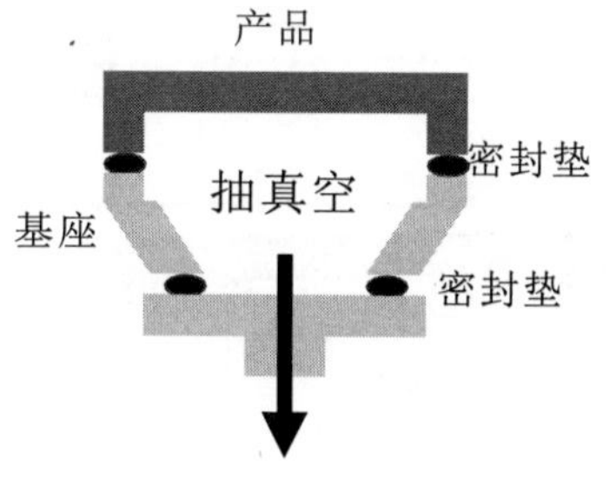 | 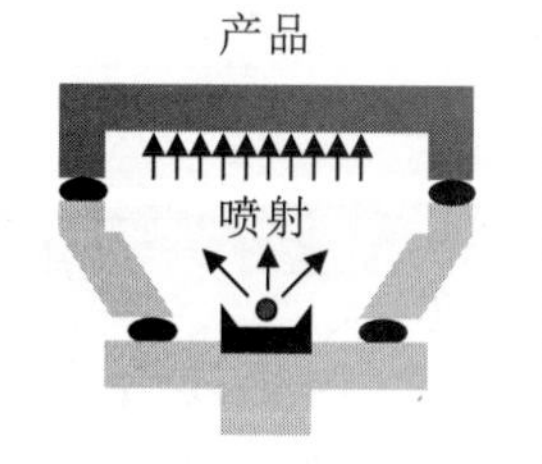 |

调整离不开人的参与，是人的经验判断、感知器官以及技能等因素综合发挥的结果。调节操作是为了让设备代替人员调整操作，在自动化转化过程中，改进和量化测量方法，提升设备和工具精度改良。

调整项目的调节化根据调整操作的调查可分为调节可行项目和不可调节项目。仪表（刻度）通过量化、治具等方式可转化为可调节项目。

【案例18】▸▸▸

## 某企业自主保全5 STEP活动

**定义**

制作或修订改善相关标准，并上传到标准系统，进行横向展开及维持

**目的**

根据集团标准系统和标准品质生产方式系统管理，并按照标准4原则管理维护

**推进内容**

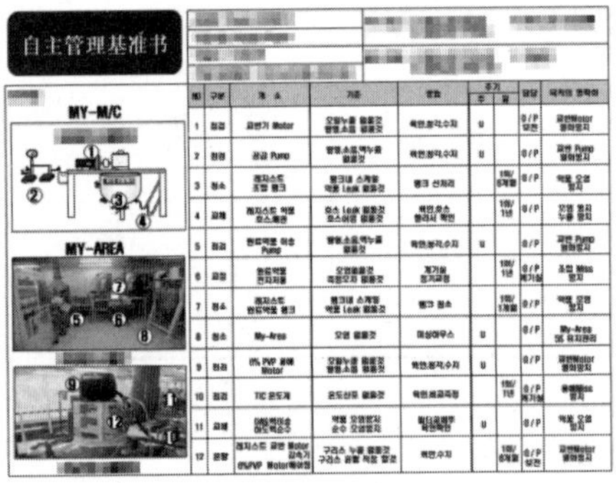


自主管理基准书

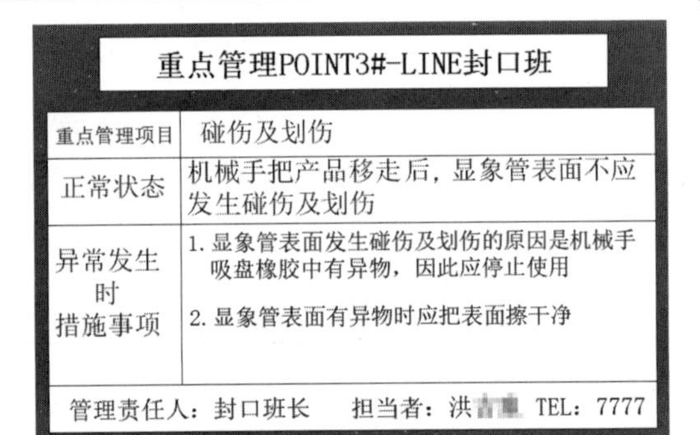

**重点管理POINT3#-LINE封口班**

| | |
|---|---|
| 重点管理项目 | 碰伤及划伤 |
| 正常状态 | 机械手把产品移走后，显象管表面不应发生碰伤及划伤 |
| 异常发生时措施事项 | 1. 显象管表面发生碰伤及划伤的原因是机械手吸盘橡胶中有异物，因此应停止使用<br>2. 显象管表面有异物时应把表面擦干净 |

管理责任人：封口班长　　担当者：洪[redacted]　TEL：7777

重点管理基准书

**加工点图**

◆学习所得(感受)：
了解了S/F焊接的工作原理及重点管理部位，以及相关部队对品质的影响

◆最重要的管理Piont：
焊接电流、枪加压力、平坦度、F/P间隔

**形成加工点的系统**

| 区分 | 管理项目 | 管理基准 | 品质的影响 |
|---|---|---|---|
| 加工条件系 | 电流 | 1次2.6±0.3KA<br>2次3.2±0.3KA | Spring虚焊 |
| | 焊枪加压力 | 3.0±0.5Kaf/cm² | Spring虚焊 |
| | 焊核 | 2.0mm以下 | Spring虚焊 |
| | 焊点位置 | 基准值±0.5mm | 平坦度、F/P间隔不良 |
| TOOL系 | 定位气缸 | 运行良好 | Spring焊斜、Frame废品 |
| | 定位销 | 固定良好、无磨损松动 | Spring焊斜、Frame废品 |
| | 焊接电缆 | 固定良好、无磨损、无异物、无染痕 | Spring虚焊 |
| 材料系 | Frame | 平坦度85.0±0.5mm | M/F Q值不良 |
| | Spring | BIG HOLE Spring±0.5 | Spring焊斜、Frame废品 |
| | 电极 | 长度：40mm~50mm | Spring虚焊 |

加工点管理基准书

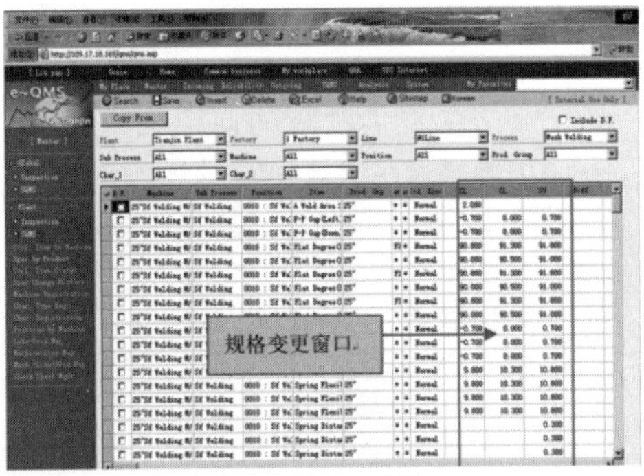


标准管理系统

**活动成果**

· 改善内容通过标准纳入日程管理
· 通过系统平台分享信息

**向后计划**

· 学习先进企业系统运营信息
· 简化系统运营步骤

## 七、自主保全6 STEP——工序品质保证

### 1. 自主保全6 STEP活动概要

自主保全6 STEP活动之初是围绕生产活动开展整理、整顿，后期升华为全企业TPM后，活动内容也更新为工序品质保证。

6 STEP开始将活动对象由设备扩大到设备外围整体工序，同时活动目标也由零故障、零不良调整为保障工序和设备品质。即通过学习加工原理、良品条件、品质管理等保障品质的思想和方法，开展杜绝流出不良和消灭不良品活动，同时培养兼备设备和品质双技能的人才。

品质保证活动与TPM 8大支柱体系的品质保全活动密切相关。为保障无不良设备，结合品质保证和设备管理活动，研究品质特性和设备精度、加工条件的相关性，设定无不良的工序条件，是6 STEP活动的核心。6 STEP活动的关键是由设备和品质技能双全的操作者，维持管理无不良的条件。

### 2. 自主保全6 STEP主要活动内容

（1）整理1～5 STEP活动期间遗留的课题。

（2）制作6 STEP活动计划（区分阶段、月和周计划）。

（3）调查活动指标及成果指标现水准并设定活动目标。

（4）确保品质改善相关技能工具（Tool）的掌握能力。

（5）整理各项品质问题的应对活动和方法。

（6）明确品质项目并制作品质保证体系图。

（7）明确工序及设备良品条件。

（8）明确各品质项目的品质特性。

（9）就各项品质问题分别开展改善活动（现象、原因、对策等）。

（10）明确项目标准化及维持管理方案。

（11）评价工序品质保证目标达成度。

（12）考核管理标准落实率。

（13）开展过程诊断及结果评价。

### 3. 自主保全6 STEP工序品质保证体系

自主保全6 STEP工序品质保证体系，如表3-19所示。

表3-19 自主保全6 STEP工序品质保证体系

| 步骤 | | 内容 | 注意事项 |
|---|---|---|---|
| 1 | 现象调查 | （1）调查品质规格及特性因素<br>（2）制作各工序品质流程图<br>（3）调查品质不良现象的类别 | （1）明确需要维持的品质特性值<br>（2）明确设备系统结构、性能、工艺、步骤等<br>（3）调查工序中发生品质不良的情况<br>（4）对不良现象进行分类<br>（5）明确不良发生的工序 |

续表

| 步骤 | | 内容 | 注意事项 |
|---|---|---|---|
| 2 | 4M条件调查分析 | （1）调查不良模式发生工序<br>（2）按工序调查4M条件<br>（3）现场调查并标出不合理点 | （1）根据图纸、标准、指导书调查4M<br>（2）根据设备结构、性能，追求4M理想状态<br>（3）现场调查后设置4M，明确维持方面的不足 |
| 3 | 不合理对策审核及复原 | （1）制作不合理表并审核对策<br>（2）确认设备状态及改造 | （1）自主保全活动当中，对维持状态、加工条件及设备精度等相关性进行调查，并复原不合理情况<br>（2）改善设备条件及问题设备 |
| 4 | 4M条件缺陷改善 | 4M条件缺陷的展现 | （1）根据4M条件调查4M<br>（2）查找不合理，并进行复原、改善<br>（3）确认所有点检项目都保持在规格范围内时品质结果是否可控 |
| 5 | 点检项目总结改善 | （1）点检项目的总结<br>（2）审核并改善固定项目 | （1）按点检项目的静态、动态精度及加工条件进行归类和总结<br>（2）为实现短时方便的点检而进行合并改善 |
| 6 | 设定点检量化值 | （1）决定点检规格<br>（2）制作品质保证QM Matrix（QM矩阵）<br>（3）提高可靠性、简便性 | （1）为保障品质规格而设定设备精度规格等<br>（2）需要使用特殊测量技术或需要拆解技术和时间以外的项目，由运行部门管理 |
| 7 | 修改标准 | （1）改善原料、点检、作业标准<br>（2）遵守Q-Component（质量构成要因）标准<br>（3）确认推移管理与结果 | （1）管理者对下属说明必须要进行相应点检的理由，并对设备构件功能、产品工艺原理等理论进行培训<br>（2）点检标准项的添加由小组成员自主决定<br>（3）通过推移，在超管理范围前实施对策<br>（4）发生规定标准以外的品质不合理时，需要重新审核标准和点检项目及方法等 |

### 4. 自主保全6 STEP活动方法

（1）运用品质改善工具

品质改善工具包括品质小组活动、品质保全8项活动、6 Sigma活动，如表3-20所示。

**表3-20　品质改善工具**

| 项目 | 品质小组活动（QCC，Quality Control Circle） | 品质保全8项活动 | 6 Sigma活动（DMAIC） |
|---|---|---|---|
| 方法 | 凭借固有技术经验和定性方法 | | 统计学方法 |
| 对象 | 以小组为主导的重点品质改善 | 以小组和组织为主导的品质散布改善 | 通过组织开展的项目活动 |

续表

| | | | |
|---|---|---|---|
| 流程 | 1.选定主题<br>2.确定活动计划<br>3.调查现况<br>4.分析原因<br>5.设定目标<br>6.确定对策<br>7.实施对策<br>8.调查效果<br>9.标准化及事后管理<br>10.反省及向后计划 | 1.调查现场<br>2.复原<br>3.评估<br>4.分析原因<br>5.消除问题<br>6.设定条件<br>7.管理条件<br>8.改善条件 | 1.定义（Define）<br>2.测量（Measure）<br>3.分析（Analyze）<br>4.改善（Improve）<br>5.管理（Control） |

（2）主要品质改善活动

主要品质改善活动的目的是：明确需维持的品质特定值，并同时调查品质不良的发生情况；通过基准和标准明确现场需遵守的项目；现场调查需遵守项目的遵守情况。

主要品质改善活动的步骤、主要内容及输出结果，如图3-21所示。

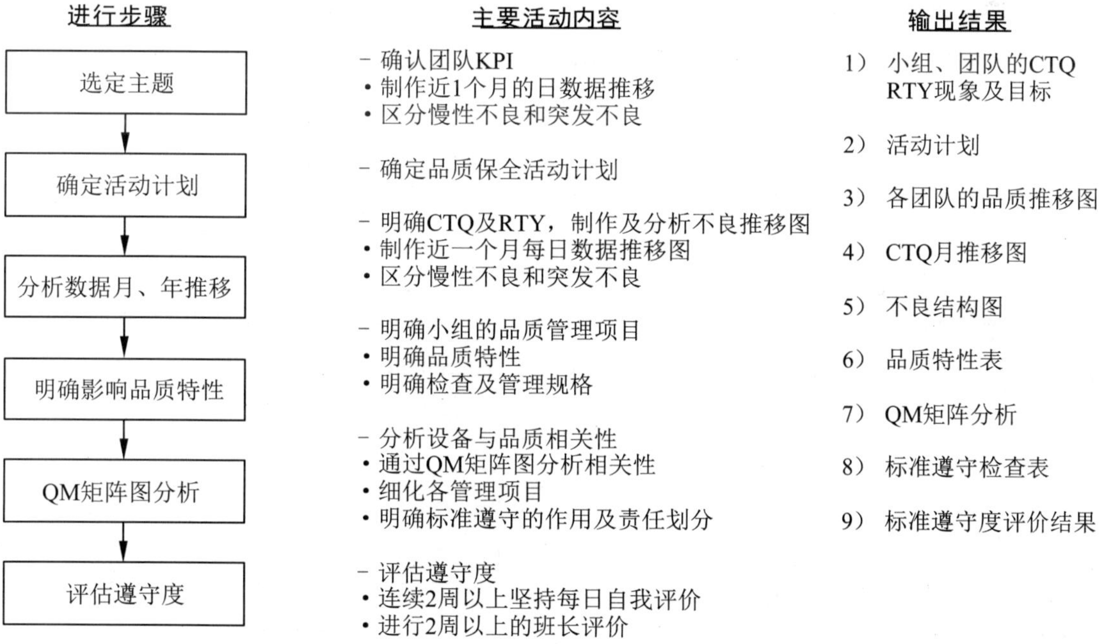


**图3-21　主要品质改善活动的步骤、主要内容及输出结果**

（3）QM矩阵管理

制作QM Matrix的目的是，对各工序每个岗位需遵守和管理的项目通过记录和分析，查找与不良之间的关系，从而确保工序的正常状态。QM矩阵是整理众多因素相互关系以及导出问题解决线索的工具，可明确因果关系以及目标与方法之间的相关性和重要程度。

QM矩阵管理把影响各工序的不良因子按照4M（人、机、料、法）进行详细调查，并把主要问题清单化，然后通过现场确认制定具体管理项目和复原方案。它广泛应用于加强品质体系和查找不良原因的活动中。

（4）PM分析工具

PM是针对问题现象（Phenomenon），通过物理（Physical）和机理（Mechanism）的分析手法，对设备（Machine）、人员（Man）、材料（Material）、方法（Method）层面的相关原因无遗漏地全面分析的方法。PM分析工具的要素，如图3-22所示。

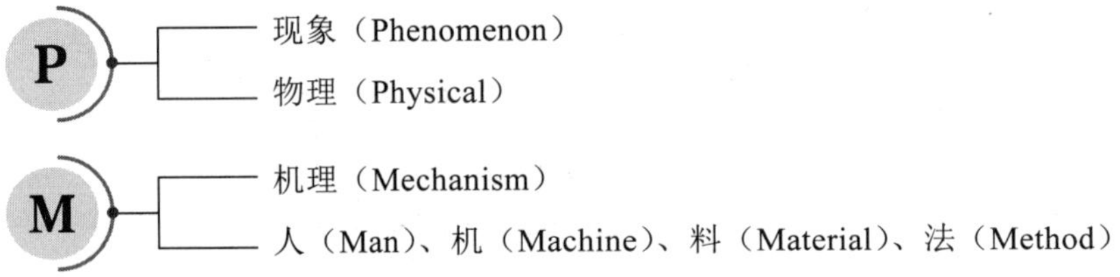


**图3-22　PM分析工具要素**

PM分析并不是简单地对设备、位置、方法分类，而是从物理角度分析问题现象、成立条件的机理，它是解决慢性问题的有效手法。PM分析也是挑战极限目标的方法，即针对突发性问题，通过常规QC手法或FMEA等方法解决一定损失后，挑战接近零或零化的目标。PM分析的步骤及内容，如表3-21所示。

**表3-21　PM分析的步骤及内容**

| 序号 | 步骤 | 内容 |
|---|---|---|
| 1 | 调查问题现象 | 通过5W1H对问题现象进行分类 |
| 2 | 现象的物理分析 | 从物理角度进行分析，并从工艺原理和规则角度进行解释 |
| 3 | 查找现象成立条件 | 从物理层面调查整理现象的成立条件 |
| 4 | 分析4M关联性 | 分析4M之间的关联，并整理所有相关因素 |
| 5 | 分析调查方法 | 明确4M项目基准及评价方法，并进行调查 |
| 6 | 查找不合理原因 | 通过调查，查找超规格及微缺陷不合理原因 |
| 7 | 实施复原或改善 | 制订复原和改善计划，并实施 |
| 8 | 确认效果及维持 | 确认目标实现成果，制订维持管理计划 |

**【案例19】**

**B公司PM分析**

第一步：现象的物理分析。

调查荧光粉涂敷工艺加工点工艺，如下图所示。

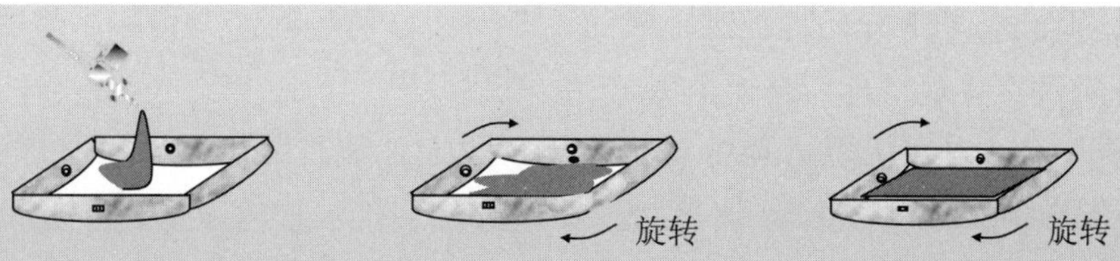


①荧光液涂敷　　②荧光液扩散　　③荧光液沉淀

**荧光粉涂敷工艺加工点工艺图**

从现象的物理层面进行原理规则分析，如下表所示。

**问题现象及工艺原理、规则要求**

| 问题现象 | 工艺原理 | 规则要求 |
|---|---|---|
| 气泡不良，是在形成荧光膜的过程中产生气泡，会导致膜层表面出现凹坑或缺损现象 | （1）通过喷嘴向屏内注入额定量的荧光液<br>（2）屏在低速旋转中，通过液体延展效应扩散和沉淀，在屏内表面形成荧光粉涂层<br>（3）利用离心力，向外扩散<br>（4）停转后排出多余液体 | （1）荧光液特性稳定（黏度、比重、温度）<br>（2）转速和时间要一致<br>（3）要精确管理压力和流量，以精确控制液量<br>（4）屏温度要稳定<br>（5）屏内表面要平滑 |

第二步：查找现象成立条件，如下图所示。

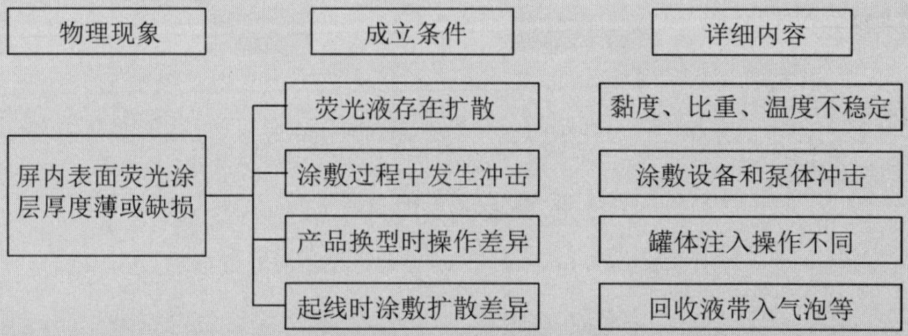


**现象成立条件查找图**

第三步：根据上述条件，进行4M关联因素分解，并通过对各项细化指标的控制，最终把气泡不良减少到三分之一。

## 八、自主保全7 STEP——自主管理

自主保全7 STEP是按既定基准落实自主管理的阶段，通过维持和改善以及继承的方式实现目标，以完成整体自主保全活动计划。

从自主保全0 STEP开始，经过持续的不断努力，历经组织架构和小组成员的变迁，克服无数困难最终实现目标，会让全员无比自豪。

自主管理活动中，从现场角度自主分解企业方针和目标，并以完全落实自主管理CAPD循环作为终极目标。

自主保全活动的自主管理循环CAPD为：

Check（C）：以重视3现和彻底调查现象方式查找问题。

Action（A）：复原和实践改善以及实施问题对策和改善。

Plan（P）：为避免重复性设备故障和品质等问题，对可视化管理和人员需遵守的行为基准进行文件化管理，并研究保证方法。

Do（D）：遵守行为基准，并以预防重复性问题为目标，不断重复CAPD循环，以达成目标。

自主保全7 STEP是培养精通设备与流程的操作者的最终阶段，此阶段操作者通过自身的努力，实现工序和设备的理想状态，应对时代变化和技术创新要求，并挑战更高等级的目标。

企业应回顾之前活动中的成功与失败，重新研究自主保全活动的维持和改善等，并完善各阶段活动推进手册的内容。特别要对阻碍流程（物流）的检查、搬运、等待、动作不合理进行改善，以谋求最大的成果。

由于企业经营环境不断变化，同行间生产工艺、管理水平、企业文化也各不相同，为使TPM自主保全活动符合本企业自身的特点，企业在学习其他企业的革新手法时，要不断提升TPM活动趣味性。

【案例20】

### TPM活动之读100本书活动

为鼓励全员参与TPM活动，提高员工积极性和个人成就感，公司特推出读100本书活动，以培养兼备技术、修养的人才，提升个人资质，创建优秀公司。

**1.活动目标**

完善自主保全STEP活动，读100本书。

**2.书籍目录**

根据人员结构，从畅销书和专业修养书籍目录中选出300本书制作成小册子供大家选择，并以季度为单位更新目录。

**3.书籍分类**

| 技术 | 经营经济 | 人文科学 | 小说 | 非小说 | 古典 | 医学 | 其他 | 小计 |
|---|---|---|---|---|---|---|---|---|
| 76本 | 74本 | 48本 | 34本 | 30本 | 12本 | 10本 | 16本 | 300本 |

**4.运营方法**

（1）以TPM小组为单位运营，员工在所提供的书籍目录中选择各自喜欢的书名，经TPM总经理（总裁）审核后向TPM推进办提交书名清单，由TPM推进办提前准备好书籍。

（2）由总经理亲自给每个成员发放其所申请的书籍。

（3）发给个人的书籍建议在小组和部门内传阅，并鼓励大家在小组活动中发表读后感。

**5.激励制度**

（1）书籍读完后，向TPM推进办提交读后感。

（2）推进办评价个人读书成果，并于每季度发放奖金。

（3）员工读完100本书，公司将颁发读书会结业证书和奖牌。

【案例21】▸▸▸

## TPM战略发表会及TPM人之夜活动

为总结当年TPM活动成果和分享下一年TPM战略，对TPM活动中的优秀部门、优秀小组以及优秀个人进行表扬，活动通常在12月底召开。

**1.TPM战略发表会**

参加人员：总经理（总裁）、各部门经理、现场管理者、TPM专家。

地点：公司会议室。

内容：TPM推进办宣布活动成果及下一年战略，各部门发表本部门的活动成果及下一年战略，任命人员，表决心，总经理（总裁）讲评。

**2.TPM人之夜**

目的：对当年TPM活动中有杰出贡献的100名模范进行奖励和激励，以更加活跃TPM活动的氛围。

参加人员：总经理（总裁）、各部门经理、现场管理者、TPM专家、优秀小组、优秀个人及家属、合作公司等（约150人规模）。

活动前发出邀请函。

地点：租用的五星级酒店等正式场地。

时间：每年12月底，大约3小时（18:00～21:00）。

内容：

（1）播放TPM活动视频，为TPM优秀小组、个人、专家颁奖，各部门TPM活动代表发表活动感想（各部门代表小组）。

（2）总经理（总裁）总结讲评。

（3）交流及庆典活动。

（以下项目，在较轻松的氛围中进行）

① 员工自助餐厅就餐。
② TPM成功案例分享（5～10个案例）。
③ 文艺表演（积极鼓励各部门和个人展示才艺）。
④ 庆典摄像及合影留念（庆典全程摄像并在全公司分享宣传）。
⑤ 向全体参加人员发放珍贵纪念品。

【案例22】

## TPM特别活动

为增加TPM活动趣味性，提高活动效率，在原TPM活动基础上加入短期特别活动将更加激发员工活跃度。特别活动应根据TPM活动特点量身定制，通过具体化的推进方案和奖励措施，积极引导员工参与。比如以下几类特别活动。

（1）“安全30天作战”，这是查找所有安全隐患并集中改善的特别活动，目的是提高安全意识。

（2）“食堂TPM活动”，根据持续性活动要求，改善物流、清洁、3定活动、卫生管理、环境氛围、服务态度等，将大幅提升员工满意度。

（3）“宿舍TPM活动”，为了给员工提供一个好的休息场所，提升员工的满意度，可以开展“宿舍TPM活动”，改善宿舍的恶劣环境、火灾隐患，并通过整理、整顿、清扫使之生活化。

（4）“TPM发表大会”，给各活动小组提供展示活动内容和相互学习的机会，以培养协同力和领导力，提高TPM活动的活跃度。

活动的具体内容可参见下表。

主要活动内容

| 区分 | 安全TPM | 食堂TPM | 宿舍TPM | TPM竞赛 |
|---|---|---|---|---|
| 活动目的 | •提前预防安全事故<br>•查找并改善不合理<br>•学习模范小组<br>•打造无事故企业 | •提供最好的餐饮<br>•提供最佳服务<br>•增加员工的满足感 | •加强宿舍管理<br>•查找并改善不合理<br>•学习模范宿舍<br>•营造温馨的休息场所 | •分享好的经验案例<br>•激励和鼓舞 |
| 周期 | 2次/年 | 1次/季度 | 2次/年 | 2次/年 |
| 活动图片 | <br> | <br> | 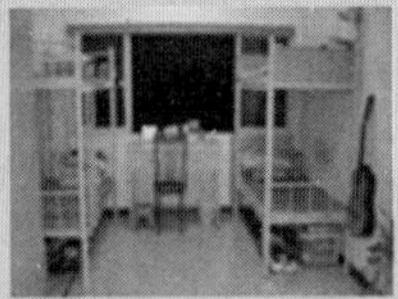<br> | <br> |

## 九、企业定制型TPM活动案例

【案例23】▸▸▸

### B公司Dynamic TPM活动

**1.Dynamic TPM推进背景**

B公司每年年底都会召开TPM战略发表会，在推进办的主持下，进行分级别的战略讨论。其主要目的是导出持续性成果，对目前TPM推进方案和存在问题进行深入讨论，并制定出向后计划方案。公司从引进TPM活动以来，通过重叠小组活动建立了管理者的指导支援体系，并划分183个TPM小组开展自主保全活动。按照自主保全手册开展活动，在提高产能和品质方面取得了显著成果，并成为提升全公司竞争实力的核心。

B公司根据自身特点，经历6年完成了7 STEP活动，在TPM战略讨论会上，B公司总结出以下问题。

（1）原TPM的人与设备系统（Man-Machine System）以追求极限状态为目的，虽然取得了一定成就，有了统一标准要求下的5S设备维持改善和设备清扫、注油、检查等活动，但却忽视了工序间的环境差异，导致各小组逐步对TPM活动失去兴趣。

（2）小组组长通常由带班组的班长担任，班长的角色对生产和TPM活动的作用很大，但因扩建等原因频繁发生的组织变动和员工高离职率导致维持改善活动困难。

（3）传统自主保全手册缺乏自主创意，过于强调统一和被动接受任务状态，使高效利用有限资源和智慧发挥方面受到局限。

所以，接下来为更加灵活地开展活动，将结合各事业部、工艺、产品等特点，进行以业务为中心的活动。与传统设备基本条件和适用条件的静态（Static）自主保全活动相比，Dynamic TPM强调简单岗位员工技能的专业提升、对5M（人员、设备、材料、方法、测量）结构原理的理解以及活动的散布，即动态（Dynamic）的自主保全活动。

**2.Dynamic自主保全TPM定义**

在重视设备中心静态（Static）自主保全活动的同时，引入以人员为中心的动态（Dynamic）业务活动，可确保技术和管理层面同时超过竞争公司的生产实力。

3.Dynamic 自主保全体系图

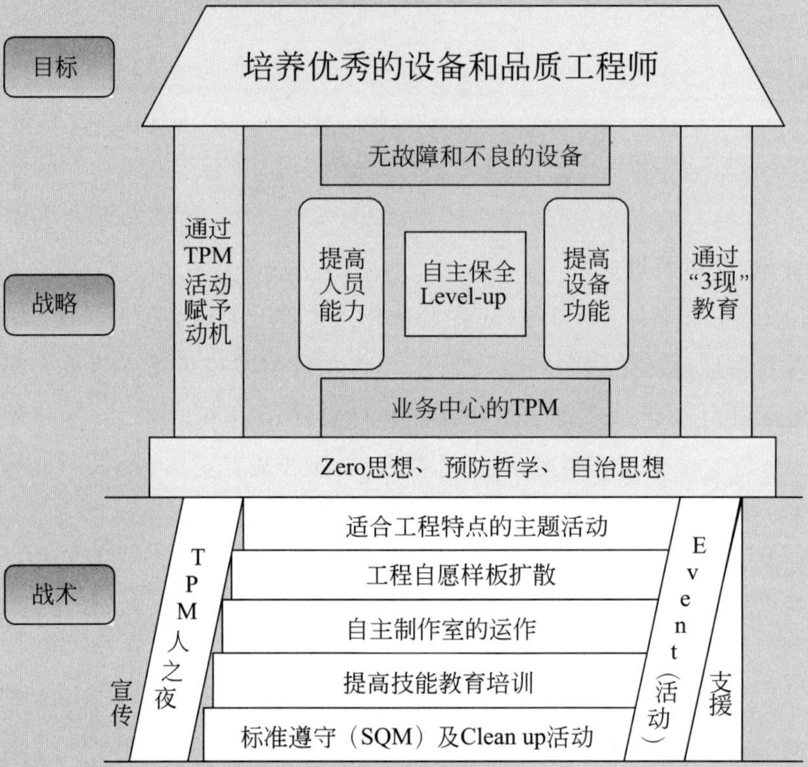


Dynamic自主保全体系图

4.Dynamic 自主保全活动的特点

（1）学习活动对象的正常和异常基准，在现场查找不合理并复原和改善（能够体会学习和参与的乐趣，同时达到活动目的）。

（2）把安全作为首要任务。

（3）为改变想法，确保干净明亮的现场，把5S作为活动基础。

（4）各工序优先指导和支援样板，并通过最佳实务学习会扩展。

（5）根据各工序特点设计不同的STEP活动计划，在工作当中引出遇到的困难问题并逐个解决。

（6）根据现场、现物和业务类型，选定出便于全员参与的项目，并逐个课题化后深入解决问题。

（7）活动板提倡自主创意，鼓励多样化和自由发挥。

（8）加强自主制作室运作，培养现场员工的复原和改善能力，使其能够通过小组的力量解决难度较大的设备、材料、工艺等问题。

（9）设备靠计划保全，工艺靠品质保全活动维持开展。

（10）开展组织诊断和对内外宣传、TPM人之夜、颁发徽章等活动。

（11）IE、QC、VE、6 Sigma等工具灵活应用，并与固有技术融合。

（12）提高团队凝聚力，并鼓励公益活动。

Dynamic自主保全活动的流程如下图所示。

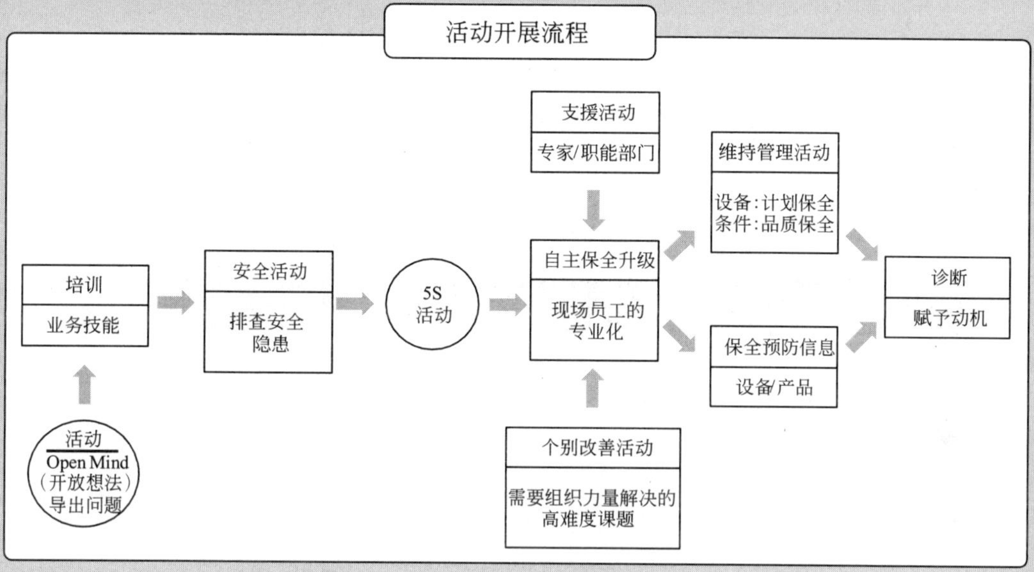


【案例24】

## S公司PRO TPM活动

S公司引进TPM活动5年后，结合产品工艺现场特点，重新设计了TPM自主保全STEP体系活动。

针对设备随使用时间的增长而性能下降的特性，开展自主保全和计划保全活动，以彻底保障设备正常性能的维持和管控。

为巩固前期活动成果，更加贴合现场工序特点，开展TPM活动，S公司提出了重视3M思想的PRO TPM概念。

**1.主要活动方向及目的**

主要活动方向如下。

（1）构建无浪费的整洁的生产现场。

（2）全员参与，营造创新氛围。

（3）通过遵守Rule（规则）/Process（流程），改善人员和设备的“体质”。

（4）通过小组活动进一步活跃改善活动。

主要活动目的如下图所示。

| 设备与现场 | 人员 | 流程 |
|---|---|---|
| □ 复原成初始状态 | □ 全员参与思想的转变 | □ 落实规则和流程 |
| □ 5S、3定基础的现场 | □ 通过培训培养人才 | □ 日常点检和改善活动 |
| □ 消除现场浪费（不合理） | □ 落实O/P中心的自主管理 | □ 生产资源效率极大化 |
| □ 开展预防设备老化活动 | □ My-Job生活习惯化 | □ 持续开展制造创新活动 |

主要活动目的

## 2.PRO TPM 3M思想

将以设备为中心的活动，升华为“我的最佳业务”“我的最佳区域”“我的最佳主题项目”的3M思想活动，如下图所示。

| My Best Job（人员体质改革） | My Best Area（现场体质改革） | My Best Project（创出成果） |
|---|---|---|
| 小组活动范围内所有技能的提升活动 | 小组活动范围内消灭所有不合理并维持管理 | 制造现场以小组为主导开展成果主题项目活动 |
| *作业标准、设备、治具等多技能化 | *现场和设备不合理，相关标准不合理等 | *品质、生产性、MTBF等<br>*管理者提供支援 |

通过TPM活动，持续改变现场

PRO TPM 3M思想

## 3.PRO TPM改善方向

PRO TPM改善方向如下图所示。

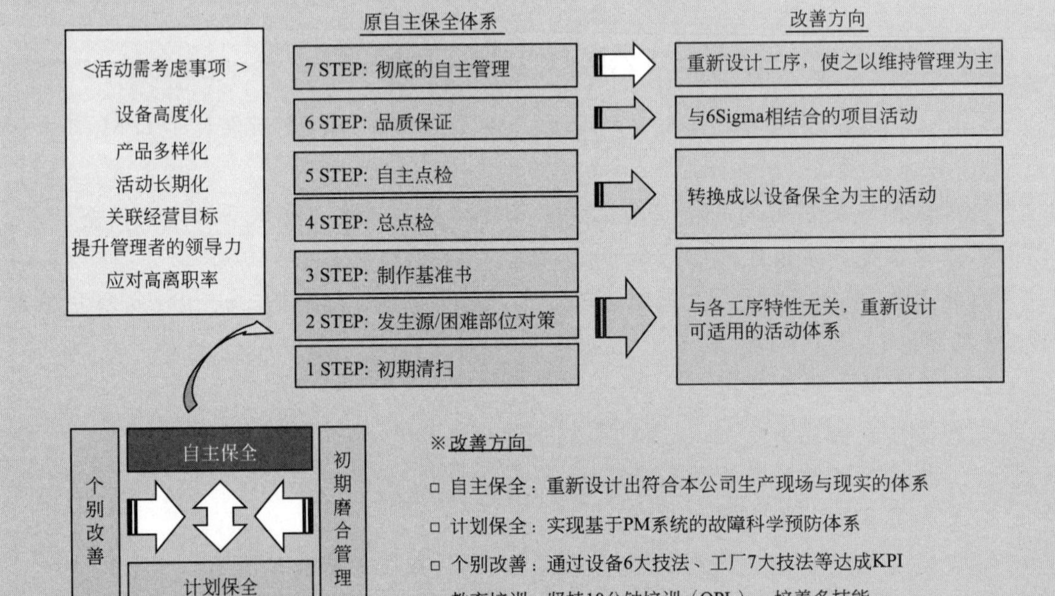

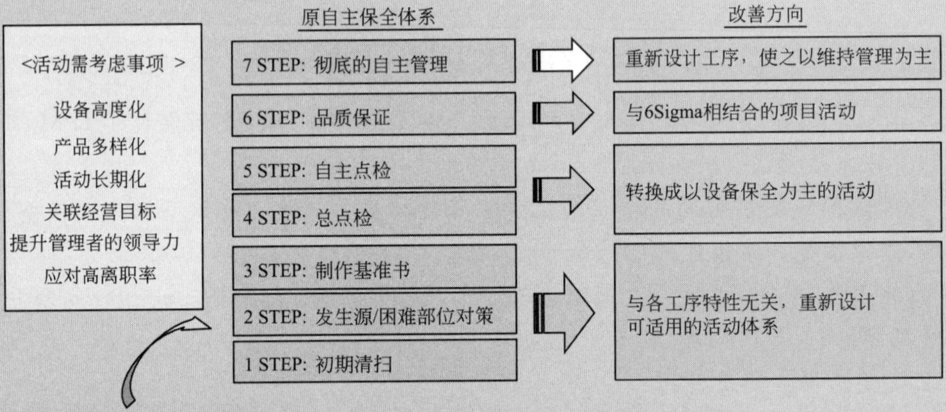


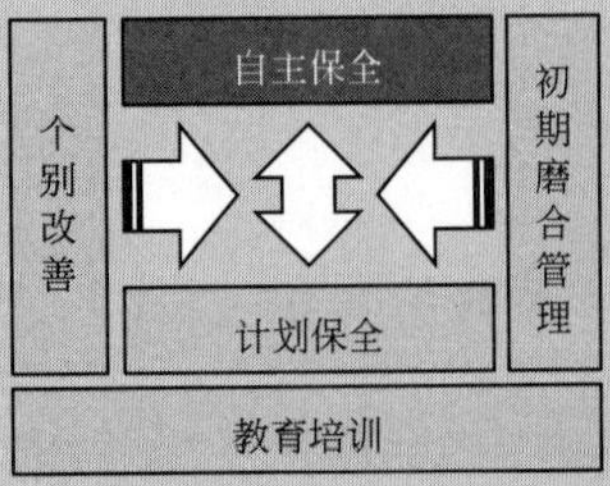


※改善方向

□ 自主保全：重新设计出符合本公司生产现场与现实的体系

□ 计划保全：实现基于PM系统的故障科学预防体系

□ 个别改善：通过设备6大技法、工厂7大技法等达成KPI

□ 教育培训：坚持10分钟培训（OPL），培养多技能

□ 初期磨合管理：多品种/小批量良品体系和MP提案相结合

PRO TPM 改善方向

**4.PRO TPM 自主保全STEP结构**

PRO TPM 自主保全STEP如下图所示。

阶段1
营造TPM基本环境

阶段2
恢复设备原样

阶段3
实现无浪费

阶段4
建立行动基准

阶段5
提高熟练掌握设备的能力

原则：彻底维持前面内容，
开展本阶段改善活动

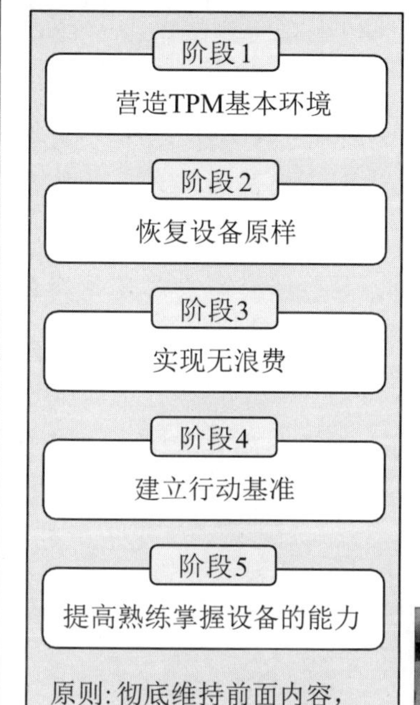

阶段5举例说明：提高熟练掌握设备的能力

1）开展设备6大系统总点检
-分别制作设备6大系统手册
-根据设备6大系统开展总点检活动
-挖掘和改善设备6大系统的不合理

2）构建技能培训系统
-布置技能培训场地，并维护培训体系（制造/设备）
-制作技能培训教材，培养培训讲师
-通过技能培训，培养熟练掌握设备和流程的人才

活动工具及表格
-不合理明细、总点检手册、技能培训场/教材等

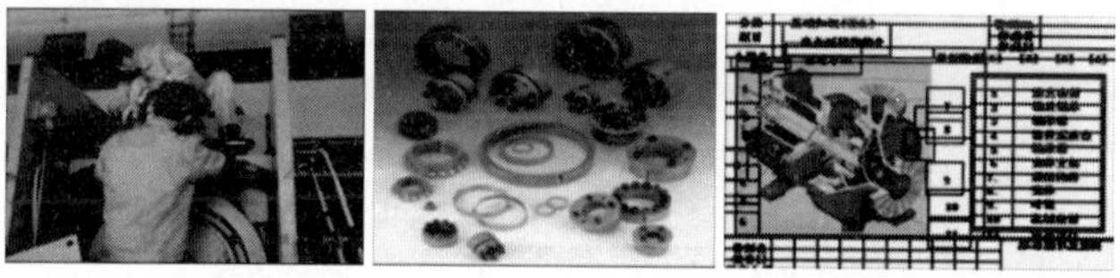

PRO TPM 自主保全STEP

【案例25】▸▸▸

## A公司"新TPM"自主保全活动

### 一、背景

A公司引进TPM的背景与大部分公司相同，都是为了解决设备和人员管理瓶颈导致的产能降低和成本上升等问题。A公司通过2年的制造现场小组活动，在提高员工满意度、改善安全工作环境、增加提案数量、贡献经营利润等方面取得了很大成果，但并未达到同时让员工和公司满意的理想效果。因此，A公司召集管理者和TPM专家，讨论分析出如下问题。

（1）活动内容过于重视设备。

（2）设备和岗位基础知识培训不足。

（3）未形成明确目标下的组织活动。

（4）指导支援体系不足。

为克服以上4点问题，A公司提出下列5种活跃方案，并开展了新的TPM活动。

**二、新TPM活动的内容**

1.业务中心的自主保全活动

TPM是以综合生产维护方式创造价值、减少散布的活动。自主保全7 STEP体系针对散布因素，以外围的、简单的、小的、常识性的逐步解决问题的方式，开展减少工艺和现物散布的活动。

在现实生产现场中存在很严重的岗前培训不足问题，导致新员工在不清楚岗位技能的情况下开展工作。

所以，根据生产现场的情况，A公司以5S作为基本活动，在了解工作类型（人工操作、自动操作）和现物本质的前提下，按照从简单到高难的顺序开展活动。针对以往岗前培训不足的情况，通过自主保全活动确保员工具备必要的岗位技能，从而减少工艺散布效果。

开展自主保全活动，努力把单纯的操作工培养成生产技术专业人员，企业将步入超一流企业的行列。

2.明确目标，并构建强有力的组织体系

（1）建立目标明确的组织

强的组织不仅目标明确，跟踪管理也很彻底。目标明确的组织，成员们都明确自己的工作和行动，都有使命必达的进取心。所以，TPM活动应该有明确的目标，并且要目标共享，这样小组活动就没有解决不了的困难。目标不能过于强调形式上的统一，应结合工序特点，由小组自己设定，以便激发小组潜能。

（2）倾听现场声音，创建坦诚的组织文化

TPM重视微缺陷并提前预防所有问题，从而达成事故“0”、不良“0”、故障“0”的目标。现场员工在开展自主保全活动时会遇到很多困难和障碍，我们应该反思一下，是否倾听了现场的声音，是否真诚地提供支援。很多问题往往都是因为忽视了现场声音引起的。所以，能倾听现场声音、创建坦诚文化的组织才是强有力的组织。

3.重塑教育培训体系

一般的教育培训内容都是以被教育者（客户）为中心安排的，这样容易出现注入式教育培训现象。教育培训的宗旨是让受教育对象真正学到所需的知识。所以，TPM活动当中的教育培训，应针对有知识需求的人员，提供其所需的内容。

4.强化TPM推进办作用

推进办应在正确理解TPM的基础上，衔接好岗位业务和现场情况、高层要求、现场要求、咨询师指导要求等内容，真正发挥推进办的基本作用。

好的推进办既是高层的分身，也是现场的顾问。推进办应理解高层的想法，并经常与高层交流，明确正确的活动战略和战术，及时反馈现场遇到的障碍，确保TPM活动正常开展。

5.通过诊断引导进一步发展

TPM活动中TPM诊断非常重要，应为以下目的推进。

（1）确认TPM活动是否与当初设想的内容一致。

（2）活动人员是否熟知活动目的和手段，并正确执行活动。

（3）确认活动没有障碍，查找管理者或高层支援的内容。

（4）评估现场状态及小组成员共同努力的成果，并改善其中的不足。

04

# 第四章
# TPM计划保全活动

## 一、计划保全概要

在智能化制造理念扩散和自动化发展的环境下，设备的重要性越来越明显。为提升生产效率，企业需时刻保持最佳的设备状态，为避免设备性能降低，企业需定期检查运行状态，并开展维修、改良等维护工作。

计划保全的目的是构建“高目标和少投入”的维护体系。

所谓计划保全，是根据事前计划进行维护业务的开展。计划保全是通过设备备品管理以及保全业务标准化方式延长设备寿命、降低运营成本的计划性设备管理活动，是主要针对设备维护人员的活动。

计划保全活动也按照STEP方式开展，但由于行业和企业管理水平差异较大，具体阶段活动内容建议结合行业和企业的特点以及维护水平和管理要求量身定制。

如前面所述，设备部门的计划保全活动和生产部门的自主保全活动相辅相成，像推车的两个轮子一样紧密相连。

## 二、计划保全活动体系

计划保全活动体系，如图4-1所示。

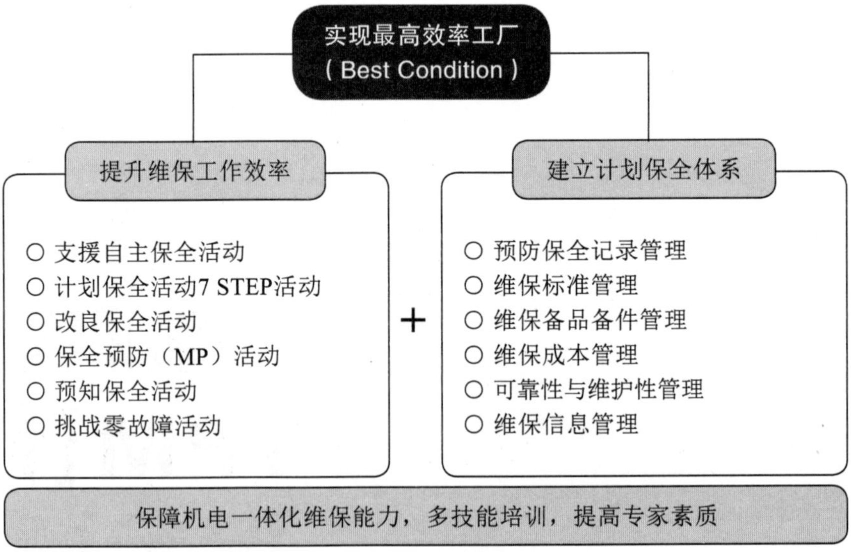


图4-1　计划保全活动体系图

【案例1】▸▸▸

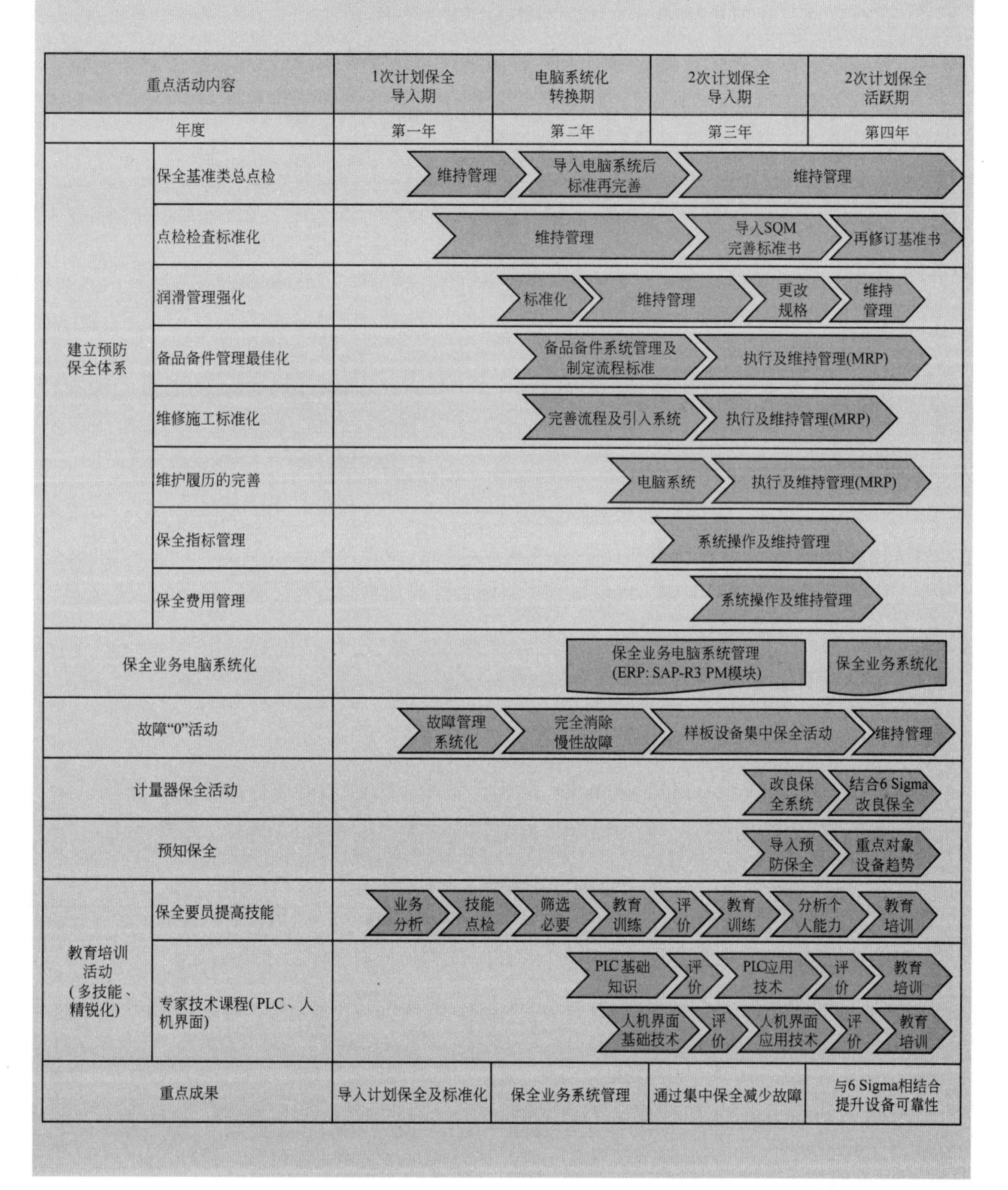

## 计划保全总体规划（Master Plan）

| 重点活动内容 | | 1次计划保全导入期 | 电脑系统化转换期 | 2次计划保全导入期 | 2次计划保全活跃期 |
|---|---|---|---|---|---|
| 年度 | | 第一年 | 第二年 | 第三年 | 第四年 |
| 建立预防保全体系 | 保全基准类总点检 | 维持管理 | 导入电脑系统后标准再完善 | 维持管理 | |
| | 点检检查标准化 | 维持管理 | | 导入SQM完善标准书 | 再修订基准书 |
| | 润滑管理强化 | | 标准化 → 维持管理 | 更改规格 | 维持管理 |
| | 备品备件管理最佳化 | | 备品备件系统管理及制定流程标准 | 执行及维持管理(MRP) | |
| | 维修施工标准化 | | 完善流程及引入系统 | 执行及维持管理(MRP) | |
| | 维护履历的完善 | | 电脑系统 | 执行及维持管理(MRP) | |
| | 保全指标管理 | | | 系统操作及维持管理 | |
| | 保全费用管理 | | | 系统操作及维持管理 | |
| 保全业务电脑系统化 | | | 保全业务电脑系统管理(ERP: SAP-R3 PM模块) | | 保全业务系统化 |
| 故障“0”活动 | | 故障管理系统化 | 完全消除慢性故障 | 样板设备集中保全活动 | 维持管理 |
| 计量器保全活动 | | | | 改良保全系统 | 结合6 Sigma改良保全 |
| 预知保全 | | | | 导入预防保全 | 重点对象设备趋势 |
| 教育培训活动（多技能、精锐化） | 保全要员提高技能 | 业务分析 → 技能点检 | 筛选必要 → 教育训练 | 评价 → 教育训练 → 分析个人能力 | 教育培训 |
| | 专家技术课程(PLC、人机界面) | | PLC基础知识 | 评价 → PLC应用技术 → 评价 | 教育培训 |
| | | | 人机界面基础技术 | 评价 → 人机界面应用技术 → 评价 | 教育培训 |
| 重点成果 | | 导入计划保全及标准化 | 保全业务系统管理 | 通过集中保全减少故障 | 与6 Sigma相结合提升设备可靠性 |

## 三、设备管理手段与管理分类

设备管理分为设备管理手段和设备保全手段。

（1）设备管理手段

① 润滑管理：按要求的油类规格定期注油、换油。

② 备品管理：分等级管理，确保安全库存量及总预算管理。

③ 图纸管理：管理布局、设计和规格等图纸，现场改善需同步更新。

④ 资料管理：通过设备系统有效管理设备和故障日志。

（2）设备保全（维保）手段

设备保全（维保）分计划性保全和非计划性保全两大类，如图4-2所示。书中所述计划性保全是指体系化的设备管理手段，而非计划性则偏向于紧急应对的补救措施，特别在计划保全体系不完善时会频繁出现。建议完善计划体系，尽量避免非计划性措施的发生，以保障设备运行处于受控状态。

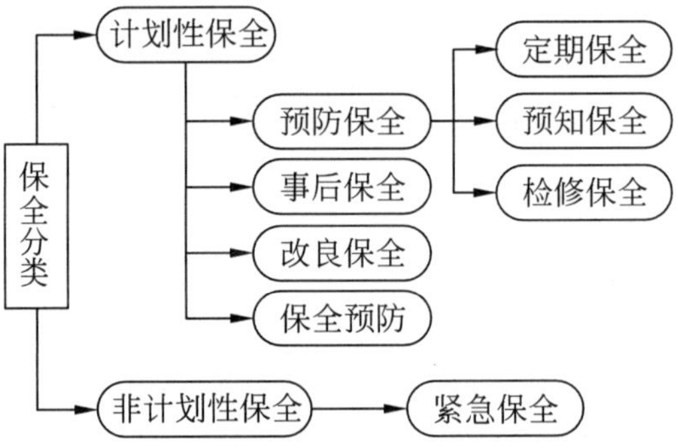


图4-2　保全的分类

如图所示，计划性保全可细分为预防保全、事后保全、改良保全、保全预防，其中重点项目是预防保全、改良保全、保全预防这3种，再加上润滑管理、备品管理、图纸管理、资料管理等项目，就形成了综合设备管理体系。

## 四、保全方式分类概况

### 1.预防保全

预防保全（Preventive Maintenance）是在设备发生故障之前进行的诊断和修理活动，预防保全又可分为定期保全、预知保全、检修保全3类，如表4-1所示。

表4-1　预防保全的分类

| 序号 | 类别 | 说明 |
|---|---|---|
| 1 | 定期保全（Time Based Maintenance） | 规定换件周期，并按照规定进行维护、换件。配件老化与某些参数成正比（产量或启动次数等），应根据理论或经验规定维护、换件周期，配件达到使用寿命后应无条件维护。定期保全具有以下特点：便于设定周期，且运行质量稳定；无须点检，方便定期换件；零部件不外露，不便于检查 |
| 2 | 预知保全（Condition Based Maintenance） | 为判断老化程度而进行的检查或检查性维护。可根据获取的数据或现象判断配件老化程度，当超过临界值时，按标准进行维护。预知保全具有以下特点：需根据配件老化程度判定换件维保周期；老化过程不稳定、使用寿命不确定；适用于故障影响小、周期不确定的设备 |
| 3 | 检修保全（Inspection Repair） | 定期拆解或检查设备，以此判断是否存在问题，并更换所有问题配件 |

### 2. 事后保全

当设备出现故障而无法运转时，再进行相应的维修、维护工作，这种解决问题的办法，一般称为“事后保全（Breakdown Maintenance）”。相比事先处理的预防保全，事后保全是相对经济的保全方法。

### 3. 改良保全

改良保全（Corrective Maintenance）是为提高设备保全性和可靠性进行的改善活动，包括防止重复故障、延长寿命、缩短保全时间、提高效率改良等。通过采取措施减少老化和故障，可以实现免维护设备的目标。

### 4. 保全预防

保全预防（Maintenance Prevention）是把保全性、自主保全性等反映到新制造设备的活动，即制造出不需要保全的设备。不同于改良保全的改造设备，保全预防在制造设备之始，就要从生产和设计等运行部门获取改造信息，并反映到新设备中。

### 5. 紧急保全

紧急保全（Emergency Maintenance）是指突发故障及其他紧急情况下进行的保全活动。

## 五、设备管理的重要性

设备对生产企业来说就像心脏一样重要，如果缺失预防保全，最终可能会导致停产。

设备故障的蔓延主要有管理体系和技术两方面原因。下面主要阐述设备管理体系的要求。

未引进TPM的企业管理体系一般会存在下面的问题：生产部门人员“我是操作者”“你是维护员”的观念强烈，设备维护意识差；保全人员缺乏专业技能培训，跟不上设备升级等。

设备的设计基本依赖外面的企业，受工期、总成本（采购费用、使用费用、维护费用）等因素影响，会出现很多存在缺陷的设备，从而导致慢性故障频发。

预防保全(PM)体系缺陷造成的恶性循环，与经营管理者忽视预防保全重要性是分不开的。

企业经营和管理层预防保全意识薄弱的两种表现形态如下。

（1）企业经营者和管理者认为，快速发展期后一段时间设备就会报废，所以投资设备时一味要求低廉的设备，当企业遇到困难时，首先会缩减维护费用等。

（2）经营管理层对设备维护不了解，导致对设备问题引发的浪费情况不清楚，甚至以生产任务紧为由不同意定期PM的观点。实际上，预防保全问题导致的设备性能不稳定和重大故障，不仅会产生生产、品质、良品率、能源、工时、材料、准备、调整等诸多浪费，还会缩短设备的寿命。

随着人工智能化、自动化以及设备集成化的发展，设备投资的比重日益增加，步入了设备决定产品时代，企业需整理设备管理上的一切问题和恶性循环结构，努力解决设备管理和技术性问题。

## 六、计划保全的主要活动内容

计划保全的主要活动内容，如图4-3所示。

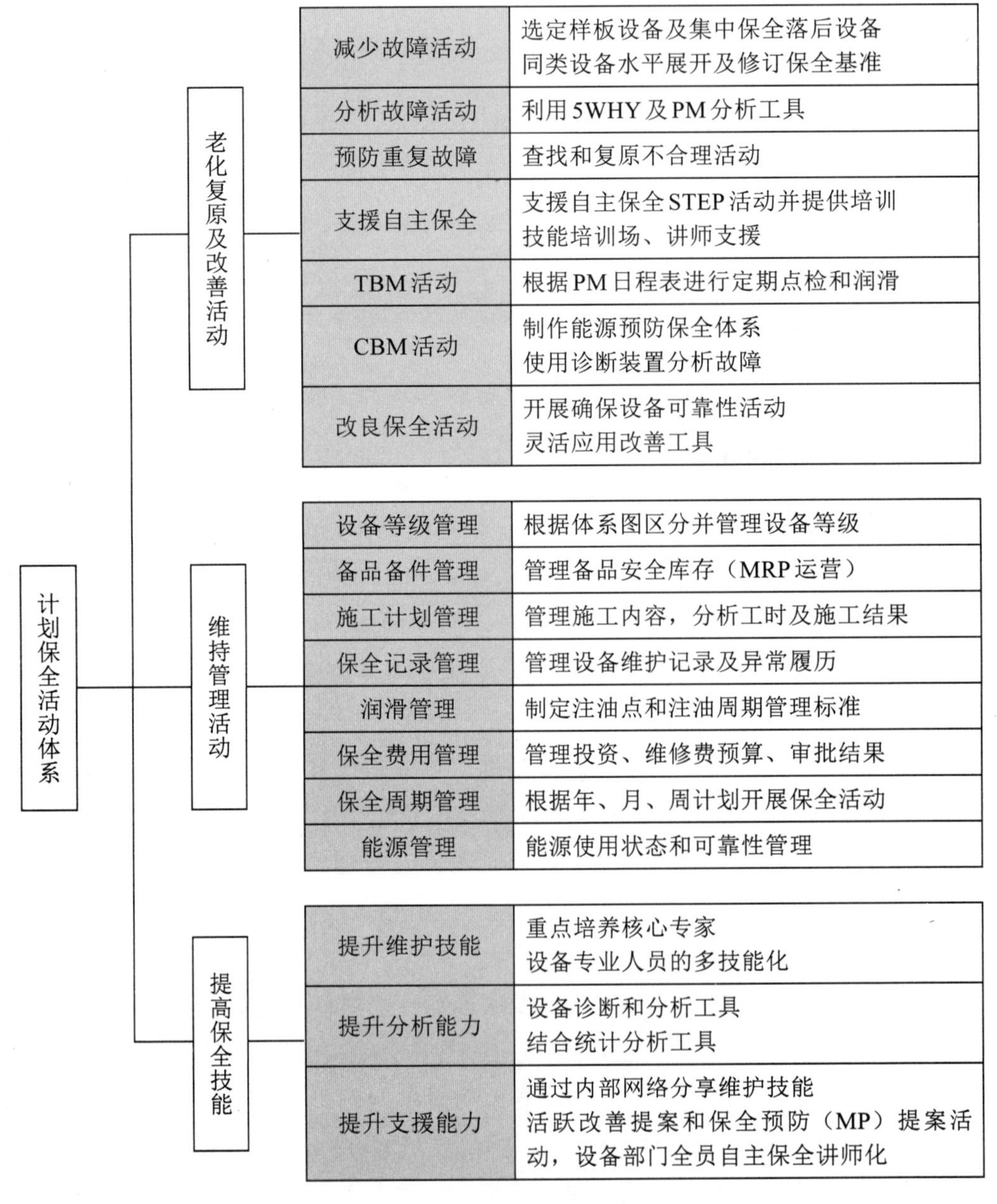

| 体系 | 类别 | 活动 | 内容 |
|---|---|---|---|
| 计划保全活动体系 | 老化复原及改善活动 | 减少故障活动 | 选定样板设备及集中保全落后设备<br>同类设备水平展开及修订保全基准 |
| | | 分析故障活动 | 利用5WHY及PM分析工具 |
| | | 预防重复故障 | 查找和复原不合理活动 |
| | | 支援自主保全 | 支援自主保全STEP活动并提供培训<br>技能培训场、讲师支援 |
| | | TBM活动 | 根据PM日程表进行定期点检和润滑 |
| | | CBM活动 | 制作能源预防保全体系<br>使用诊断装置分析故障 |
| | | 改良保全活动 | 开展确保设备可靠性活动<br>灵活应用改善工具 |
| | 维持管理活动 | 设备等级管理 | 根据体系图区分并管理设备等级 |
| | | 备品备件管理 | 管理备品安全库存（MRP运营） |
| | | 施工计划管理 | 管理施工内容，分析工时及施工结果 |
| | | 保全记录管理 | 管理设备维护记录及异常履历 |
| | | 润滑管理 | 制定注油点和注油周期管理标准 |
| | | 保全费用管理 | 管理投资、维修费预算、审批结果 |
| | | 保全周期管理 | 根据年、月、周计划开展保全活动 |
| | | 能源管理 | 能源使用状态和可靠性管理 |
| | 提高保全技能 | 提升维护技能 | 重点培养核心专家<br>设备专业人员的多技能化 |
| | | 提升分析能力 | 设备诊断和分析工具<br>结合统计分析工具 |
| | | 提升支援能力 | 通过内部网络分享维护技能<br>活跃改善提案和保全预防（MP）提案活动，设备部门全员自主保全讲师化 |

图4-3 计划保全活动体系

## 七、计划保全7 STEP分解

专业维保部门支援自主保全活动时，为达成计划保全目标，应该分阶段地开展活动，具体如表4-2所示。

表 4-2　计划保全 7 STEP 分解

| 阶段 | 活动项目 | 活动概要 |
|---|---|---|
| 0 STEP | 导入准备 | （1）自我评估<br>（2）TPM导入培训<br>（3）开展5S活动，营造TPM活动氛围<br>（4）制作计划保全综合现况看板<br>（5）制定维保人员技能培训方案 |
| 1 STEP | 设备调查评估 | （1）整理完善设备台账<br>（2）设备评估：制作评估基准、评价等级，选定PM设备及PM部位<br>（3）定义故障等级<br>（4）调查现况：故障、暂停数、频率、强度、MTBF、保全费、事后保全率等<br>（5）设定保全目标，确定指标计算方法 |
| 2 STEP | 复原老化，改善薄弱点 | （1）支援现场自主保全活动<br>（2）复原老化及维护基本条件，排查强制老化<br>（3）延长设备寿命，进行个别改善<br>（4）预防重复故障<br>（5）减少改善软件系统引发的故障 |
| 3 STEP | 改良保全积极化 | （1）制作改良保全活动手册<br>（2）评价改良保全业绩<br>（3）确定重点改善主题<br>（4）确定改善方案<br>（5）制定保全预防（MP）提案，并提交给工程部门<br>（6）更新图纸 |
| 4 STEP | 确定定期保全体系 | （1）制定定期保全业务体系<br>（2）选定对象设备（部位），制订保全计划<br>（3）制定完善标准（点检、润滑、备品备件、施工管理等）<br>（4）提升定期维护效率，加强外包施工管理 |
| 5 STEP | 选择预知保全对象 | （1）引进诊断准备（培养技术员，引进诊断设施等）<br>（2）制定预知保全业务体系<br>（3）选定预知保全对象，并逐步扩散活动范围<br>（4）引进诊断设施、诊断技术<br>（5）预知保全活动效果分析 |
| 6 STEP | 计划保全活动评价 | （1）评价计划保全体系<br>（2）可靠性提升评价：故障/暂停件数、MTBF、频率等<br>（3）维护效率评价：定期保全率、预知保全率、MTTR、安全库存达成率等<br>（4）总维护成本管理、设备生命周期成本(LCC)管理、安全库存减少率管理、备品备件库存成本管理、故障损失费用管理等 |
| 7 STEP | 构建设备管理系统 | （1）构建故障数据管理体系<br>（2）计划保全管理系统（标准维护管理、预防维护管理、维护技能管理、设备资料管理、备品备件管理、预算管理） |

## 八、设备等级与故障等级介绍

设备根据使用用途可分为加工设备（Processing Equipment）、运输设备（Transport Equipment）、仪器仪表（Test & Inspection Equipment）、机械手（Robot）等。企业应根据设备管理需求，提高管理效率，合理划分设备等级。比如，设备发生故障时，对人工应对或备用设备系统、其他工序影响程度、损失费用、品质或安全等因素进行评分，然后根据影响程度评定设备等级，如表4-3所示。设备通常划分为A、B、C三个等级，A、B级别设备的故障将引起重大损失，需特别关注。原则上，企业内相同设备的等级相同，并且每年需进行一次审核，并同步更新设备等级。为便于管理，建议将设备等级导入系统，建立信息交流平台。

表4-3　设备等级评估案例

| 项目 | 内容 | 项目 | 内容 |
|---|---|---|---|
| 人工代替 | 无法人工代替：5分<br>工序库存应对：3分<br>人工代替操作：1分 | 备用设备 | 无备用设备：5分<br>工序库存应对：3分<br>可利用备用设备应对：1分 |
| 其他工序影响 | 后工序影响大：5分<br>后工序影响小：3分<br>只影响本工序：2分<br>个体设备停机无影响：1分 | 费用损失 | 5 000元人民币以上：4分<br>2 000元人民币以上：3分<br>500元人民币以上：2分<br>500元人民币以下：1分 |
| 品质/安全 | 对品质与安全影响大：4分<br>对品质影响大：3分<br>对安全影响大：2分<br>对品质与安全影响小：1分 | 评价等级 | A级设备：18分以上<br>B级设备：11分以上<br>C级设备：10分以下 |

为有效应对设备故障，衡量维保质量以及指引活动方向，故障现象也需要按等级管理。除了上述因素以外，还需考虑故障所带来的产量影响。比如，A级故障使设备停机，造成多少个产品损失；B级故障使设备停机或性能下降，造成多少个产品损失；C级故障造成多少个产品损失等。

## 九、建立计划保全设备管理系统

企业应构建设备系统，并通过系统有效管理保全业务，进行业绩评价，以及提升保全技能。

表4-4为计划保全设备管理系统的模块及内容。

**表 4-4　计划保全设备管理系统的模块及内容**

| 序号 | 系统模块 | 详细内容 |
|---|---|---|
| 1 | 保全计划模块 | 确定维保方针以及优化成本、基准规范等 |
| 2 | 点检管理模块 | 设备点检日期、项目、工具等指令管理 |
| 3 | 施工管理模块 | 施工日程、内容等指令管理及进程管理 |
| 4 | 预算管理模块 | 维保预算的分配及统计等功能 |
| 5 | 备品备件模块 | 备品备件的调配及固定资产、库存管理 |
| 6 | 保全成果评价模块 | 统计维护成果，对接各系统的综合评价 |
| 7 | 设备履历管理模块 | 建立综合性维护履历，记录、统计维护记录 |
| 8 | 技能管理模块 | 定期维护等维护技能管理系统 |
| 9 | 培训模块 | 维护人员培训履历及资格等管理系统 |
| 10 | 图纸管理模块 | 提供生成图纸、存放及查询功能 |

【案例2】

## 某企业设备管理系统架构及界面

某企业设备管理系统架构如下图所示。

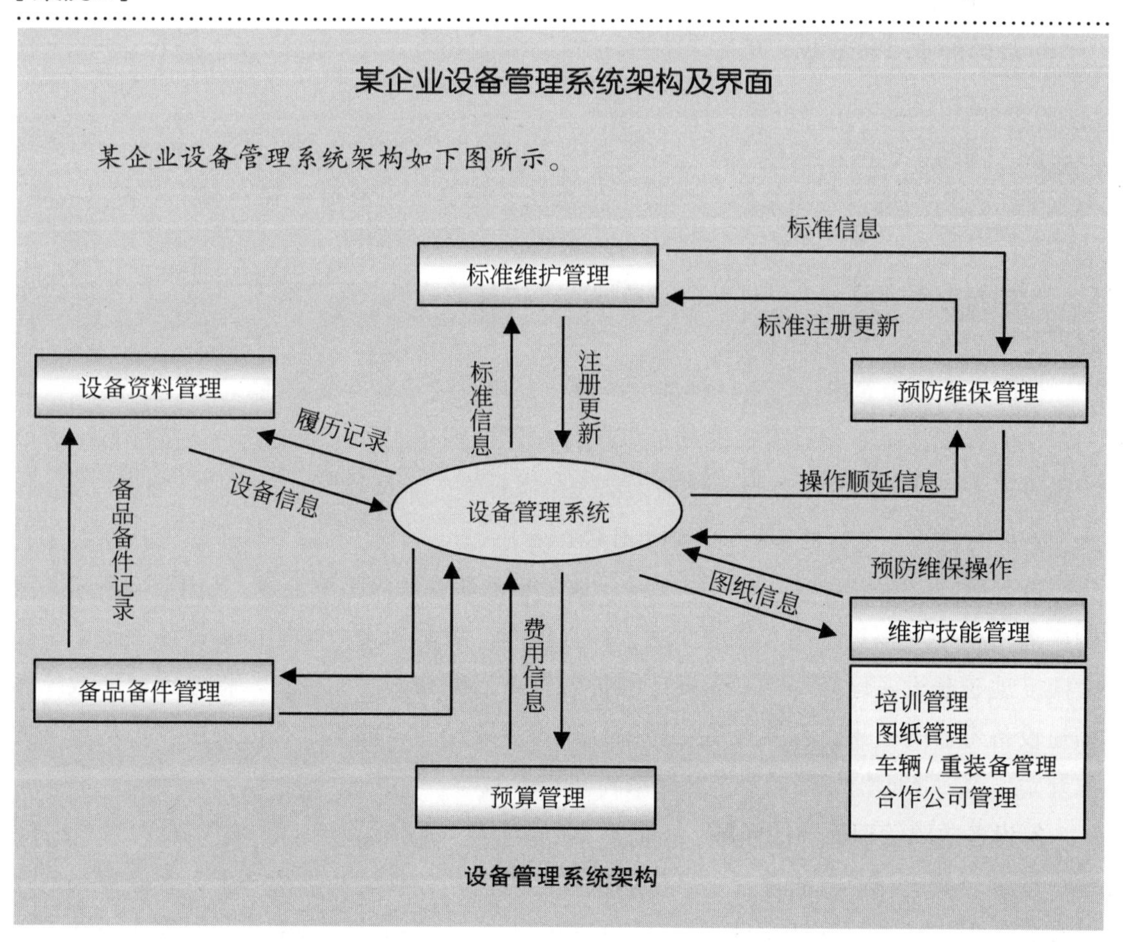

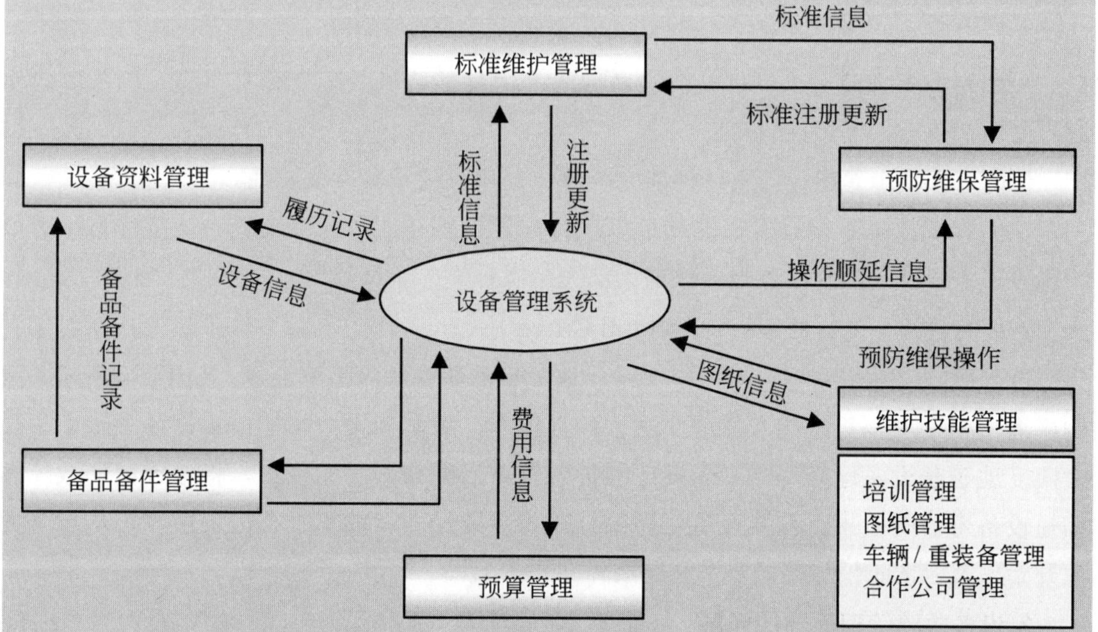


设备管理系统架构

企业设备管理系统界面如下图所示。

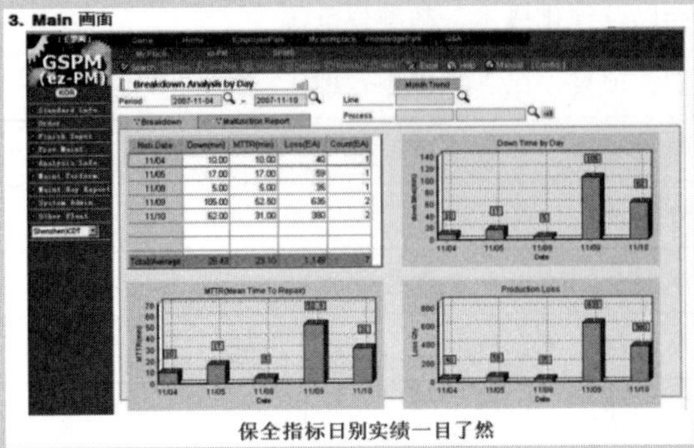

保全指标日别实绩一目了然

企业设备管理系统界面（1）

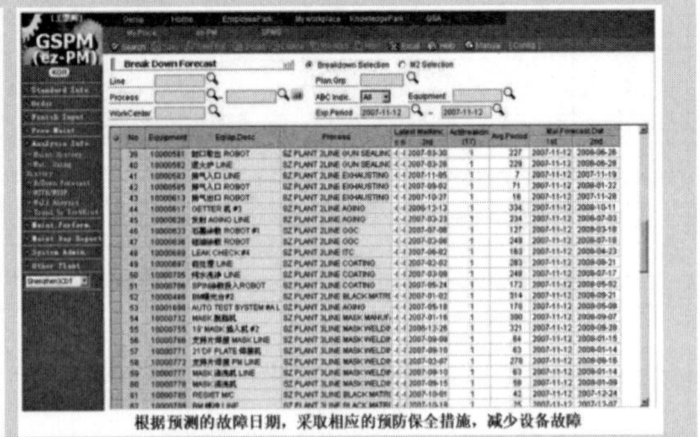

根据预测的故障日期，采取相应的预防保全措施，减少设备故障

企业设备管理系统界面（2）

## 十、故障清零活动

### 1.故障的定义和类型

故障是指设备失去或降低了规定功能。

为大幅减少故障，应有“设备故障是人为引起”的基本思维方式。改变人员的思维和行动，可以实现设备零故障，即员工思想从“设备会出故障”到“不让设备出故障”的转变。

故障根据现象可分为“性能停止故障”和“性能降低故障”两种类型，因故障的重要程度完全不同，需区别管理。

性能停止故障是指设备整体性能完全停止，该类故障具有突发性。

性能降低故障是指设备虽然还可以运行，但个别功能故障或不良，造成停顿、速度下降等损失，该类故障导致设备性能无法完全发挥。

### 2.故障样板（浴缸曲线——Bathtub Curve）

设备故障率与设备寿命有一定关系，该关系曲线又称为浴缸曲线，如图4-4所示。我们应缩短初期磨合稳定期，并彻底进行计划保全，控制偶发故障期最小设备故障率，最大限度地延长设备运行寿命。无设备维护或以事后维修为主的维护，将导致增加故障和缩短设备寿命的后果。重要设备寿命的缩短将导致经营上的重大损失。所以，从设备诞生开始，就应按照预防维护体系开展故障零化的活动。

### 3.设备故障管理面临的问题

设备随着运行时间的推移，老化的进程会加速，为预防故障的产生，企业需采取相对彻底的保全活动，以延长设备寿命，将故障对生产的影响降到最小。但现实中普遍存

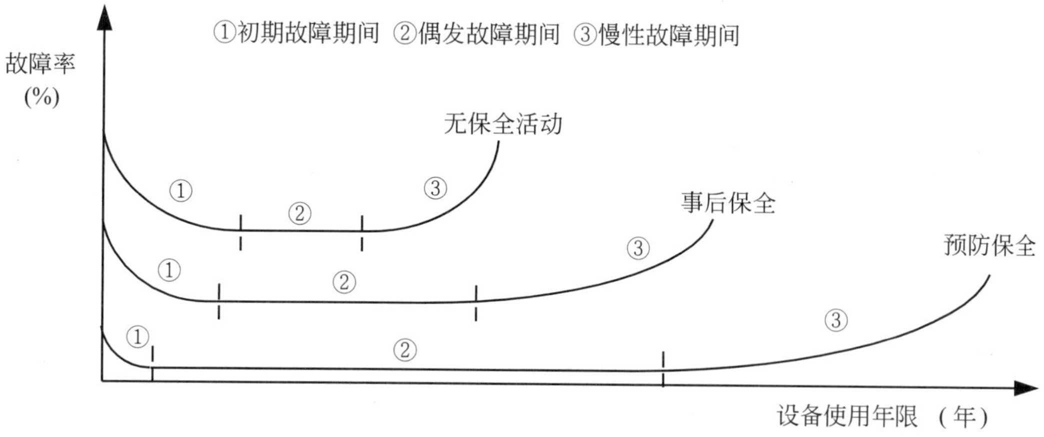


**图4-4　故障率与设备寿命关系图**

在以下问题。

• 发生故障时通过应急措施及简单换件进行处理，这种行为无法减少故障数量。保全的使命就是预防重复问题，所以，企业应彻底分析故障的根本原因，并由保全和生产部门共同制定改善对策。

• 小故障若被忽视将会发展成大故障，所以，企业不能轻看小故障，这也是TPM重视微缺陷的意义所在。

• 操作失误导致的故障无改善对策。生产和保全就像小车上的两个车轮，需紧密协助，方能做好设备管理。维保部门应向生产部门详细传授设备管理知识，这样才能预防操作不当引起的重复故障。

• 故障案例得不到充分共享，导致相似工序的故障重复发生，需要重复排查原因，浪费很多时间。所以，应将相似工序的故障案例和改善案例加以共享，以获得整体协同的效果。

• 维修失误或错误造成设备故障。所以，应培养保全维保人员以专业精神对待工作的责任心。维保人员应确保自己维修的设备无异常，除此之外，还要了解设备与品质之间的相关关系。如果经过维修的设备再次发生故障，使产品的品质得不到保障，那么维保人员就会得不到认可，所以维保人员应努力学习设备维修技能和制造技术。

• 解决慢性故障问题的意志差或维修停滞不前。由于解决重复性故障问题的难度过大，维保人员会失去信心，但解决慢性和高难度问题才是维保人员真正的价值体现，不管多难，都有解决问题的突破口。

**4. 故障清零5大对策**

（1）基本条件的彻底维护

设备基本条件是清扫、注油、紧固3要素，满足设备基本条件是预防设备老化的关键活动，也是避免故障发生的重要活动。

设备周边如不能保持清洁状态，就会因磨损造成设备性能降低，从而导致故障频繁出现。比如，探头（Sensor）是对热量、光线、温度、压力、声音等做出反应或反馈的部件或设施，如未保持清洁或存在异物污染，就容易发生故障。加工点或品道（品质经过路线）尤其要保持清洁状态，如果加工点和品道上存在很多异物，这些异物会进入产品内部引起不良或进入设备内部引发故障。所以，企业应加强清扫，清扫时可以显现潜在缺陷，因此说清扫就是点检。

设备机械如没有按规定添加润滑剂，就无法满足动作要求。设备注油如同人类血液，在设备管理当中起着非常重要的作用。移动、划动、旋转、摩擦、轴承等部位必须要注油。特别是设备内部存在很多轴承时，需定期加注黄油，不然会引起设备故障。

以螺栓螺母为代表，连接部的脱落和松动对设备故障影响也很大。一台设备往往有数百上千个紧固点。螺丝松动了，设备将失去功能，会出现震动、漏油、脱落、精度下降等现象，从而引起很多形式的故障。设备故障的原因中，螺栓螺母缺陷占了很大的比重。

面对这么多的螺丝螺栓，需设备部门和生产部门分配好工作，以彻底进行检查。

（2）熟悉并遵守使用条件

使用条件包括运行条件、加工条件、操作条件、维持条件、环境条件等。设备如偏离使用条件，则无法满足精度和标准，从而引起重复性故障。

使用条件与标准密切相关，所以，企业必须要重点管理设备检查标准和预防保全条件的维护和遵守。

（3）防止老化（强制老化、自然老化）

根据设备老化的时间特性，企业应通过维保和改造等措施，预防和缓解设备老化进程。

设备老化会使薄弱环节频繁出现问题，从而导致重复性故障。为预防故障，企业需针对易老化的薄弱部位提前进行点检和正确判断，并采取更换配件或调试等维护措施，维持设备的正常性能。

设备老化分强制老化和自然老化两类。强制老化是指没有达到设备寿命，但因设备管理问题强制老化的情况。如同人的寿命，设备也有最终极限寿命，自然老化是指正常情况下自然老化的现象。

企业应彻底查找强制老化的原因，并进行复原和预防，以实现零故障和零不良。在这一过程中，需特别努力地排查潜在缺陷。潜在缺陷又分为物理潜在缺陷和心理潜在缺陷。物理潜在缺陷是因位置问题、残渣覆盖、污染等原因不易被发现的缺陷；心理潜在缺陷是因为操作和维护人员的意识或技能不足（比如不关心、放任不管等）造成的缺陷。相比物理潜在缺陷，心理潜在缺陷更恶劣，更需改善。所以，企业在TPM活动中，要致力于培养管理者的管理能力和指导能力，努力改变人员的思想。

（4）改善设计缺陷

为消除设备故障，也要考虑材质、尺寸、形式等的变更，也就是变更设计。如在满足设备基本条件和使用条件的情况下，还持续发生故障，使设备的维护成本增加，这时，就需要重新分析设计方案并改造设备。

很多设备在制造之初就存在设计缺陷。工程部门设计和安装设备时并没有充分满足设备免故障和不良的条件。制造和安装设备时应考虑操作困难、清扫困难、注油困难、检查困难等因素，并在事前充分将其解决。为使设计缺陷降到最低，在设计和安装阶段就应让生产、设备、品质等相关部门参与，并事先开展彻底的评估（监督）和预防工作。

（5）提高操作和保全技能

即使满足上述4种条件，也仍然存在很多因操作失误、修理失误、点检失误等技能不足导致的故障。因而，提高操作者和维保部门维护人员的技能是一项重要课题。

作为生产部门的操作人员，应详细了解岗位内各种设备的基本结构、原理以及操作方法等，并提高发现异常的能力、处置和恢复异常的能力、设定条件和调试的能力、维持管理的能力，同时也要培养设备的维修能力，即“我的设备我维护”的自主保全能力。

更重要的是提高设备维护人员的技能。设备维护人员不仅应熟悉设备的结构和原理，还应具备预防保全和维修的能力。企业应制定集机械、电器、电子等各技能于一体的培训方案，并设置相应的培训场地。

制订个人技能管理计划时，要确定个人的必要技能，明确现水准和目标水准，确定教材和讲师，以实施系统化的培训。

## 十一、保全业务分工

为有效实施设备保全活动，坚持不懈地提高设备综合效率，企业应明确划分维保部门与生产部门的业务职责。

为达成保全目标，应开展预防和维修故障的维持活动，以及延长寿命、缩短时间、简化项目的改善活动。

维持手法分为正常运行、预防保全（日常保全、定期保全、预知保全）和事后保全；改善手法又分为改善可靠性、保全性的改良保全和简化保全设计的保全预防活动。

以上内容又可分为“预防老化”“测量老化”“复原老化”3种活动。这些活动不分轻重，不管出现哪个环节的疏忽，都很难达成保全目的，其中最容易被忽视的环节是“预防老化活动”。

生产部门应完全遵守设备的基本条件（清扫、注油、紧固），检查设备外观，了解老化位置，通过五感尽早发现设备运行的异常情况等。

通过上述活动，人员的点检、操作和调试等运行技能会有所提升，对自主保全活动可起到补充和充实的作用。

维保部门应对自主保全活动提供技术支援，并通过点检、调查、拆解等维护方式，无遗漏地进行老化复原。同时查找设计缺陷，通过保障使用条件和设备改善，提高保全性能。

为确保保全活动的有效性，应根据维保部门和生产部门的能力进行业务分工。当生产部门的自主保全活动能力提升后，逐步增加生产部门的业务量，从而使维保部门更多地投入专业技术和预知保全体系的建设中。

【案例3】▸▸▸

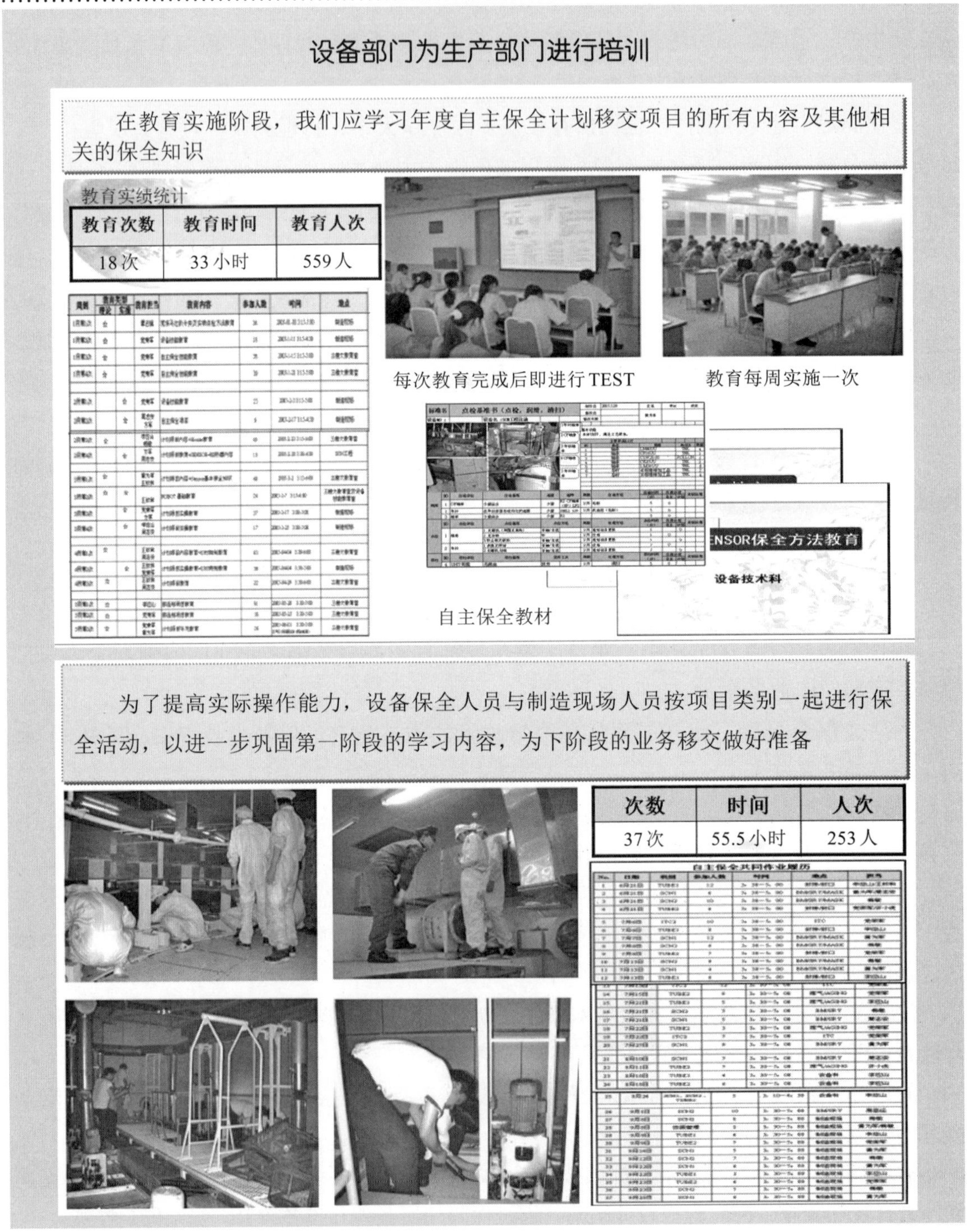
设备部门为生产部门进行培训
在教育实施阶段，我们应学习年度自主保全计划移交项目的所有内容及其他相关的保全知识
教育实绩统计
教育次数 | 教育时间 | 教育人次
18次 | 33小时 | 559人
每次教育完成后即进行TEST
教育每周实施一次
自主保全教材
ENSOR保全方法教育
设备技术科
为了提高实际操作能力，设备保全人员与制造现场人员按项目类别一起进行保全活动，以进一步巩固第一阶段的学习内容，为下阶段的业务移交做好准备
次数 | 时间 | 人次
37次 | 55.5小时 | 253人
自主保全共同作业履历

## 十二、设备可用率（Availability）

可修复的系统或装置在特定时间内维持正常功能的概率，即可用率。它是反映可靠性和保全性的综合性指标。下面用例子加以说明。

**（计算案例）**

| 稼动时间（小时） | 件数 | 累计件数 | 总稼动时间合计（小时） |
|---|---|---|---|
| 0 ～ 10 | 2 | 2 | |
| 11 ～ 20 | 1 | 3 | |
| 21 ～ 30 | 4 | 7 | |
| 31 ～ 40 | 2 | 9 | |
| 41 ～ 50 | 2 | 11 | |
| 51 ～ 60 | 3 | 14 | |
| 61 ～ 70 | 2 | 16 | |
| 71 ～ 80 | 1 | 17 | |
| 81 ～ 90 | 2 | 19 | |
| 91 ～ 100 | 1 | 20 | 935 |

| 故障修理（小时） | 件数 | 累计件数 | 总修理时间合计（小时） |
|---|---|---|---|
| 0 ～ 1.0 | 3 | 3 | |
| 1.1 ～ 2.0 | 5 | 8 | |
| 2.1 ～ 3.0 | 3 | 11 | |
| 3.1 ～ 4.0 | 2 | 13 | |
| 4.1 ～ 5.0 | 2 | 15 | |
| 5.1 ～ 6.0 | 3 | 18 | |
| 6.0 以上 | 2 | 20 | 65 |

$$\text{Availability（A）} = \frac{\text{MTBF}}{\text{MTBF} + \text{MTTR}} \times 100\%$$

$$\text{MTBF} = \frac{\text{总稼动时间}}{\text{故障件数合计}} = \frac{935\text{小时}}{20\text{件}} = 46.75\text{小时/件}$$

$$\text{MTTR} = \frac{\text{总修理时间}}{\text{故障件数合计}} = \frac{65\text{小时}}{20\text{件}} = 3.25\text{小时/件}$$

$$\text{Availability（A）} = \frac{46.75}{46.75 + 3.25} \times 100\% = 93.5\%$$

根据上述公式可知设备可靠性指标平均故障间隔时间（MTBF）为46.75小时，维修指标平均故障修理时间（MTTR）为3.25小时，从而得出可用率（Availability）为93.5%的结果，即此设备随时能够正常使用的概率为93.5%。

从上述案例中可以看出，MTBF（46.75小时）可靠性低，需进一步加强预防保全活动；MTTR（3.25小时）修理时间较长，需完善维护体系，提升维护技能。另外，衡量设备使用价值的另一个重要指标是设备综合效率（OEE）。

## 十三、保全成果指标管理

保全活动成果分为过程评价和结果评价，维保部门应以评价为依据加以改善。随着制造系统的复杂化，维保部门需要不断研究相关指标，并与制造部门等相关部门紧密合作，努力提高生产效率和品质。表4-5为保全成果指标。

表 4-5 保全成果指标

| 项目 | 计算公式 | 周期 | 备注 |
|---|---|---|---|
| 故障件数 | 故障停止件数合计 | 周/月/年 | 大中小分类管理，工厂、生产线、设备管理 |
| 故障时间 | 故障停止时间合计 | 周/月/年 | |
| 故障强度率 | $\frac{\text{故障停止时间合计}}{\text{稼动时间合计}}\times 100\%$ | 月/年 | 0.1以内 |
| 故障频率 | $\frac{\text{故障停止件数合计}}{\text{稼动时间合计}}\times 100\%$ | 月/年 | 0.05以内 |
| 改良保全件数 | 改良保全件数合计 | 季/年 | 个别改善课题、MP提案等 |
| MTBF | $\frac{\text{稼动时间合计}}{\text{故障件数合计}}$ | 月/年 | 提升2～10倍 |
| MTTR | $\frac{\text{修理时间合计}}{\text{故障件数合计}}$ | 月/年 | 每台设备管理 |
| 可用率 | $\frac{\text{MTBF}}{\text{MTBF+MTTR}}\times 100\%$ | 月/年 | 97%以上 |
| 保全费 | 修缮费+消耗品费+设备部门人工费 | 月/年 | 降低成本数据 |
| 保全费率 | $\frac{\text{保全费}}{\text{生产成本}}\times 100\%$ | 月/年 | 降低成本数据 |
| 能源原单位 | $\frac{\text{水电、燃气、压缩空气等使用量总费用}}{\text{生产量}}$ | 月/年 | 降低成本数据 |
| OEE | 时间稼动率×性能稼动率×良品率 | 周/月/年 | 85%以上 |
| PM执行率 | $\frac{\text{实施PM数}}{\text{计划PM数}}\times 100\%$ | 周/月/年 | 95%以上 |

续表

| 项目 | 计算公式 | 周期 | 备注 |
|---|---|---|---|
| 备品备件安全库存达成率 | $\frac{\text{安全库存达成项目}}{\text{总项目数}}\times100\%$ | 月/年 | 最大量、最小量、订货点 |
| 备品备件库存费用 | 备品备件总库存费用 | 月/年 | 降低成本数据 |
| 紧急（EM）保全率 | $\frac{\text{EM数}}{\text{PM数+EM数}}\times100\%$ | 周/月/年 | 1%以内 |
| 故障损失额 | 故障停止时间×单位时间价值 | 周/月/年 | 成本节俭目标指标 |
| 技能证持证率 | $\frac{\text{技能证持证人员}}{\text{总人员}}\times100\%$ | 月/年 | 全员推广 |
| 多技能达成率 | $\frac{\text{多技能目标达成人员}}{\text{总人员}}\times100\%$ | 月/年 | 逐步提升多技能水平 |

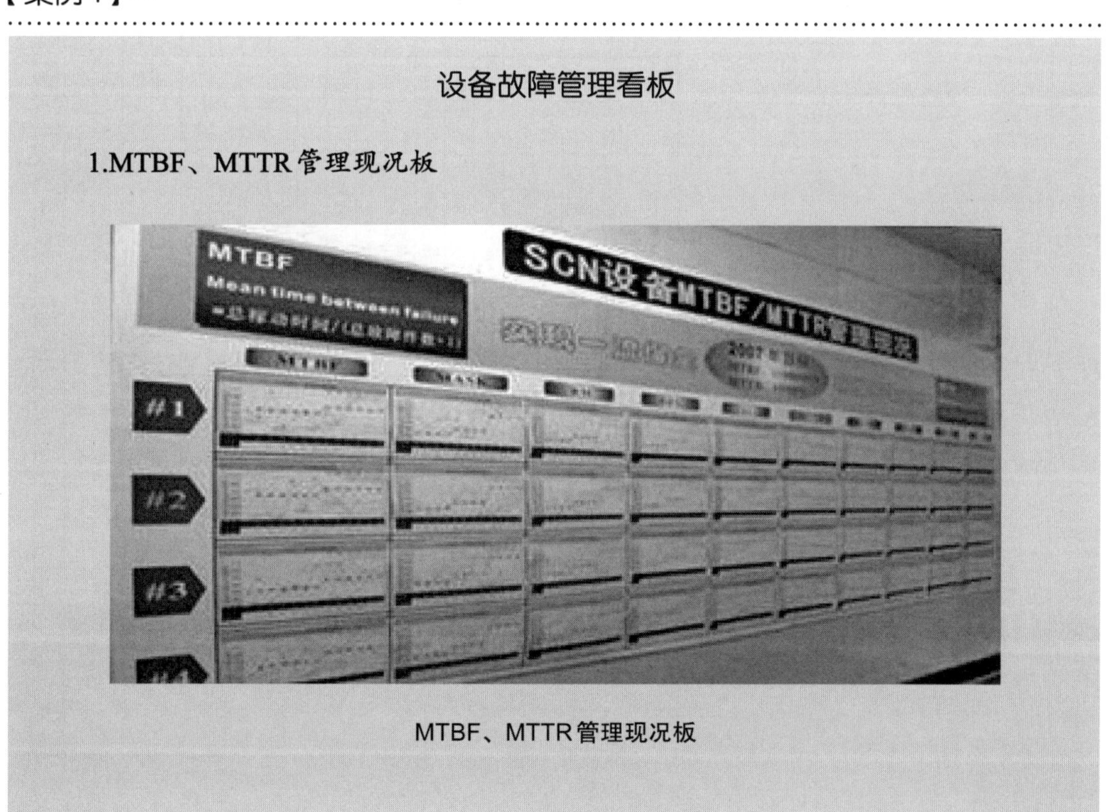

【案例4】

## 设备故障管理看板

**1.MTBF、MTTR管理现况板**

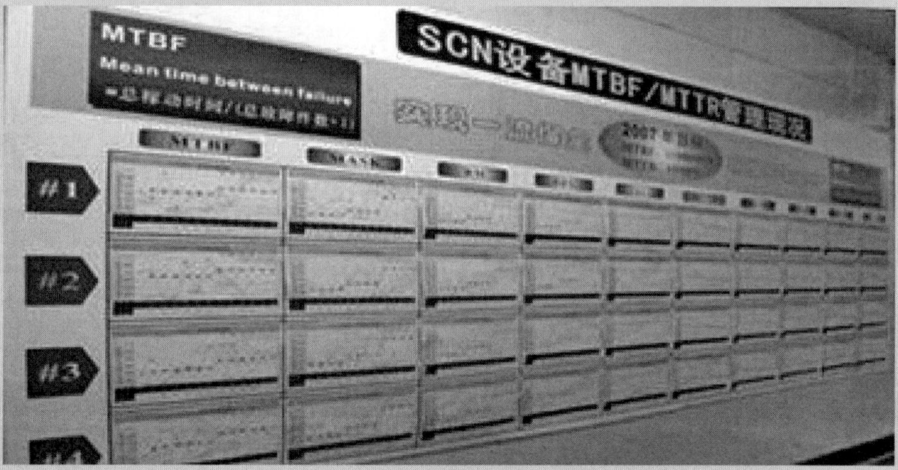


MTBF、MTTR管理现况板

## 2.点检基准书样板

| 设备基本工艺 | | | | |
|---|---|---|---|---|
| 注入液晶物质并施加压力保持设定间隔并进行密封。 | | | | |
| 主要部件清单 | | | | |
| No. | 名称 | 规格 | 品牌 | 数量 |
| 1 | 丝杆机构 | BTK1605-2 | THK | 1 |
| 2 | 丝杆机构 | RTFTL3210A5S | NSK | 1 |
| 3 | 滑块 | SR25 | THK | 16 |
| 4 | 轴承 | 6005Z | KBC | 2 |
| 5 | 直线轴承 | LM20UU | SAMICK | 4 |
| 6 | 气缸a | MY1B25-400L | SMC | 2 |
| 7 | 气缸b | CQ2B100-30D | SMC | 4 |
| 8 | 电机 | USM590-512W | ORIENTAL | 1 |

| | No. | 分类 | 润滑部位 | 注油基准 | 注入量 | 润滑油 | 周期 | 注油方法 | 耗时(分钟) | 负责部门 | |
|---|---|---|---|---|---|---|---|---|---|---|---|
| | | | | | | | | | | 生产 | 设备 |
| 注油 | 1 | 直线移动 | 导轨 | 导轨表面形成油膜(棉棒确认) | 适量 | 导轨专用油 | 3个月 | 油枪注油 | 20 | | ○ |
| | 2 | 直线移动 | 丝杆 | 丝杆表面形成油膜(棉棒确认) | 适量 | 导轨专用油 | 3个月 | 油枪注油 | 10 | | ○ |

| | No. | 分类 | 点检部位 | 点检基准 | 点检方法 | 周期 | 问题处理方法 | 耗时(分钟) | 负责部门 | |
|---|---|---|---|---|---|---|---|---|---|---|
| | | | | | | | | | 生产 | 设备 |
| 点检 | 1 | 产品加工区 | 电机联轴器 | 排查是否存在松动或破损 | 目视检查 | 每周 | 点检/更换 | 10 | ○ | |
| | | | 电机与减速器 | 表面无异常发热(80℃以下) | 触觉检查及测温器 | 每周 | 点检/更换 | 5 | ○ | |
| | | | | 运行顺滑无异常噪声,机油量正常 | 目视及听诊器检查 | 每周 | 点检/调试 | 3 | ○ | |
| | | | 丝杆轴承 | 运行无异常噪声 | 目视和听觉检查 | 每周 | 点检/更换 | 3 | ○ | |
| | | | 丝杆 | 运行无异常噪声 | 听觉检查 | 1个月 | 点检/调试 | 10 | | ○ |
| | | | | 无磨损铁屑和异物发生 | 目视检查 | 1个月 | 调试/更换 | 20 | | ○ |
| | | | 气缸 | 运行动作顺滑无抖动 | 目视检查 | 每周 | 调试/更换 | 10 | | ○ |
| | 2 | 产品固定 | 加压气缸 | 确认气缸压力值是否在绿色区间 | 目视检查 | 每周 | 点检/调试 | 3 | ○ | |
| | | | | 轴承动作顺滑 | 目视检查 | 每周 | 点检/调试 | 3 | ○ | |
| | | | 气缸 | 气管连接无漏气 | 触碰和听觉检查 | 每周 | 点检/更换 | 5 | ○ | |
| | | | 电磁阀 | 运行时动作指示灯正常显示 | 目视检查 | 每周 | 点检/更换 | 10 | ○ | |
| | | | 气管及接口 | 气管外观无破损和扭曲 | 目视检查 | 每周 | 调试/更换 | 5 | ○ | |
| | | | | 气管连接处无漏气现象 | 触碰和听觉检查 | 每周 | 点检/更换 | 3 | ○ | |
| | | | 气压调节 | 调节阀及气压表无破损 | 目视检查 | 每周 | 点检/更换 | 5 | ○ | |
| | 3 | 紫外线灯箱 | 报警记录 | 确认报警频次 | 系统记录 | 每周 | 调试/更换 | 10 | ○ | |
| 耗时及职责分工(生产部门/设备部门) | | | | | | | | 135 | 12 | 5 |

点检基准书样板

## 【案例5】

# 某企业设备基本信息管理

**背景**

- 需要创建设备基本信息体系
- 通过重点设备项目，提高稼动率和品质

**目的**

- 通过管理重点设备，确保产品品质
- 确定设备最佳维护周期和维护方法

**活动内容**

□设备等级别保全方式

| 区分 | TBM | CBM | B.M | CM |
|---|---|---|---|---|
| A级 | A级设备 | 旋转设备、温度监控、分析震动 | 确定重复故障对策 | 改善设备 |
| B级 | 驱动润滑 | | | |
| C级 | | | | |

□设备等级现况

| 区分 | A级 | B级 | C级 | 合计 | 备注 |
|---|---|---|---|---|---|
| 1工厂 | 80 | 232 | 287 | 599 | |
| 2工厂 | 81 | 251 | 310 | 642 | |
| 3工厂 | 75 | 303 | 161 | 539 | |
| 合计 | 236 | 786 | 758 | 1 780 | |

□设备等级评价基准

| 项目 | 基准 | 项目 | 基准 |
|---|---|---|---|
| 是否能够人工操作 | 无法人工操作：5分<br>能够利用库存：3分<br>人工操作：1分 | 是否有替代设备 | 无备用设备：5分<br>工序库存应对：3分<br>可利用备用设备应对：1分 |
| 其他工序影响 | 对后工序影响大：5分<br>对后工序影响小：3分<br>只影响本工序：2分<br>个别停止无影响：1分 | 损失费用 | 5 000元人民币以上：4分<br>2 000元人民币以上：3分<br>500元人民币以上：2分<br>500元人民币以下：1分 |
| 品质与安全 | 对品质和安全影响大：4分<br>品质影响大：3分<br>安全影响大：2分<br>品质与安全影响小：1分 | 等级基准 | A级设备：18分以上<br>B级设备：11分以上<br>C级设备：10分以上 |
| 其他 | 1. 设备停滞5分钟以上判定为故障<br>2.RM/SRY工序设备根据工艺特点，除了曝光台和Mask洗净设备，全部都是A级设备<br>3.Neck再生和制造技术调查室以及品质管理设备，按照C级设备管理<br>4. 荧光粉工厂设备按C级设备管理 | | |

□设备信息管理系统

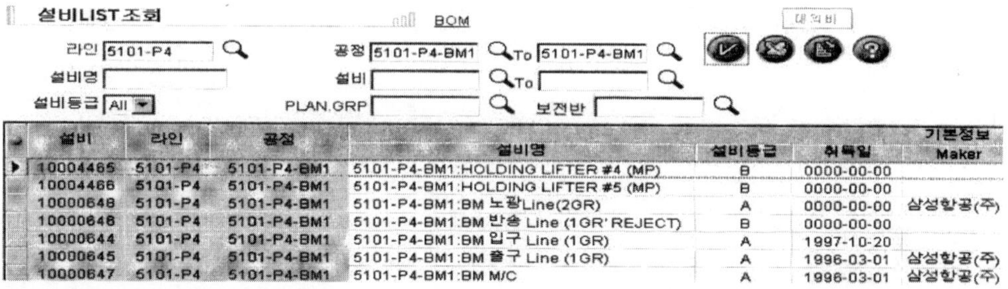
설비LIST조회　BOM

라인 5101-P4　공정 5101-P4-BM1 To 5101-P4-BM1

설비명　설비 To

설비등급 All　PLAN.GRP　보전반

| 설비 | 라인 | 공정 | 설비명 | 설비등급 | 취득일 | 기본정보 Maker |
|---|---|---|---|---|---|---|
| 10004465 | 5101-P4 | 5101-P4-BM1 | 5101-P4-BM1:HOLDING LIFTER #4 (MP) | B | 0000-00-00 | |
| 10004466 | 5101-P4 | 5101-P4-BM1 | 5101-P4-BM1:HOLDING LIFTER #5 (MP) | B | 0000-00-00 | |
| 10000648 | 5101-P4 | 5101-P4-BM1 | 5101-P4-BM1:BM 노광Line(2GR) | A | 0000-00-00 | 삼성항공(주) |
| 10000646 | 5101-P4 | 5101-P4-BM1 | 5101-P4-BM1:BM 반송 Line (1GR'REJECT) | B | 0000-00-00 | |
| 10000644 | 5101-P4 | 5101-P4-BM1 | 5101-P4-BM1:BM 입구 Line (1GR) | A | 1997-10-20 | |
| 10000645 | 5101-P4 | 5101-P4-BM1 | 5101-P4-BM1:BM 출구 Line (1GR) | A | 1996-03-01 | 삼성항공(주) |
| 10000647 | 5101-P4 | 5101-P4-BM1 | 5101-P4-BM1:BM M/C | A | 1996-03-01 | 삼성항공(주) |

**活动成果**

- 通过重点设备管理，提高设备稼动率
- 减少A级设备，并确保生产品质

**向后计划**

- 制定设备等级预防保全体系
- 增加设备基本信息管理项目

【案例6】▸▸▸

## 某企业备品备件（Spare Parts）管理

**背景**

- 突发故障时因备品不足导致修理时间延长
- 安全库存量管理不善导致保全费用增加

**目的**

- 提高保全工作效率
- 必要备品所需数量
- 节省费用供应

**活动内容**

□基本流程

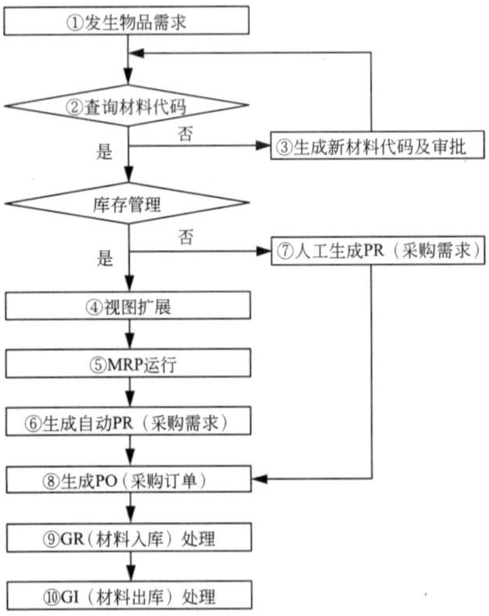

□备品备件

| 大分类 | 中分类 | 内容 | 举例 |
|---|---|---|---|
| Stock（库存管理项目） | MRP（自动订单） | 仓库管理库存项目，单价1000元以上且设备故障时影响重大的备品，自动生成PR（采购需求） | 气缸、马达、轴承、减速器、链条、泵等 |
| | ND（人工订单） | 仓库管理库存项目，通过人工操作生成PR（通过一定周期定期使用MRP） | |
| Non Stock（非库存管理项目） | 加工品 | 需要时自己能够制作的备品 | 轴等 |
| | 散装品 | 每月使用数量30个以上且价格1000元以下 | 螺栓螺母等 |
| | 其他 | 采购物品当中即使发生故障也不影响生产的材料 | 电线、管道等 |

**活动成果**

- 迅速响应突发故障，减少等待和延迟
- 管理安全库存，维持库存，减少费用

**向后计划**

- 通过备品标准化，提高可靠性，延长寿命
- 开发国产化备品，节约修缮费用

## 【案例7】▸▸▸

# 预防重复故障活动

**背景**

- 分析故障真正原因的能力不足
- 对故障的分解能力不足

**目的**

- 分析引起故障的真正原因，以预防类似故障
- 提高保全技能和分析故障能力，及短时间内改善的能力

**活动内容**

□基本流程

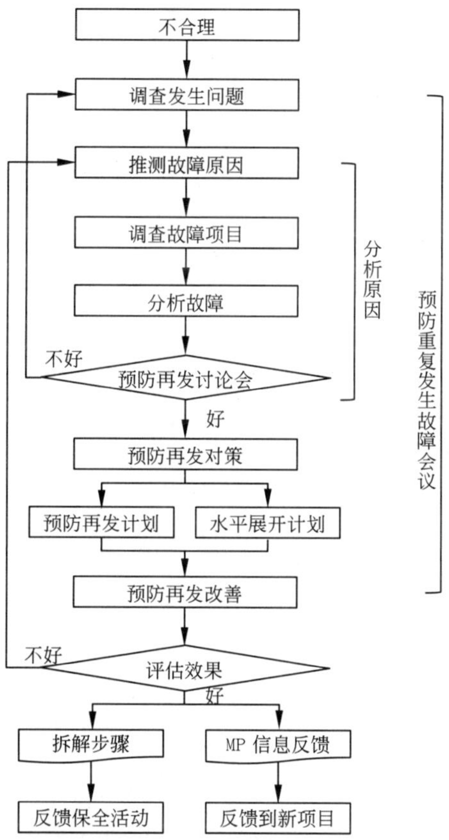


□故障分析表

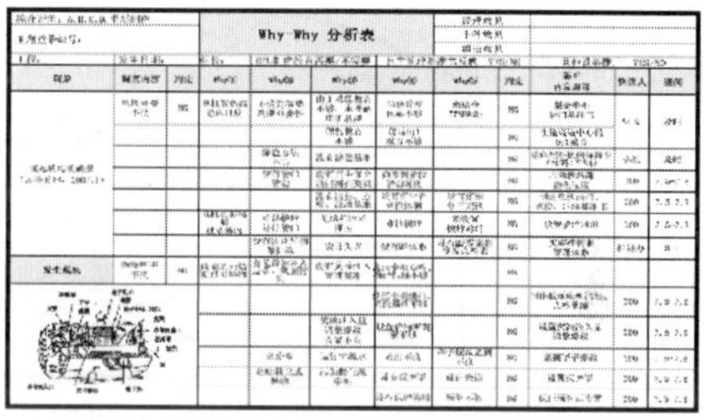

□现场改善讨论

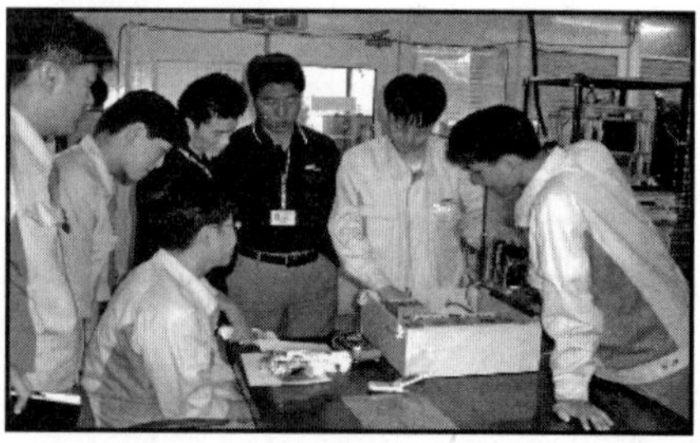

□改善效果

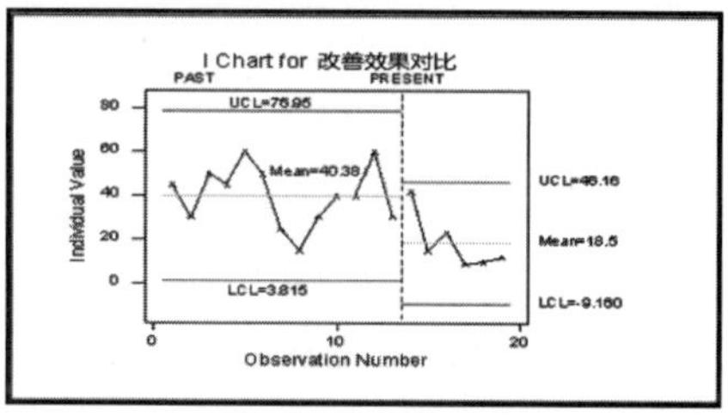


**活动成果**

- 分析真正故障原因，减少MTTR 29分钟→25分钟
- 解决真正故障原因，提高改善和改良

**向后计划**

- 将设备改善标准应用到保全预防系统
- 扩散改良与改善，提高保全品质

【案例8】

## 保全要员 Skill-up（技能提升）活动

**背景**

- 技术薄弱部分需要提高技能
- 引进新设备时培训相应维护人员

**目的**

- 通过保全人员多技能化，提高响应速度
- 应对引进的新设备和新技术

**活动内容**

培养优秀的设备人才

- ☞ 培养多技能人员
- ☞ 培养自主保全专家
- ☞ 培养核心人力
- ☞ 培养专业保全专家

学习主题内容、专业实习、
运营萤火虫学堂、EVENT活动、
自主保全点检培训、兴趣活动

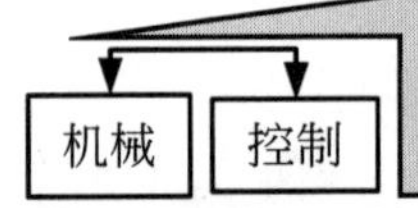

机械　控制　　电子　系统

| 培训内容 | 培训用具 | 讲师 |
| --- | --- | --- |
| -制作教材 | -构建技能培训场地 | -培养内部讲师 |
| -设计培训方案 | -准备视听培训道具 | -聘请外部讲师 |
| -视听和实习相结合培训 | -制作现场实习工具 | -利用网络资源 |
| -应用网络资源 | -构建在线培训系统 | |

□定量目标

| 区分 | 现水准 | 目标 | 备注 |
| --- | --- | --- | --- |
| 专业保全培训 | 1 290小时 | 2 900小时 | 运营设备信息网站 |
| 自主保全培训 | 200小时 | 1 000小时 | |
| 特别活动培训 | 3次 | 12次 | |

□定性目标

- 培养优秀的设备人才
- 构建机电人才基础
- 提高自主保全点检技能
- 运营内部设备信息平台

**活动成果**

- 提高技术薄弱部分技能
- 提高对新设备的适应能力

**向后计划**

- 通过保全人员多技能化，实现机电一体化
- 创建新设备引进的迅速应对体系

05

# 第五章 TPM个别改善活动

## 一、个别改善活动概要

个别改善是指以设备或装置、工序（生产线）及工厂整体为对象，为彻底消除损失、提高性能、挑战极限效率而开展的一切活动。个别活动也可以解释成企业经营战略核心要素的分解以及体系导出项目的改善手段。

相比单台设备，生产线的个别改善活动，最好以整条产线作为对象，并使用设备综合效率（生产综合效率）作为评价个别改善活动的指标。生产线个别改善方面，首先对工厂所有生产线的生产效率、品质、成本等问题进行综合分析，然后选择设备综合效率低的产线，针对低效问题采取集中改善措施，以提升所有产线的设备综合效率。

为做好个别改善，企业应通过培训确保员工的改善能力。改善成果的大小取决于对IE、6 Sigma、VE、QC等改善工具的掌握程度和产品工艺及设备技术的水平。个别改善，应利用改善提案，从小的改善开始实践，提高所有业务的标准落实率，并为降低成本的材料费、人工费、能源费、消耗修缮费、物流费，与各部门协作，开展自主保全、计划保全、品质保全、培训等活动。

## 二、个别改善活动体系

个别改善活动体系，如图5-1所示。

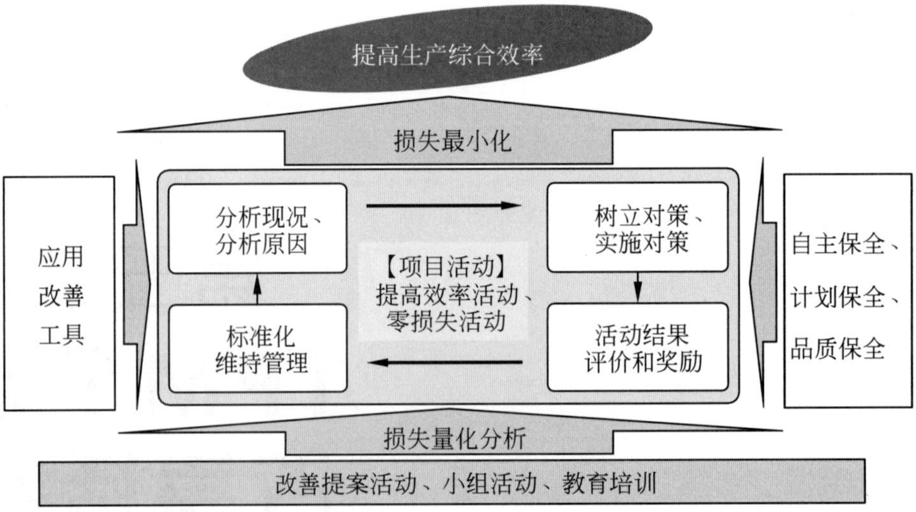


图5-1　个别改善活动体系图

## 【案例1】

某企业个别改善总体规划（Master Plan）

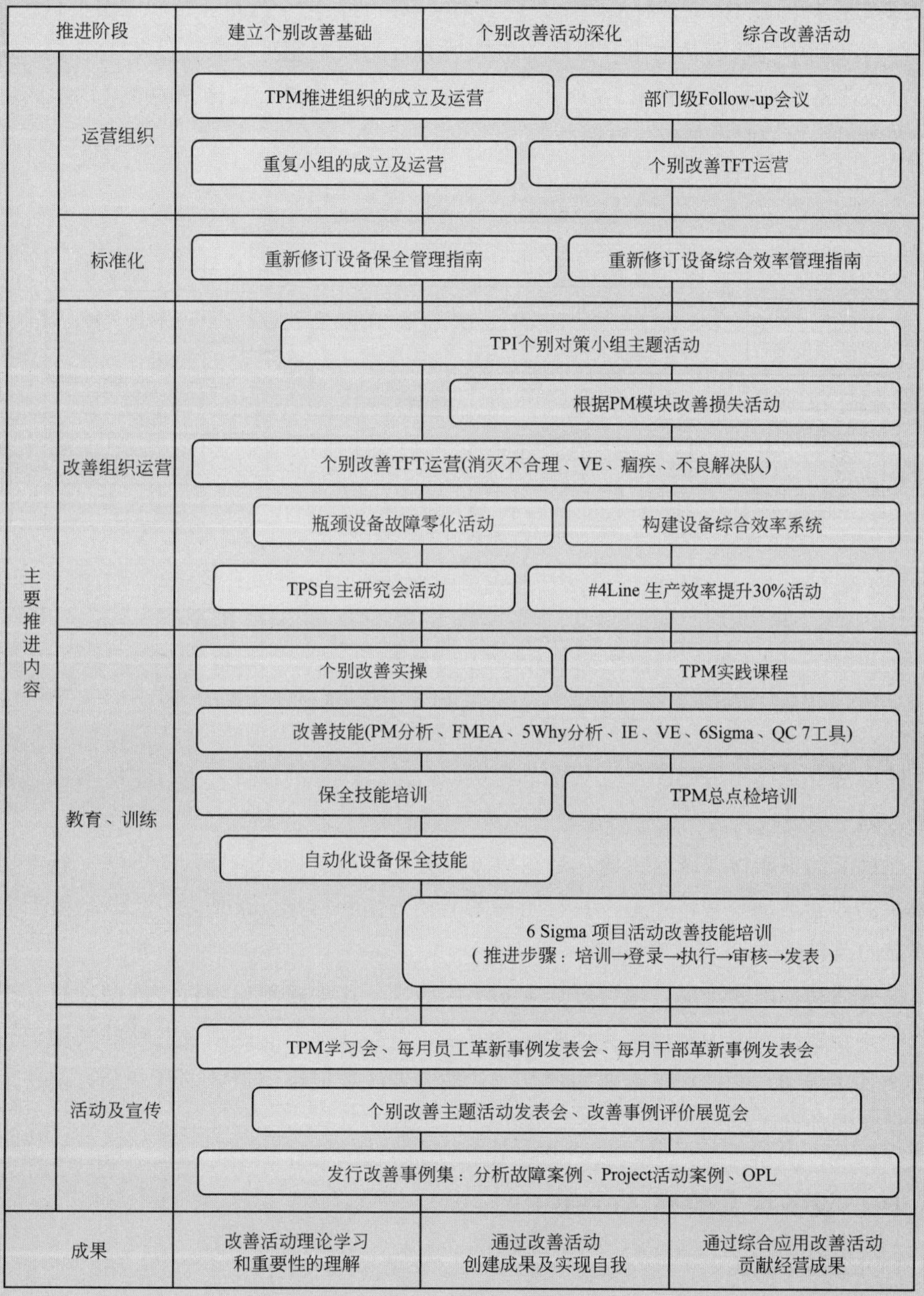
推进阶段
建立个别改善基础
个别改善活动深化
综合改善活动
主要推进内容
运营组织
TPM推进组织的成立及运营
部门级Follow-up会议
重复小组的成立及运营
个别改善TFT运营
标准化
重新修订设备保全管理指南
重新修订设备综合效率管理指南
改善组织运营
TPI个别对策小组主题活动
根据PM模块改善损失活动
个别改善TFT运营(消灭不合理、VE、痼疾、不良解决队)
瓶颈设备故障零化活动
构建设备综合效率系统
TPS自主研究会活动
#4Line 生产效率提升30%活动
教育、训练
个别改善实操
TPM实践课程
改善技能(PM分析、FMEA、5Why分析、IE、VE、6Sigma、QC 7工具)
保全技能培训
TPM总点检培训
自动化设备保全技能
6 Sigma 项目活动改善技能培训
（推进步骤：培训→登录→执行→审核→发表）
活动及宣传
TPM学习会、每月员工革新事例发表会、每月干部革新事例发表会
个别改善主题活动发表会、改善事例评价展览会
发行改善事例集：分析故障案例、Project活动案例、OPL
成果
改善活动理论学习
和重要性的理解
通过改善活动
创建成果及实现自我
通过综合应用改善活动
贡献经营成果

## 三、浪费与项目活动

企业为提升利润，应努力增加产量等输出，同时减少成本投入。在减少投入方面，企业应在整体范围内彻查各种浪费，并有效地采取改善活动，为企业利润做出贡献。

经营活动中的浪费是指未产生附加值的所有行为。企业对人员、设备、成本、流程等持续发生的管理浪费（如图5-2所示）全部曝光之后，应进行量化并达成共识，这是解决问题的机会，同时也是解决问题的起点。

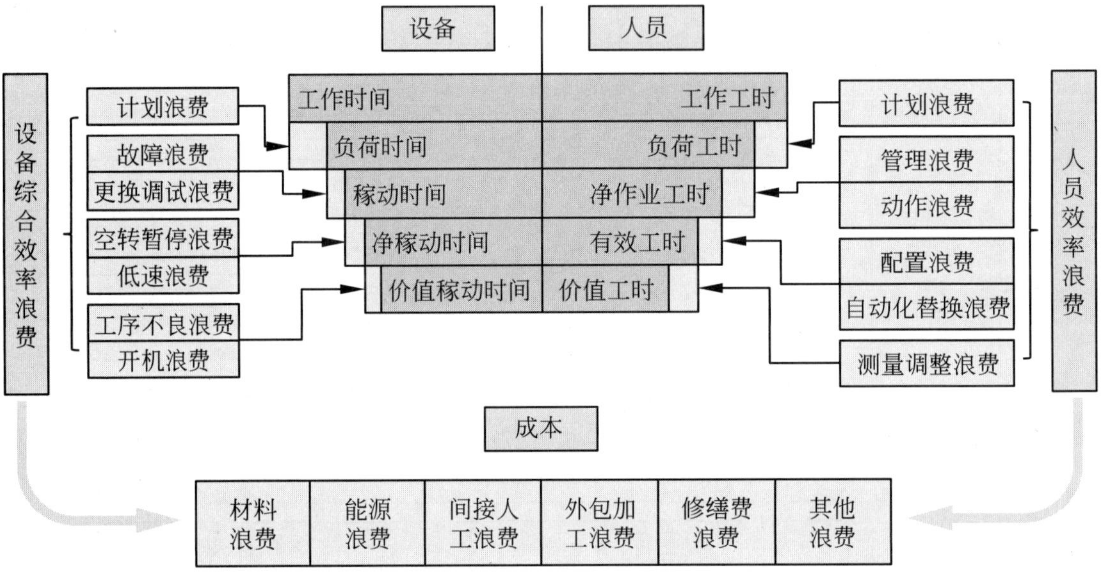


图5-2 设备、人员、成本浪费类别

解决浪费是逐步进行的，应从简单和短期内可以改善的项目入手，难度大或问题复杂的，则可通过项目活动来加以解决。

项目活动也叫做课题、主题，是指原方案无法实现目标时，投入新方法、新方案加以解决的改善活动。其特点是，具有明确的活动方向和目标以及期限，且活动前后能取得明显的改善效果。

根据活动范围和难度，项目可划定为不同级别，比如跨部门项目、部门项目、小组项目等。查找根本原因、设定合理的解决方法、掌握改善技能是项目活动的关键。为彻底解决各类浪费，企业应从专业的角度，调动企业各职能部门资源，开展全方位、全力协作模式的项目活动。

## 四、设备综合效率（OEE）

### 1.OEE基本概要

设备综合效率OEE（Overall Equipment Effectiveness）作为设备生产效率的指标，可

以量化设备产能。OEE是设备效率和流程效率的综合体现，代表当前的流程效率。设备综合效率的计算公式为：

OEE＝时间稼动率×性能稼动率×良品率

时间稼动率代表时间概念，性能稼动率代表设备速度，良品率是总产量中良品所占比率。

设备综合效率，代表相同设备在单位时间内生产更多良品的能力，即在没有额外设备投入下增加产能的能力，同时也反映了缩短交货期和应对更多客户要求的能力。

随时间流逝，设备管理、维护、换件等时间耗费趋于增加趋势，企业应坚持管理设备效率指标，确认整体流程效率的变化。如果从数学角度计算这些因素的影响，将会很复杂，但利用设备综合效率方式进行评估则会迎刃而解。

**2.影响OEE的6大损失**

为提高设备综合效率，需要正确查找影响设备综合效率的损失。对各大损失发生情况进行推移管理，分析发生原因，制定正确对策，并予以实施，才能改善设备综合效率。

影响设备综合效率的6大损失为：故障、换型、空转及暂停、低速、不良、开机损失。

停机又分为性能停止和性能下降两类，通常停机5分钟以上的性能停止为停机损失。

换型调整时间也是停机损失。另外，设备运行中往往会忽视空余投入所产生的空转损失，这也需要作为损失项目纳入管理。

关于暂时卡顿等设备性能下降型故障，通常把5分钟以内故障作为暂停损失项目，不良和修理及报废等与品质相关的损失叫做不良损失，开机损失是设备开机时影响设备运行且预热、调试等无法投入生产的情况。

为管理好设备综合效率，应详细制定定义、理论产能、责任与作用、改善体系等内容，并进行实质性管理，使成果最大化。图5-3为影响OEE的6大损失及主要改善措施。

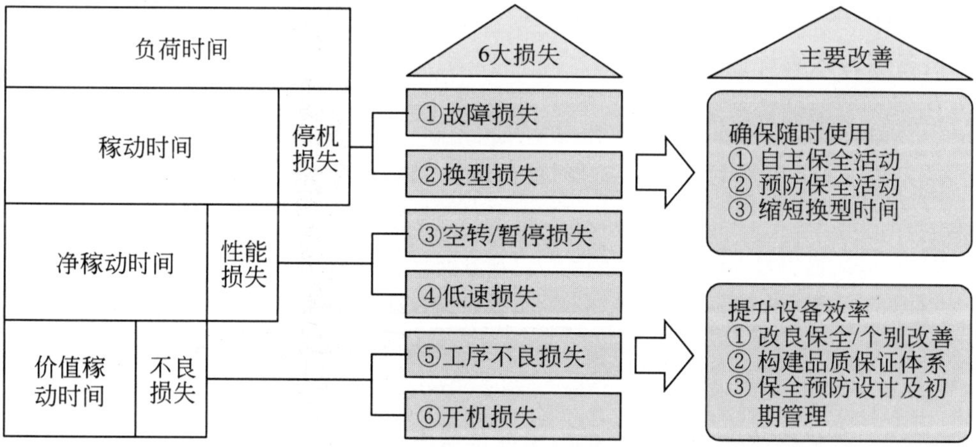


**图5-3　影响OEE的6大损失及主要改善措施**

### 3. 主要术语

（1）计划损失

① 交接时间：进行交接班而发生的设备停机时间。

② 就餐或休息：工作中因就餐或休息而发生的设备停机时间。

③ 生产中断：工作时间内因紧急情况发生的计划性中断生产的时间。

④ 计划保全：工作时间内因预防保全而停止设备运行的时间。

⑤ 测试：工作时间内因研发或品质原因发生的设备运行时间，即终止正常生产到测试生产中断后转入正常生产的时间。

（2）停机损失

① 设备故障：稼动当中的设备停止会导致设备失去性能，通常为5分钟以上的中断和实施保全措施时的设备停止时间。

发生故障时，不计入生产损失，而是统计到故障时间。

② 动力故障：水、电、燃气等供应问题导致的生产中断时间。

③ 换型：同一条生产线更换其他型号产品时，原产品停止到新良品产出所需的时间。

④ 物流不足：前工序原因导致的生产中断时间或损失换算的时间。

⑤ 物流调整：后工序原因导致的生产中断时间或损失换算的时间。

⑥ 材料断货：使用材料供应中断导致的生产中断时间。

⑦ 品质问题：品质问题导致的生产中断时间或损失换算的时间。

（3）性能损失

① 低速运行：实际Index（指标）比理论Index慢导致的损失。

② 暂停：非有意停止或空转的暂停，如设备、人员、材料、工作方法等因素导致的暂停，不需要维保部门介入，可现场自行恢复运行。

通常系统每次按30秒计算损失，如有统计时间可按时间记录。

③ 空转：设备运行中，因未投入产品而出现空转的时间。

### 4. 设备综合效率计算公式

设备综合效率的计算公式为：

$$设备综合效率=时间稼动率\times性能稼动率\times良品率$$

其中：

$$时间稼动率=\frac{稼动时间}{负荷时间}=\frac{工作时间-计划停机时间-停机时间}{工作时间-计划停机时间}$$

$$性能稼动率=速度稼动率\times净稼动率=\frac{实际产量}{理论（最佳）产量}$$

$$良品率=\frac{产量-不良数量}{产量}=\frac{产量-(损失数量+再作业数量)}{产量}$$

$$速度稼动率=\frac{理论循环时间}{实际循环时间}$$

$$净稼动率=\frac{实际稼动时间}{稼动时间}=\frac{实际循环时间\times产量}{稼动时间}$$

（1）时间稼动率

设备初始安装时能够正常稼动，但随着时间的推移，需要越来越多的维护或更换配件时间。除了上述可预测部分，还会出现如故障等其他无法预测的停机。

为体现上述情况，可使用设备时间稼动率指标，即用可工作时长减去计划停机时间后为负荷时间，再减去非计划性工作中的停机时间，然后除以计划运行时间。

很多企业计算负荷时间时，用日历工作时间减去计划停止时间，因为企业从投资的立场来说，希望设备最大限度地运行，以创造利润。

通过可运行时间计算时间稼动率的方法如下。

**[例题]**

每天可工作20小时、计划停机1小时的设备，运行结果出现了1.5小时故障，时间稼动率计算如下：

时间稼动率=[(工作时间−计划停机时间)−停机时间]÷(工作时间−计划停机时间)

=[(20−1)−1.5]÷(20−1)=0.92

即此设备的时间稼动率为92%。

（2）性能稼动率

性能稼动率是指在实际投入的稼动时间内，理论生产周期时间产量与实际产量的比值。

**[例题]**

每天可工作20小时、计划停机1小时的设备，运行结果出现了1.5小时故障，理论循环时间是0.5分钟（30秒），实际一天生产数量为1 700个，实际稼动时间是17.5小时，性能稼动率计算如下：

性能稼动率=实际产量÷理论产量=1 700÷[(60×17.5)÷0.5]=0.81

即设备性能稼动率为81%。

（3）良品率

良品率是通过测试的良品占总投入生产数量的比例。

**[例题]**

每天可工作20小时、计划停机1小时的设备，运行结果出现了1.5小时故障，理论循环时间是0.5分钟（30秒），实际一天生产数量为1 700个，其中良品1 630个、不良品70个，良品率计算如下：

良品率＝良品数 ÷ 产量=1 630 ÷ 1 700=0.96

此设备良品率为96%。

设备综合效率＝时间稼动率 × 性能稼动率 × 良品率=0.92 × 0.81 × 0.96=0.72

即设备综合效率为72%。

**【案例2】**

## 某企业设备综合效率管理表

2020年7～9月份数据

| 区分 | | 1工厂 | 2工厂 | 3工厂 | 4工厂 | 5工厂 | 6工厂 | 7工厂 | 综合 | 比率(%) |
|---|---|---|---|---|---|---|---|---|---|---|
| 设备综合效率 | | 86.2 | 88.8 | 87.6 | 85.6 | 88.8 | 94.9 | 92.9 | 89.6 | — |
| CAPA（理论产能） | | 849 228 | 3 822 427 | 4 694 840 | 1 105 100 | 787 314 | 2 827 429 | 1 575 086 | 15 661 424 | — |
| 良品数 | | 731 932 | 3 394 209 | 4 114 252 | 946 147 | 699 168 | 2 684 244 | 1 462 735 | 14 032 687 | — |
| 损失(%) | | 1.45 | 0.19 | 0.69 | 0.60 | 0.17 | 0.12 | 0.01 | 0.40 | 3.8 |
| | 停机损失 | 3.29 | 0.76 | 6.56 | 15.87 | 2.32 | 0.91 | 3.09 | 4.04 | 38.0 |
| | 性能损失 | 8.65 | 9.80 | 3.96 | 0.24 | 8.12 | 3.81 | 3.52 | 5.51 | 51.9 |
| | 不良损失 | 0.41 | 0.45 | 1.16 | 0.97 | 0.59 | 0.23 | 0.51 | 0.67 | 6.3 |
| | 小计 | 13.81 | 11.20 | 12.37 | 17.68 | 11.20 | 5.07 | 7.13 | 10.63 | 100.0 |

| | | | | | | | | | | |
|---|---|---|---|---|---|---|---|---|---|---|
| 计划损失（%） | 就餐/休息 | 0.00 | 0.00 | 0.00 | 0.00 | 0.00 | 0.00 | 0.00 | 0.00 | 0.0 |
| | 生产中断 | 1.41 | 0.12 | 0.60 | 0.55 | 0.15 | 0.12 | 0.00 | 0.35 | 3.3 |
| | 计划保全 | 0.05 | 0.07 | 0.08 | 0.04 | 0.02 | 0.00 | 0.01 | 0.05 | 0.4 |
| | 交接班 | 0.00 | 0.00 | 0.00 | 0.00 | 0.00 | 0.00 | 0.00 | 0.00 | 0.0 |
| 停机损失（%） | 设备故障 | 0.02 | 0.06 | 0.26 | 0.18 | 0.20 | 0.04 | 0.13 | 0.14 | 1.3 |
| | 动力故障 | 0.04 | 0.01 | 0.01 | 0.18 | 0.03 | 0.01 | 0.00 | 0.02 | 0.2 |
| | 换品种 | 2.35 | 0.49 | 1.03 | 2.97 | 0.53 | 0.44 | 0.49 | 0.92 | 8.7 |
| | 物流不足 | 0.79 | 0.10 | 2.29 | 10.74 | 1.27 | 0.41 | 0.00 | 1.65 | 15.5 |
| | 物流停滞 | 0.08 | 0.08 | 2.95 | 1.30 | 0.00 | 0.02 | 2.11 | 1.22 | 11.4 |
| | 材料断货 | 0.00 | 0.01 | 0.00 | 0.01 | 0.25 | 0.00 | 0.36 | 0.05 | 0.5 |
| | 品质问题 | 0.00 | 0.00 | 0.01 | 0.16 | 0.05 | 0.00 | 0.00 | 0.02 | 0.2 |
| | 调试/检查 | 0.01 | 0.00 | 0.00 | 0.34 | 0.00 | 0.00 | 0.00 | 0.02 | 0.2 |
| 性能损失（%） | 低速运行 | 0.00 | 0.00 | 0.00 | 0.00 | 0.03 | 0.00 | 0.00 | 0.00 | 0.0 |
| | 瞬间停止 | 0.01 | 0.02 | 0.05 | 0.24 | 0.35 | 0.04 | 0.00 | 0.06 | 0.6 |
| | 空转 | 8.64 | 9.78 | 3.91 | 0.00 | 7.74 | 3.77 | 3.52 | 5.45 | 51.3 |
| 不良损失（%） | 不良 | 0.41 | 0.44 | 1.11 | 0.96 | 0.56 | 0.23 | 0.41 | 0.64 | 6.0 |
| | 返工 | 0.00 | 0.01 | 0.05 | 0.00 | 0.03 | 0.00 | 0.10 | 0.03 | 0.3 |

## 五、缩短产品换型（Job Change）时间

少量、多品种的生产模式下，要求企业建立能及时满足客户需求的生产体系，以提升企业竞争实力。

换型时间长，既影响效率，也无法灵活应对生产需求。所以，企业应将换型时间纳入停机损失的改善活动中。换型时间是指从停线开始，经过准备、拆解（组装、调试）、试生产后，到最终稳定所耗费的时间总和。根据工序和设备的不同，换型时间有差异，但统计数据表明，通常准备时间占30%，换型时间占20%，调试时间占50%。

缩短换型时间的改善步骤，如图5-4所示。

| | |
|---|---|
| 第一步 | 组建产品换型时间改善团队 |
| 第二步 | 对现场换型操作，进行现场观察、运行分析、视频拍摄等 |
| 第三步 | 分析结果按准备、更换、调试浪费项目进行分类 |
| 第四步 | 整理汇总解决浪费的方案（头脑风暴讨论） |
| 第五步 | 制订改善活动计划 |
| 第六步 | 实施改善 |
| 第七步 | 评价及横向展开 |

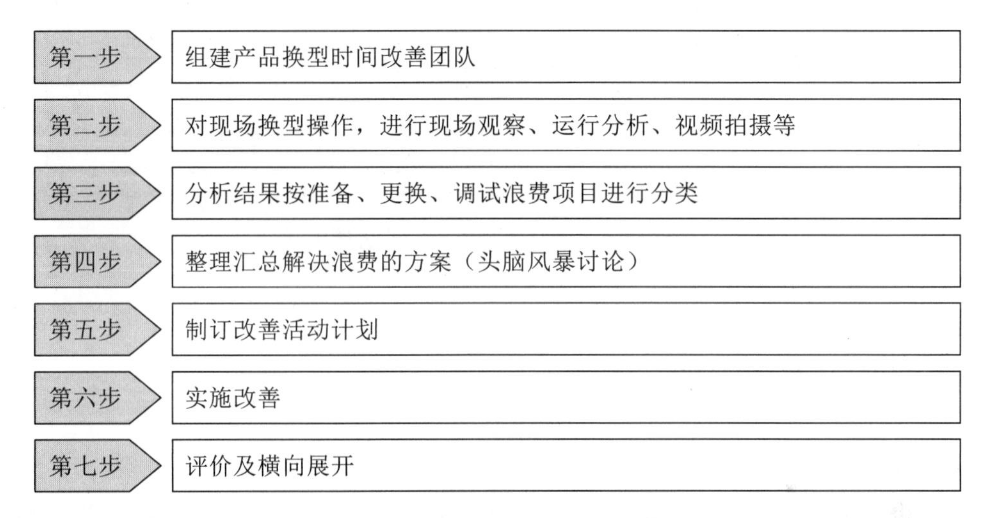

**图5-4　缩短换型时间的改善步骤**

准备操作又分为不停线的外准备和停线的内准备。企业应配备换线专用架台车等工具，尽量增加提前准备的部分，即增加外准备，以缩减内准备时间。

更换配件等操作主要是拆装操作，应尽量减少螺栓螺母数量，把螺栓螺母替换成压杆、自锁夹具等，并增加投入人员，以缩短换型时间。

企业应研究调整操作的自动化和模具的标准化、匹配定位或导轨等内容，以应对设备与品质的条件要求。

【案例3】

### 某企业缩短产品换型时间的改善成果

某企业缩短产品换型时间的改善成果如下图所示。

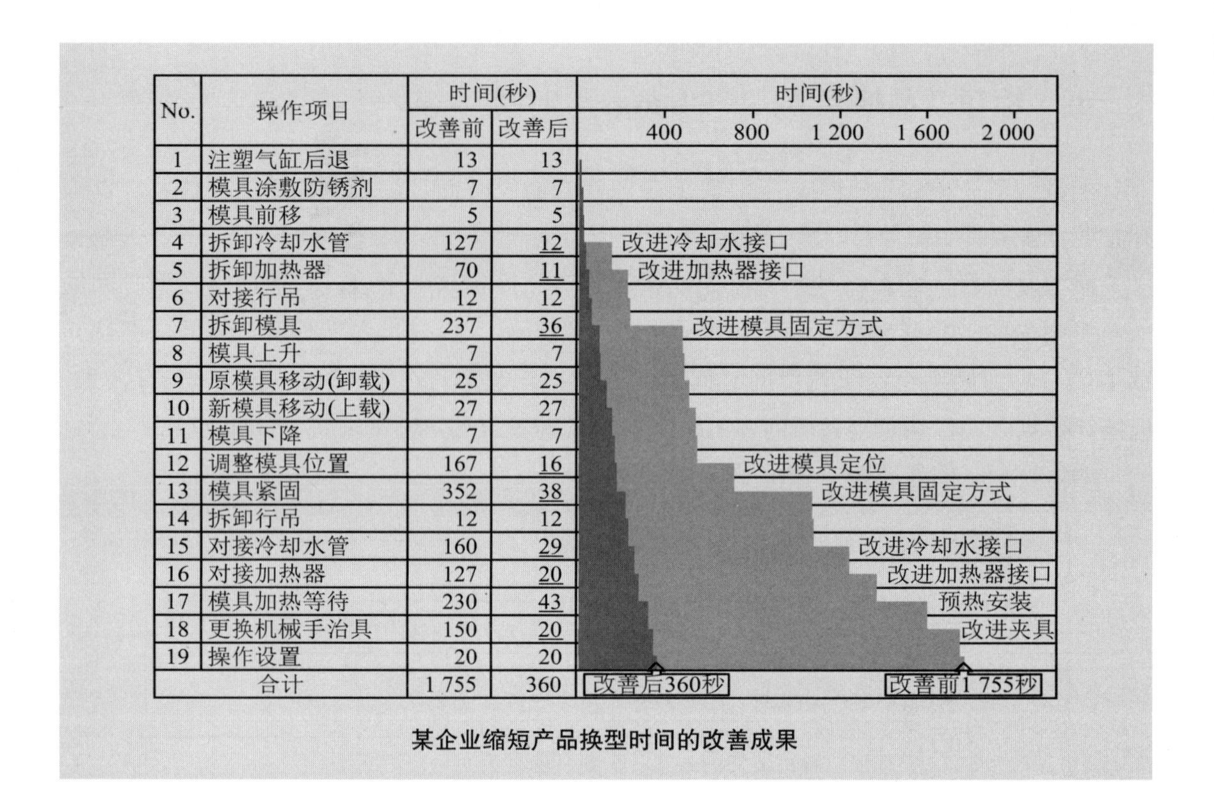

| No. | 操作项目 | 时间(秒) 改善前 | 时间(秒) 改善后 |
|---|---|---|---|
| 1 | 注塑气缸后退 | 13 | 13 |
| 2 | 模具涂敷防锈剂 | 7 | 7 |
| 3 | 模具前移 | 5 | 5 |
| 4 | 拆卸冷却水管 | 127 | 12 |
| 5 | 拆卸加热器 | 70 | 11 |
| 6 | 对接行吊 | 12 | 12 |
| 7 | 拆卸模具 | 237 | 36 |
| 8 | 模具上升 | 7 | 7 |
| 9 | 原模具移动(卸载) | 25 | 25 |
| 10 | 新模具移动(上载) | 27 | 27 |
| 11 | 模具下降 | 7 | 7 |
| 12 | 调整模具位置 | 167 | 16 |
| 13 | 模具紧固 | 352 | 38 |
| 14 | 拆卸行吊 | 12 | 12 |
| 15 | 对接冷却水管 | 160 | 29 |
| 16 | 对接加热器 | 127 | 20 |
| 17 | 模具加热等待 | 230 | 43 |
| 18 | 更换机械手治具 | 150 | 20 |
| 19 | 操作设置 | 20 | 20 |
| 合计 | | 1 755 | 360 |

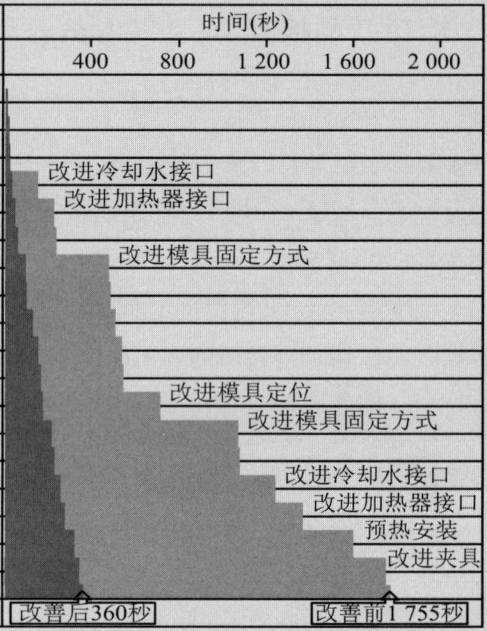


某企业缩短产品换型时间的改善成果

## 六、综合经营效率TPI活动

### 1.TPI概要

TPI（Total Productivity Innovation），是综合生产力创新的意思，即通过组织的创新活动，使生产力产生飞跃性的提高。

TPI三个字母的意思：Total代表企业或事业部以全部门为对象（综合范围、综合课题目标）；Productivity代表新概念经营效率的飞跃，意味着上述活动体系策划管理系统的构建；Innovation代表上述活动的创新优化管理。

TPI活动的关注原则，如图5-5所示。

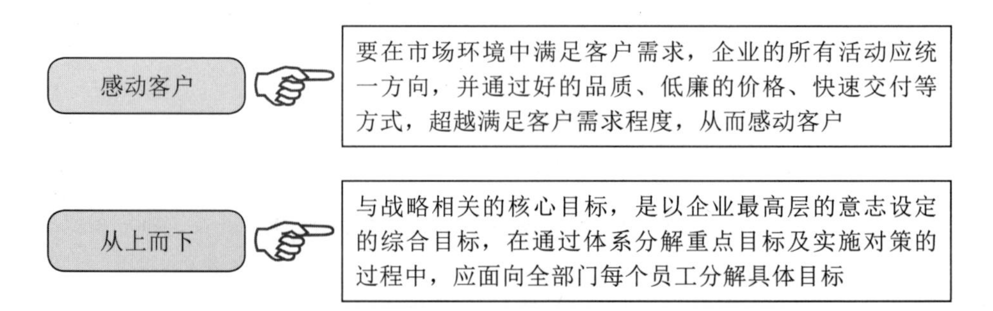

感动客户

要在市场环境中满足客户需求，企业的所有活动应统一方向，并通过好的品质、低廉的价格、快速交付等方式，超越满足客户需求程度，从而感动客户

从上而下

与战略相关的核心目标，是以企业最高层的意志设定的综合目标，在通过体系分解重点目标及实施对策的过程中，应面向全部门每个员工分解具体目标

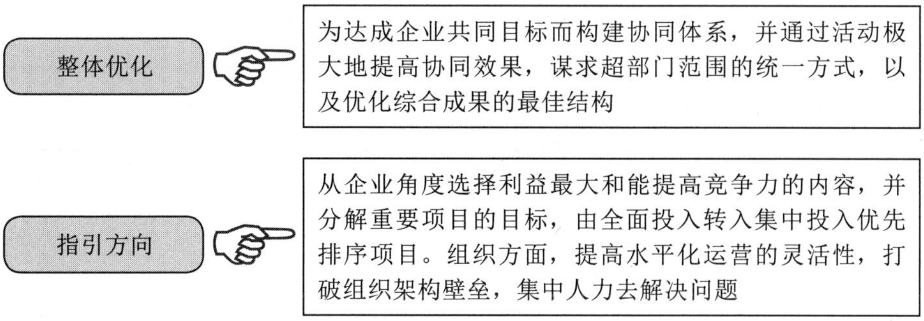


**图5-5 TPI活动4原则**

## 2.TPI体系

TPI体系图，如图5-6所示。

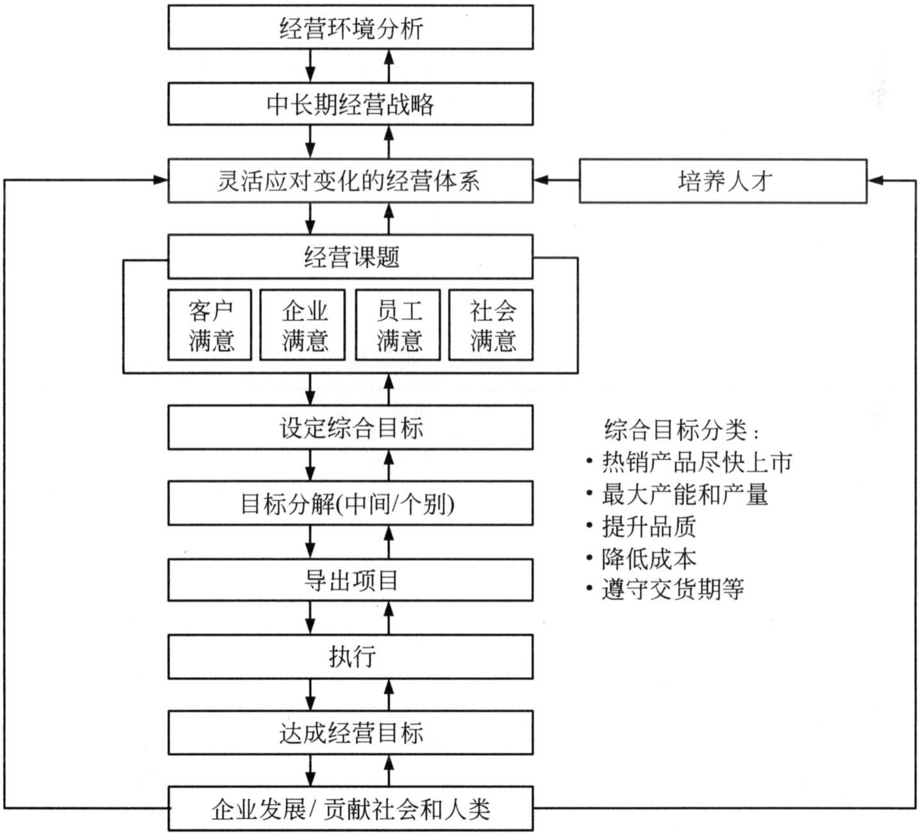


**图5-6 TPI体系图**

## 3.TPI活动步骤

TPI活动步骤，如表5-1所示。

表 5-1 TPI 活动步骤

| 阶段 | 步骤 | 推进内容 |
| --- | --- | --- |
| 1 | 分析经营环境 | ① 分析企业经营环境<br>② 导出战略性经营课题 |
| 2 | 设定综合目标 | ① 制定基本方针<br>② 设定重点课题<br>③ 设定综合目标<br>④ 对比标杆企业<br>⑤ 制订TPI总体规划 |
| 3 | 分解综合目标 | ① 结合企业现况分解TPI目标<br>② TPI详细分解（设定重点目标、个别目标）<br>③ 计算贡献率<br>④ 制作目标分解一览表 |
| 4 | 选定项目 | ① 制作项目研究制度<br>② 选定项目，确认相关性和影响度<br>③ 评估项目 |
| 5 | 计划及实施 | ① 进行部门组建和职责分工<br>② 制作对策实施计划书 |
| 6 | 综合绩效 | ① 跟踪管理体系<br>② 管理综合绩效<br>③ TPI活动综合评价 |

TPI的参考课题，如表5-2所示。

表 5-2 TPI 参考课题

| 分类 | 课题库 | | |
| --- | --- | --- | --- |
| 采购 | 提高材料强度<br>材质变更/减重<br>明确材质测试方法<br>材质规格标准化<br>材料规格变更<br>配件标准化 | 托盘/集装箱运输<br>材料下单触发方式<br>调整每批采购数量<br>重审安全库存系数<br>采购与生产同步化<br>多供应商分配 | 入库操作方法改善<br>审核入库检查时机<br>采用免检方法<br>实行先入先出法<br>材料集中和多元采购<br>支援培养外协工厂 |
| 研发 | 生产工艺变更<br>简化/增加工序<br>工序连续化<br>产能协调<br>明确质量评估方式<br>调整内部外协生产<br>扩大间接检查方式<br>感官特性的量化<br>产品小型化/减重量<br>完善引进技术方法 | 配件位置统一化<br>变更精度规格<br>产品性能合并<br>品质成本管理<br>配件模块化<br>变更驱动方式<br>研发新工艺<br>设备及车间布局完善<br>安排机动人员<br>完善环境测试方法 | 完善工艺设计<br>明确产品试验方法<br>整理技术标准<br>明确资料更新步骤<br>产品备件标准化<br>设计方法标准化<br>完善技术信息系统<br>建立品质保障体系<br>完善设计日程管理<br>系统培训设计师 |

续表

| 分类 | 课题库 | | |
|---|---|---|---|
| 生产 | 运行/停机自动化 | 合理协调职责分工 | 操作方法标准化 |
| | 使用重力方式移动 | 调查设备稼动率 | 变更操作方法 |
| | 消除材料停滞 | 重审标准工作时间 | 变更人员移动路线 |
| | 设备投资回收率 | 设置人员余度 | 操作空间的合理化 |
| | 明确引入设备时机 | 设置工作余度 | 消除非人性化操作 |
| | 设备和仪器通用化 | 设置车间余度 | 配件分布改善 |
| | 改善设备维保方法 | 调查操作熟练程度 | 操作姿势改善 |
| | 建立自主保全体系 | 材料供应路径变更 | 工作环境完善 |
| | 磨具磨损管理 | 完善设备换型准备 | 多能工培训 |
| | 研发调整治具 | 完善治具更换准备 | 工作任务分配合理化 |
| | 设定生产日程 | 完善任务下达方法 | 加强人员培训 |
| | 核心人员的专业化 | 引进看板方式 | 佩戴劳保护具 |
| | 设备管理数量规划 | 配件套件化 | 消除非人性化工作环境 |
| | 工序间产能协调 | 岗位轮换 | 结合个人特点安排岗位 |
| 销售客服 | 收集/分析市场信息 | 积极开拓新需求 | 环境适应性能 |
| | 接收客户投诉 | 计划与生产的协调 | 完善辅助性能 |
| | 投诉内容分析 | 确保销售渠道 | 延长产品寿命 |
| | 调查客户品质需求 | 明确物流渠道 | 提高可靠性能 |
| | 明确产品概念 | 流通储存地点规划 | 完善搬运顺序 |
| | 开拓新需求 | 取消中继库存 | 完善接收订单流程 |
| | 调查产品生命周期 | 缩短运输时间 | 物流系统的应用 |
| | 明确产品更新时间 | 产品运输方式 | 搬运工具减重 |
| | 强调产品差别化 | 精确预测产品旺季 | 卸货方法改善 |
| | 明确性能评估方法 | 合并出库 | 产品装载机械化 |
| | 功能的添加或减少 | 提高维护性能 | 需求和出库数量协调 |
| | 提升处理速度 | 提高安全性能 | 计划和出库协调体系 |
| | 明确需求预测方法 | 提高舒适性能 | 重物搬运外包化操作 |
| | 明确销售时机和数量 | 提高产品性能 | 产品装载样板化 |

【案例4】▸▸▸

## 某企业各部门相关费用分布

| 区分 | 材料降价 | 工艺改善 | 流程改善 | 消耗修缮 | 动力费 | 品质费 | 物流费 | 包装费 | 人工费 | 经费 | 生产效率 | 销管费 |
|---|---|---|---|---|---|---|---|---|---|---|---|---|
| 采购 | ● | | △ | △ | | | | | △ | ● | | |
| 研发/技术 | △ | ● | ● | | | | | | △ | ● | △ | |
| 生产 | △ | △ | ● | ● | ● | ● | | | ● | ● | ● | |
| 生产管理 | △ | △ | △ | △ | △ | | ● | ● | △ | ● | △ | △ |

续表

| 区分 | 材料降价 | 工艺改善 | 流程改善 | 消耗修缮 | 动力费 | 品质费 | 物流费 | 包装费 | 人工费 | 经费 | 生产效率 | 销管费 |
|---|---|---|---|---|---|---|---|---|---|---|---|---|
| 行政人事 | | | △ | ● | ● | | | | ● | ● | | |
| 品质 | △ | ● | ● | ● | | ● | | | △ | ● | △ | △ |
| 财务 | △ | | △ | △ | | | | | △ | ● | | △ |
| 销售 | | | △ | △ | | △ | ● | △ | △ | ● | | ● |

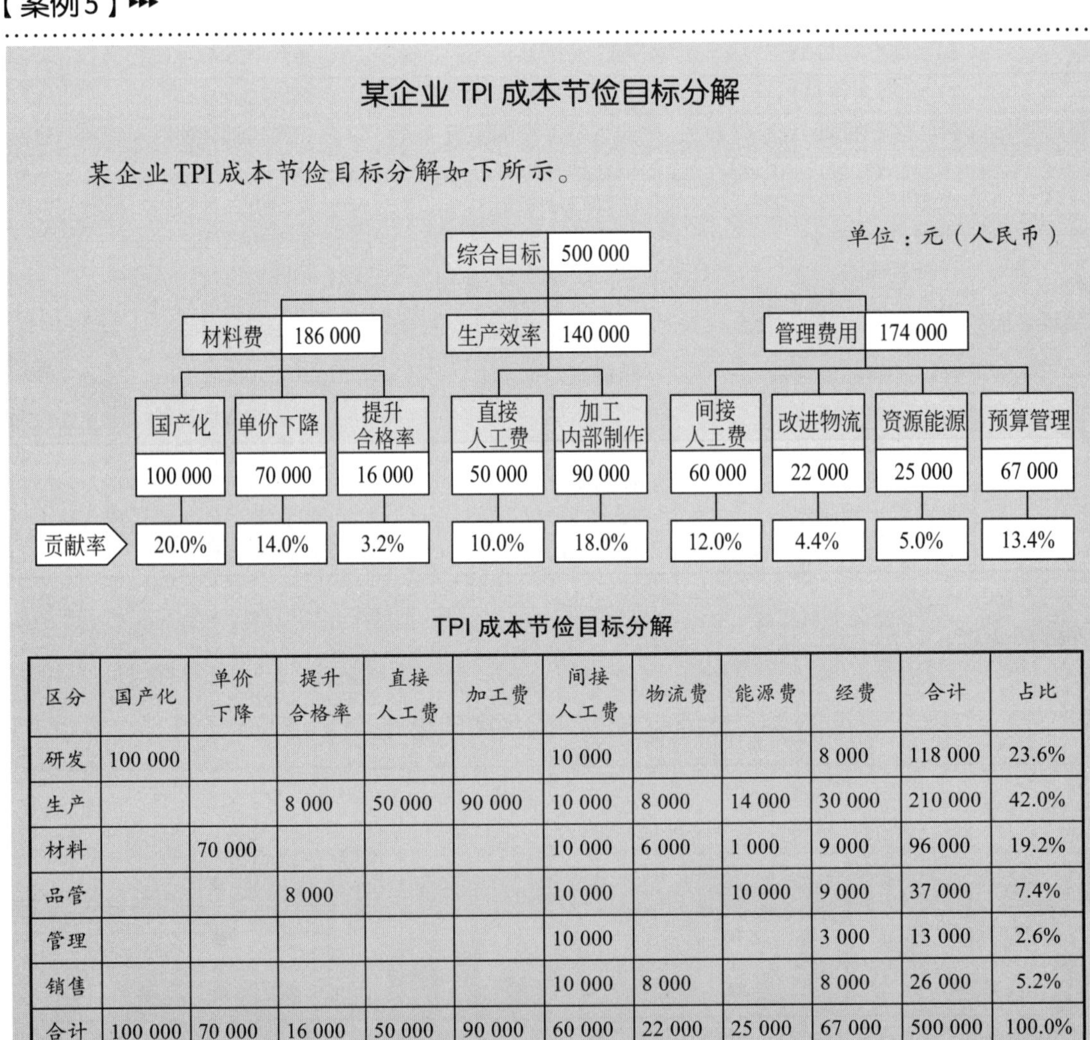

注：●重要；△一般。

【案例5】

## 某企业TPI成本节俭目标分解

某企业TPI成本节俭目标分解如下所示。

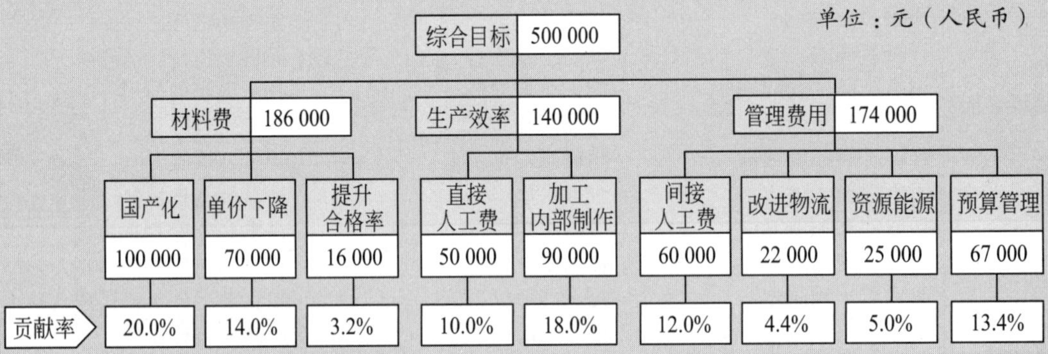


TPI成本节俭目标分解

| 区分 | 国产化 | 单价下降 | 提升合格率 | 直接人工费 | 加工费 | 间接人工费 | 物流费 | 能源费 | 经费 | 合计 | 占比 |
|---|---|---|---|---|---|---|---|---|---|---|---|
| 研发 | 100 000 | | | | | 10 000 | | | 8 000 | 118 000 | 23.6% |
| 生产 | | | 8 000 | 50 000 | 90 000 | 10 000 | 8 000 | 14 000 | 30 000 | 210 000 | 42.0% |
| 材料 | | 70 000 | | | | 10 000 | 6 000 | 1 000 | 9 000 | 96 000 | 19.2% |
| 品管 | | | 8 000 | | | 10 000 | | 10 000 | 9 000 | 37 000 | 7.4% |
| 管理 | | | | | | 10 000 | | | 3 000 | 13 000 | 2.6% |
| 销售 | | | | | | 10 000 | 8 000 | | 8 000 | 26 000 | 5.2% |
| 合计 | 100 000 | 70 000 | 16 000 | 50 000 | 90 000 | 60 000 | 22 000 | 25 000 | 67 000 | 500 000 | 100.0% |

【案例6】▸▸▸

## 某企业成本降低TPI活动

**1.推进背景**

（1）市场萎缩和同行间竞争加剧，销售价格不断下跌。

（2）销售价格下降、成本降低缓慢，导致利润降低、亏损品种增加。

**2.降低成本目标分解**

目标：成本降低4 000万元人民币。

成本革新负责人制作目标分解表

单位：万元（人民币）

| | | | | |
|---|---|---|---|---|
| 材料费 | 工艺改善 | 人工费 | 动力费 | 物流费 |
| 1 720 | 640 | 200 | 380 | 100 |
| 消耗修缮费 | 一般经费 | 生产效率 | Q-Cost | 包装费 |
| 80 | 580 | 100 | 70 | 130 |

**3.成本降低活动战略**

（1）任命成本革新10大负责人，并组建TF组织。

（2）根据重要度划分A、B、C等级，对项目代码进行精细化管理。

（3）为达成综合目标，将10大项目TP分解（研讨会）。

（4）成本革新10大责任人定期（周/月）召开跟进会。

强化以10大成本负责人为中心的活动体系，持续挖掘项目。

### 4.TPI精细化管理

对成本节俭的1 567件课题赋予代码，并进行精细化管理。对各类课题项目根据产品型号、成本项目、级别、部门进行分类，如下表所示。

**各类课题项目分类**

| 区分 | 具体内容 |
|---|---|
| 机型 | 17、21、25、29、17/21、25/29、共（共用） |
| 10大成本项目 | 材料费（材）、工艺改善（G）、人工费（人）、动力费（动）、物流费（物）、包装费（包）、一般经费（经）、消耗修缮费（消）、Q-Cost（Q）、生产效率（生） |
| 项目等级 | 财务成果（等级A、B、C）<br>年贡献基准：A级30万元人民币↑（含30万元），B级5万元人民币↑（含5万元）<br>C级5万元人民币↓ |
| 推进部门 | 制造一部（①）、制造二部（②）、研究开发（③）、设备技术（④）、质量/CSG（⑤）、资源运营（⑥）、采购科（⑦）、人事部（⑧）、管理部（⑨）、信息系统部（⑩）、外事部（⑪）、PDP制造部（⑫）、6 Sigma推进部（⑬） |

### 5.改善工艺课题现况

**改善工艺**

| 项目目标 | |
|---|---|
| 材料费(工艺) | |
| 节减目标 | 6,400 |
| 展开值 | 6,587 |
| 贡献率 | 16.0% |
| 展开率 | 102.9% |

单位：KS

| 1次展开 | |
|---|---|
| 29"VX2 | |
| 节减目标 | 2,000 |
| 展开值 | 2,030 |
| 贡献率 | 31.7% |
| 展开率 | 101.5% |

130 件

| 2次展开 | |
|---|---|
| BULB | |
| 节减目标 | 100 |
| 展开值 | 118 |
| 贡献率 | 1.8% |
| 展开率 | 117.6% |

| NO | Code No | 课题名 | 主管部门 | 担当 | Base Line | Goal | 贡献率 | 区分 | 效果合计 | 完了日 | 1 | 2 | 3 | 4 | 5 | 6 | 7 | 8 | 9 | 10 | 11 | 12 |
|---|---|---|---|---|---|---|---|---|---|---|---|---|---|---|---|---|---|---|---|---|---|---|
| 001 | 29 G A ③ 27 | 29VX2 GREEN FUNNEL适 | 研发科 | 姚晖 | μ62 | μ60 | 41.75% | 计划 | 49.10 | 12/30 | 4.40 | 3.33 | 3.60 | 3.66 | 3.70 | 4.05 | 4.62 | 4.64 | 4.45 | 4.25 | 4.47 | 3.93 |
| | | | | | | | | 实绩 | 28.53 | 12/30 | 3.26 | 0.92 | 4.47 | 4.65 | 3.25 | 3.11 | 3.98 | 4.89 | | | | |
| 002 | 29 G B ③ 86 | 29VX2 GREEN FUNNEL适 | 研发科 | 姚晖 | μ60 | μ58 | 24.23% | 计划 | 28.50 | 07/15 | 0.00 | 0.00 | 0.00 | 0.00 | 0.00 | 0.00 | 4.99 | 5.02 | 4.81 | 4.59 | 4.84 | 4.25 |
| | | | | | | | | 实绩 | 15.51 | 05/20 | 0.00 | 0.00 | 0.00 | 0.00 | 3.51 | 3.37 | 3.87 | 4.76 | | | | |
| 003 | 29 G A ② 122 | 29VX2 PANEL 气泡合理化 | 研发科 | 姚晖 | 1.0mm | 1.2mm | 34.02% | 计划 | 40.00 | 04/30 | 0.00 | 0.00 | 0.00 | 0.00 | 5.00 | 5.00 | 5.00 | 5.00 | 5.00 | 5.00 | 5.00 | 5.00 |
| | | | | | | | | 实绩 | 20.10 | 04/30 | 0.00 | 0.00 | 0.00 | 0.00 | 4.60 | 5.20 | 5.30 | 5.00 | | | | |
| 004 | | | | | | | | 计划 | | | | | | | | | | | | | | |
| | | | | | | | | 实绩 | | | | | | | | | | | | | | |

| MASK | |
|---|---|
| 节减目标 | 500 |
| 展开值 | 581 |
| 贡献率 | 9.1% |
| 展开率 | 116.3% |

| NO | Code No | 课题名 | 主管部门 | 担当 | Base Line | Goal | 贡献率 | 区分 | 效果合计 | 完了日 | 1 | 2 | 3 | 4 | 5 | 6 | 7 | 8 | 9 | 10 | 11 | 12 |
|---|---|---|---|---|---|---|---|---|---|---|---|---|---|---|---|---|---|---|---|---|---|---|
| 001 | 29 G A ③ 28 | 29"VX2 MASK 厚度变更 | 研发科 | 万波 | 0.22 | 0.18 | 65.61% | 计划 | 381.48 | 12/30 | 34.18 | 25.91 | 27.94 | 28.41 | 28.75 | 31.45 | 35.88 | 36.08 | 34.54 | 33.02 | 34.76 | 30.56 |
| | | | | | | | | 实绩 | 175.73 | 12/30 | 16.53 | 5.73 | 27.11 | 28.88 | 20.80 | 21.53 | 24.75 | 30.40 | | | | |
| 002 | 29 G A ③ 104 | 29"VX2 低价MASK适用 | 研发科 | 苏保华 | DNP | YMC/LGN | 34.39% | 计划 | 200.00 | 03/30 | 0.00 | 0.00 | 0.00 | 40.00 | 40.00 | 40.00 | 40.00 | 40.00 | | | | |
| | | | | | | | | 实绩 | 183.52 | 03/20 | 0.00 | 0.00 | 2.40 | 0.00 | 45.99 | 47.71 | 44.79 | 42.63 | | | | |
| 003 | | | | | | | | 计划 | | | | | | | | | | | | | | |
| | | | | | | | | 实绩 | | | | | | | | | | | | | | |

| DY | |
|---|---|
| 节减目标 | 1,200 |
| 展开值 | 1,251 |
| 贡献率 | 19.5% |
| 展开率 | 104.2% |

| NO | Code No | 课题名 | 主管部门 | 担当 | Base Line | Goal | 贡献率 | 区分 | 效果合计 | 完了日 | 1 | 2 | 3 | 4 | 5 | 6 | 7 | 8 | 9 | 10 | 11 | 12 |
|---|---|---|---|---|---|---|---|---|---|---|---|---|---|---|---|---|---|---|---|---|---|---|
| 001 | 29 G A ② 30 | 29"VX2 DY 低价管材适用 | 研发科 | 李李 | 普通管材 | 低价管材 | 16.45% | 计划 | 205.80 | 12/30 | 25.92 | 22.10 | 26.48 | 26.93 | 26.81 | 26.83 | 23.81 | 17.10 | 9.82 | 0.00 | 0.00 | 0.00 |
| | | | | | | | | 实绩 | 140.60 | 12/30 | 15.40 | 5.97 | 25.48 | 26.02 | 19.77 | 20.83 | 19.02 | 8.12 | | | | |
| 002 | 29 G A ③ 31 | 29"VX2 VE DY 适用 | ITC技术 | 杨硕 | 正规DY | VE DY | 67.93% | 计划 | 849.65 | 12/30 | 107.00 | 91.24 | 109.33 | 111.19 | 110.70 | 110.77 | 98.29 | 70.59 | 40.55 | 0.00 | 0.00 | 0.00 |
| | | | | | | | | 实绩 | 620.34 | 12/30 | 63.57 | 24.63 | 105.21 | 107.42 | 81.63 | 84.53 | 78.53 | 74.82 | | | | |
| 003 | 29 G A ② 87 | 29VX2 DY 价格先导 | ITC技术 | 罗军武 | 无 | 咸阳偏转 | 8.67% | 计划 | 108.39 | 05/02 | 0.00 | 0.00 | 6.07 | 18.53 | 21.53 | 21.54 | 19.11 | 13.73 | 7.88 | 0.00 | 0.00 | 0.00 |
| | | | | | | | | 实绩 | 113.00 | 05/20 | 0.00 | 0.00 | 6.00 | 20.00 | 22.00 | 22.00 | 23.00 | 20.00 | | | | |
| 004 | 29 G A ③ 123 | 29VX2 辅助注塑物去除 | ITC技术 | 罗军武 | 使用 | 去除塑料物 | 6.96% | 计划 | 87.00 | 05/02 | 0.00 | 0.00 | 0.00 | 0.00 | 3.00 | 12.00 | 12.00 | 12.00 | 12.00 | 12.00 | 12.00 | 12.00 |
| | | | | | | | | 实绩 | 42.20 | 05/20 | 0.00 | 0.00 | 0.00 | 0.00 | 3.00 | 13.00 | 13.00 | 13.20 | | | | |
| 005 | | | | | | | | 计划 | | | | | | | | | | | | | | |
| | | | | | | | | 实绩 | | | | | | | | | | | | | | |

| 其他材料费 | |
|---|---|
| 节减目标 | 80 |
| 展开值 | 80 |
| 贡献率 | 1.3% |
| 展开率 | 100.5% |

| NO | Code No | 课题名 | 主管部门 | 担当 | Base Line | Goal | 贡献率 | 区分 | 效果合计 | 完了日 | 1 | 2 | 3 | 4 | 5 | 6 | 7 | 8 | 9 | 10 | 11 | 12 |
|---|---|---|---|---|---|---|---|---|---|---|---|---|---|---|---|---|---|---|---|---|---|---|
| 001 | 29 G A ⑤ 32 | 29"VX2 低价FRIT适用 | 信赖性技术 | 朱宏武 | AGC | Sera | 91.55% | 计划 | 73.58 | 03/25 | 0.00 | 0.00 | 0.73 | 3.71 | 7.50 | 8.21 | 9.36 | 9.41 | 9.01 | 8.61 | 9.07 | 7.97 |
| | | | | | | | | 实绩 | 0.00 | 03/20 | 0.00 | 0.00 | 0.00 | 0.00 | 0.00 | 0.00 | 0.00 | 0.00 | | | | |
| 002 | 29 G C ③ 124 | 29VX2 DY L/WIRE变短 | 研发科 | 姚晖 | 600MM | 500MM | 5.84% | 计划 | 4.69 | 05/30 | 0.00 | 0.00 | 0.00 | 0.00 | 0.00 | 0.67 | 0.67 | 0.67 | 0.67 | 0.67 | 0.67 | 0.67 |
| | | | | | | | | 实绩 | 2.01 | 05/20 | 0.00 | 0.00 | 0.00 | 0.00 | 0.00 | 0.67 | 0.67 | 0.67 | | | | |
| 003 | 29 G C ② 125 | 29VX2 PANEL规格合理化 | 研发科 | 姚晖 | - | 规格变更 | 2.61% | 计划 | 2.10 | 05/30 | 0.00 | 0.00 | 0.00 | 0.00 | 0.00 | 0.30 | 0.30 | 0.30 | 0.30 | 0.30 | 0.30 | 0.30 |
| | | | | | | | | 实绩 | 0.84 | 05/20 | 0.00 | 0.00 | 0.00 | 0.00 | 0.00 | 0.28 | 0.28 | 0.28 | | | | |
| 004 | | | | | | | | 计划 | | | | | | | | | | | | | | |
| | | | | | | | | 实绩 | | | | | | | | | | | | | | |

TPI结合各种活动技术和经验，灵活应对剧变的环境，通过充满活力的活动，全员共同努力取得了期望的成果。TPI广义概念与TPM个别改善目的一致，关键是解决问题工具的掌握和推进办作用的发挥。

为分解目标、导出课题、评价课题，通过多次讨论会确定课题，并举行发表仪式。在课题当中进行课题指导和明确的评价和奖励，将优秀案例尽快向相同工序横向展开，并运用定期会议体系等持续研究高效运营的方法。

## 七、QC 7工具

解决问题有6 Sigma、IE、VE等很多种工具，但QC 7工具因简单、实用等特点深受很多企业喜欢，表5-3是QC 7工具的简要介绍。

表5-3　QC 7工具的定义

| 序号 | 工具 | 定义 |
|---|---|---|
| 1 | 特性要因图<br>Cause & Effect Diagram | 事情的结果特性与引发问题的要因之间的关系使用箭头表示 |
| 2 | 检查表<br>Check Sheet | 事前整理所需项目，根据确认结果整理现场，并将数据汇总整理成记录用表格 |
| 3 | 柏拉图<br>Pareto Diagram | 将不良品或缺陷、返品、事故等现场问题，按现状或原因进行分类，并将数据按不良数或损失金额排序成柱状图 |
| 4 | 直方图<br>Histogram | 将数据范围按一定区间分段，并根据统计的各区间频率制作度数表（度数分布表），通过图形方式表达 |
| 5 | 层别图<br>Stratification | 分析设备、材料、作业方法或作业者等影响因素，并对数据分类表达的图形 |
| 6 | 管理图<br>Control Chart | 管理图是判断工序是否处于管理状态并纠正异常因素,以实现稳定品质的工具 |
| 7 | 散点图<br>Scatter Diagram | 利用散点图表示两种数据的相关性 |

图5-7为QC 7工具的图示。

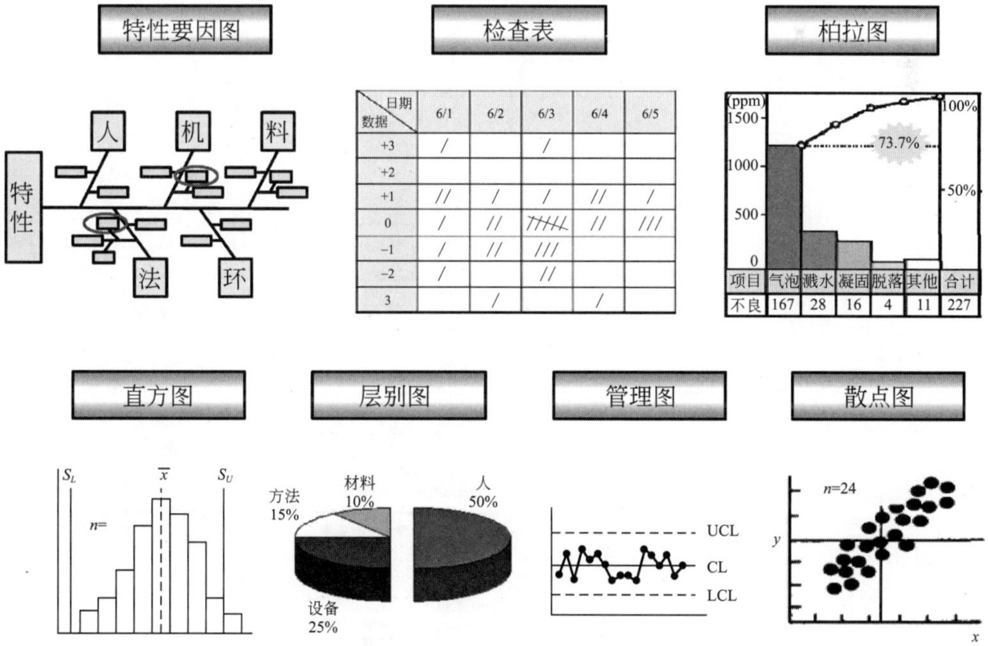


图5-7　QC 7工具图示

## 八、TPM与精益的关系

精益是指丰田式生产方式，即TPS（Toyota Production System）。精益是指将人员、设备、原材料、配件等生产资源维持必要的数量，以谋求最大效率的协同生产系统，是实现所需物品在需要时生产出必要数量的基本思想，该理念延伸到生产现场，能彻底消除浪费，实现最大利润。

尽管精益活动已经被广泛应用，但如果只是利用传统手法按部就班地进行，则很难成功。因为每个企业的生产方式、运营能力、企业文化水平各不同，需要根据自身情况，经多次讨论和研究，构建适合本企业的活动方法，这样才能取得成效。

在对各改善活动方法（工具）充分理解的基础上，对企业自身问题进行正确分析，能带来事半功倍的显著效果。精益活动工具也可以在TPM活动体系中以个别活动的方式体现，结合TPM思想，能够消除各类浪费，提升生产效率。

【案例7】

### 某企业个别改善活动流程

某企业个别改善活动流程如下图所示。

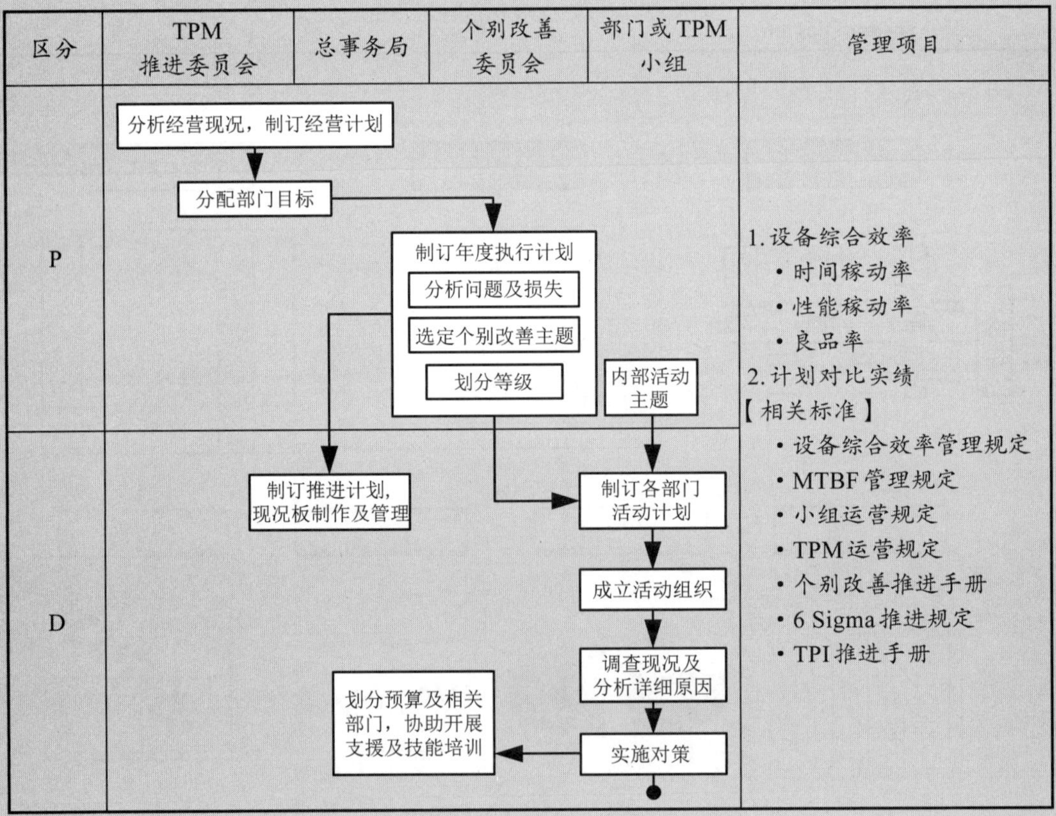

续表

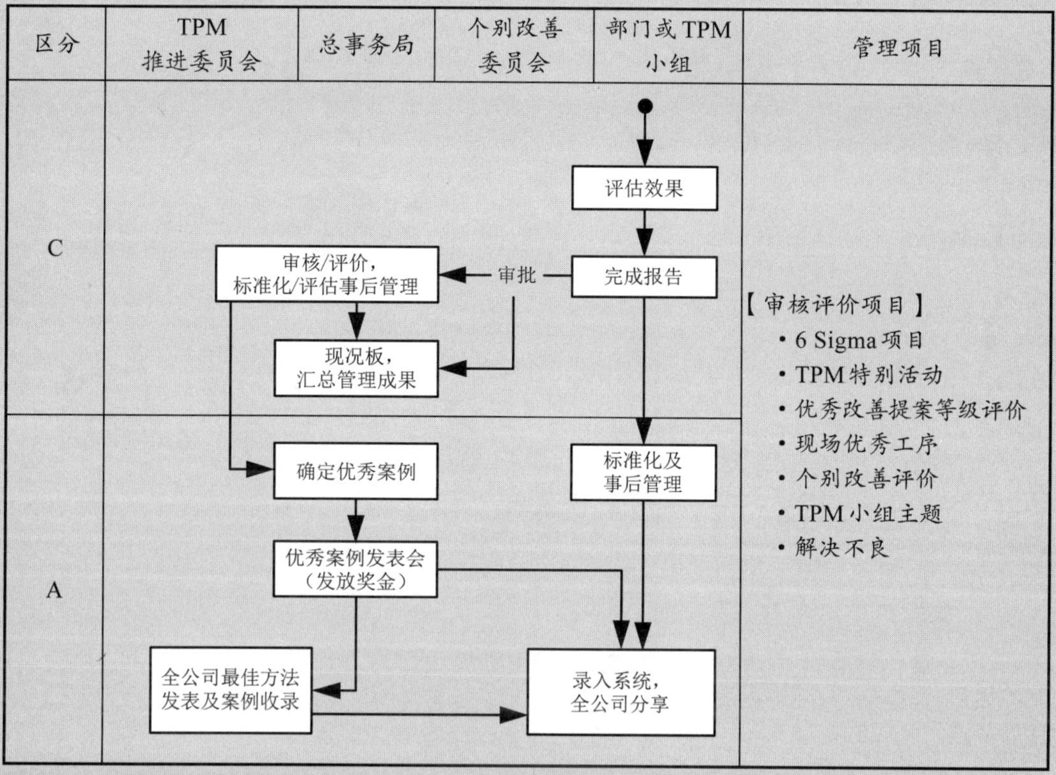


某企业个别改善活动流程

【案例8】

## 某企业设备综合效率系统运营

某企业引进设备综合效率管理系统，通过平台可实时监控所有信息，为实现将暂停损失降到最低的目的，提供MTBF和6大损失的精确数据和分析内容。

各部门使用设备综合效率管理系统时，可与其他相关系统信息相关联，根据本部门的特性，从产品品质损失精细分析系统、标准遵守管理系统（SQMS）、设备管理系统（SAP R3 PM模块）等平台调取更加具体的分析信息。

（1）系统结构及基本逻辑图

系统结构及基本逻辑如下图所示。

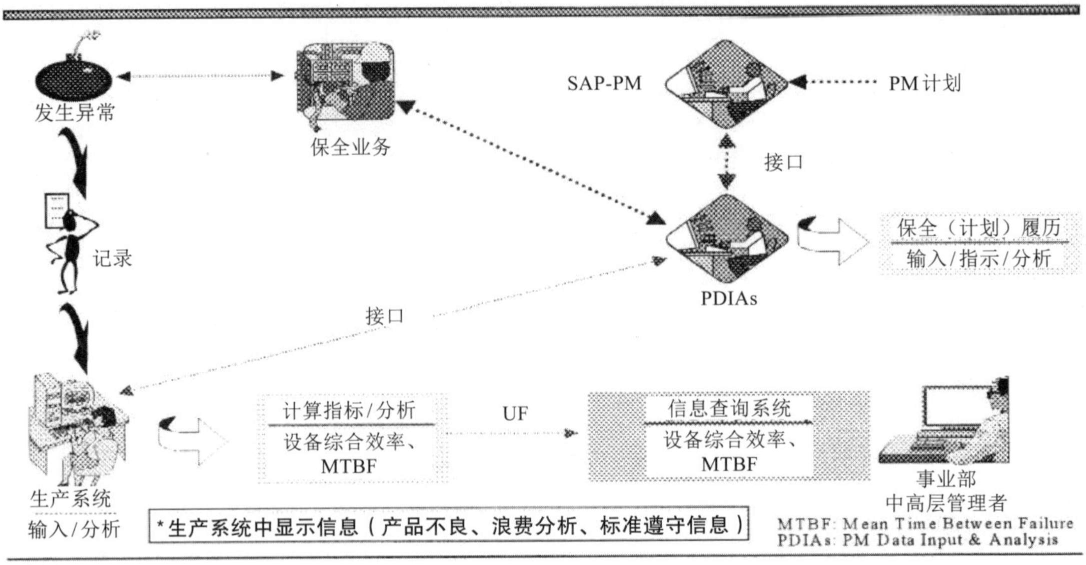


系统结构及基本逻辑图

（2）设备综合效率管理系统与SAP R3 PM模块信息界面

设备综合效率管理系统与SAP R3 PM模块信息界面如下图所示。

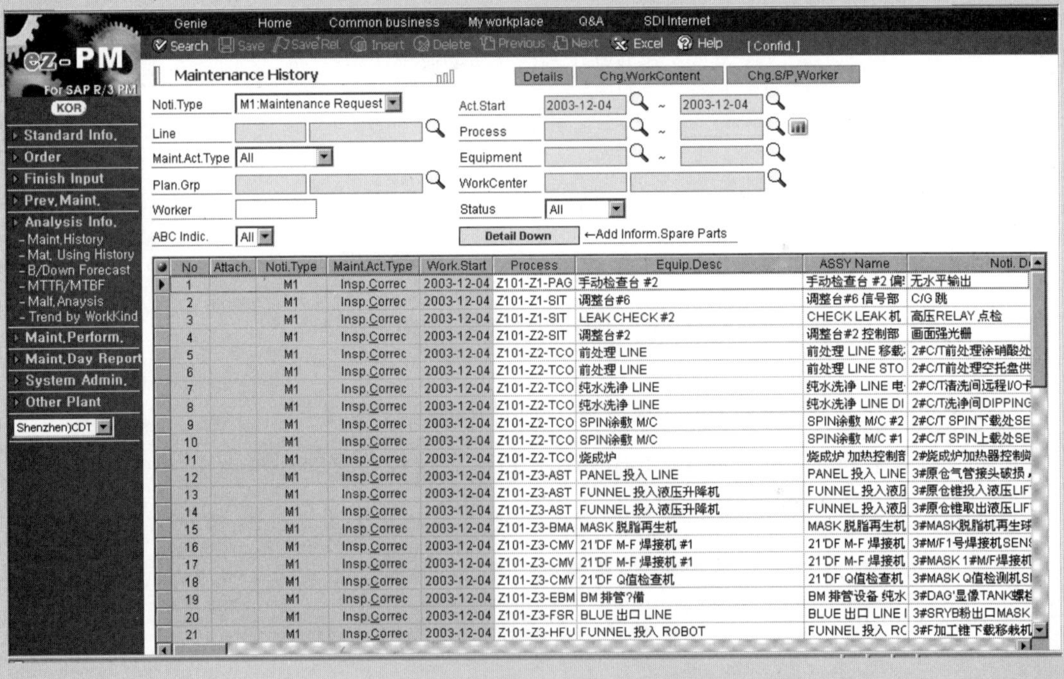


设备综合效率管理系统与SAP R3 PM模块信息界面

【案例9】

## 某企业TPI目标分解

**展开方向及特点**

□ 成立推进委员会，从客户和全公司立场展开目标

□ 通过彻底分析因子关系，细化目标

□ 各部门和阶层整体参与，形成垂直体系

**自上而下和自下而上**

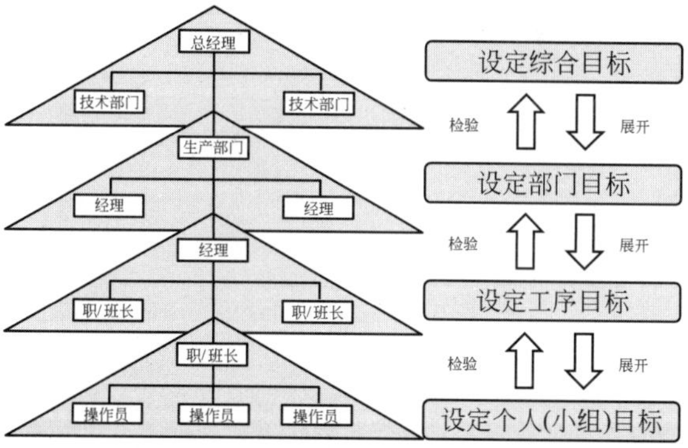


**TPI目标分解步骤**

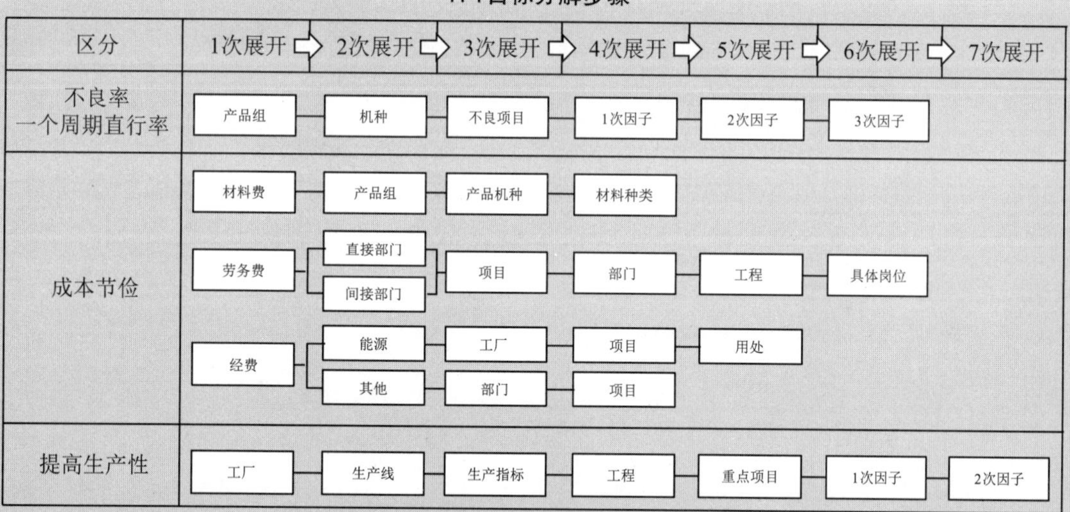

| 区分 | 1次展开 | 2次展开 | 3次展开 | 4次展开 | 5次展开 | 6次展开 | 7次展开 |
|---|---|---|---|---|---|---|---|
| 不良率<br>一个周期直行率 | 产品组 | 机种 | 不良项目 | 1次因子 | 2次因子 | 3次因子 | |
| 成本节俭 | 材料费 | 产品组 | 产品机种 | 材料种类 | | | |
| | 劳务费 | 直接部门<br>间接部门 | 项目 | 部门 | 工程 | 具体岗位 | |
| | 经费 | 能源 | 工厂 | 项目 | 用处 | | |
| | | 其他 | 部门 | 项目 | | | |
| 提高生产性 | 工厂 | 生产线 | 生产指标 | 工程 | 重点项目 | 1次因子 | 2次因子 |

TPI目标分解图

TPI各部门看板

TPI综合看板

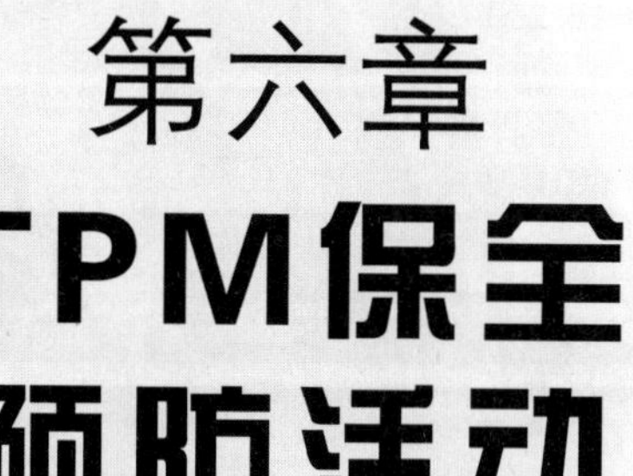

# 第六章
# TPM保全预防活动

## 一、保全预防活动概要

保全预防MP（Maintenance Prevention）是指在新设备的策划、制作阶段，反映维护信息和新技术，同时考虑可靠性、维护性、经济性、操作性、安全性等因素，为降低维护成本、老化损失，谋求设备早期稳定而贡献经营成果的活动。

在技术不断发展和产品寿命逐渐缩短的趋势下，高效的产品研发和设备投资是一个很重要的课题。

高效研发即按照用户（客户）需求，研发具备竞争实力、畅销、容易生产、无不良的产品，并明确4M条件（人、机、料、法）和高效设备的制作要求。为达成此目的，需要研发、设计、生产、保全、品质以及策划和销售等各部门的协同合作。

保全预防活动分为保全预防设计和初期管理两个方面，初期管理又分为产品初期管理和设备初期管理。经济性评价技术（LCC最佳化）和保全预防设计技术的发挥是保全预防活动的基本内容。

## 二、保全预防活动体系

保全预防活动体系，如图6-1所示。

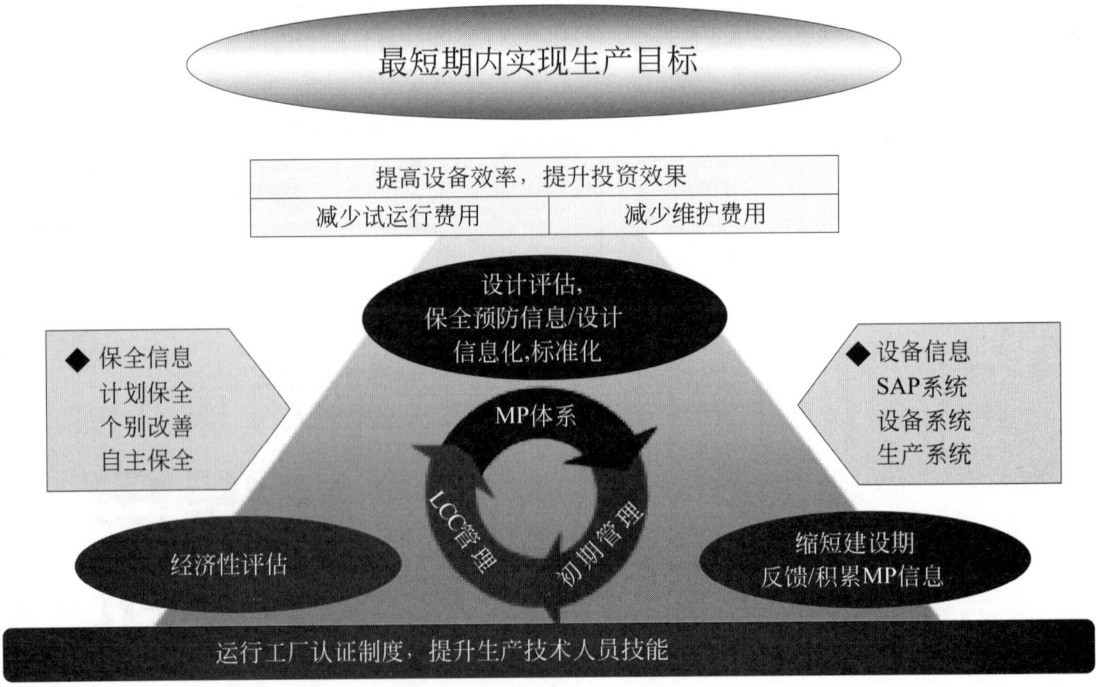


图6-1　保全预防活动体系图

【案例1】▸▸▸

## 某企业保全预防总体规划（Master Plan）

某企业保全预防总体规划（Master Plan）如下图所示。

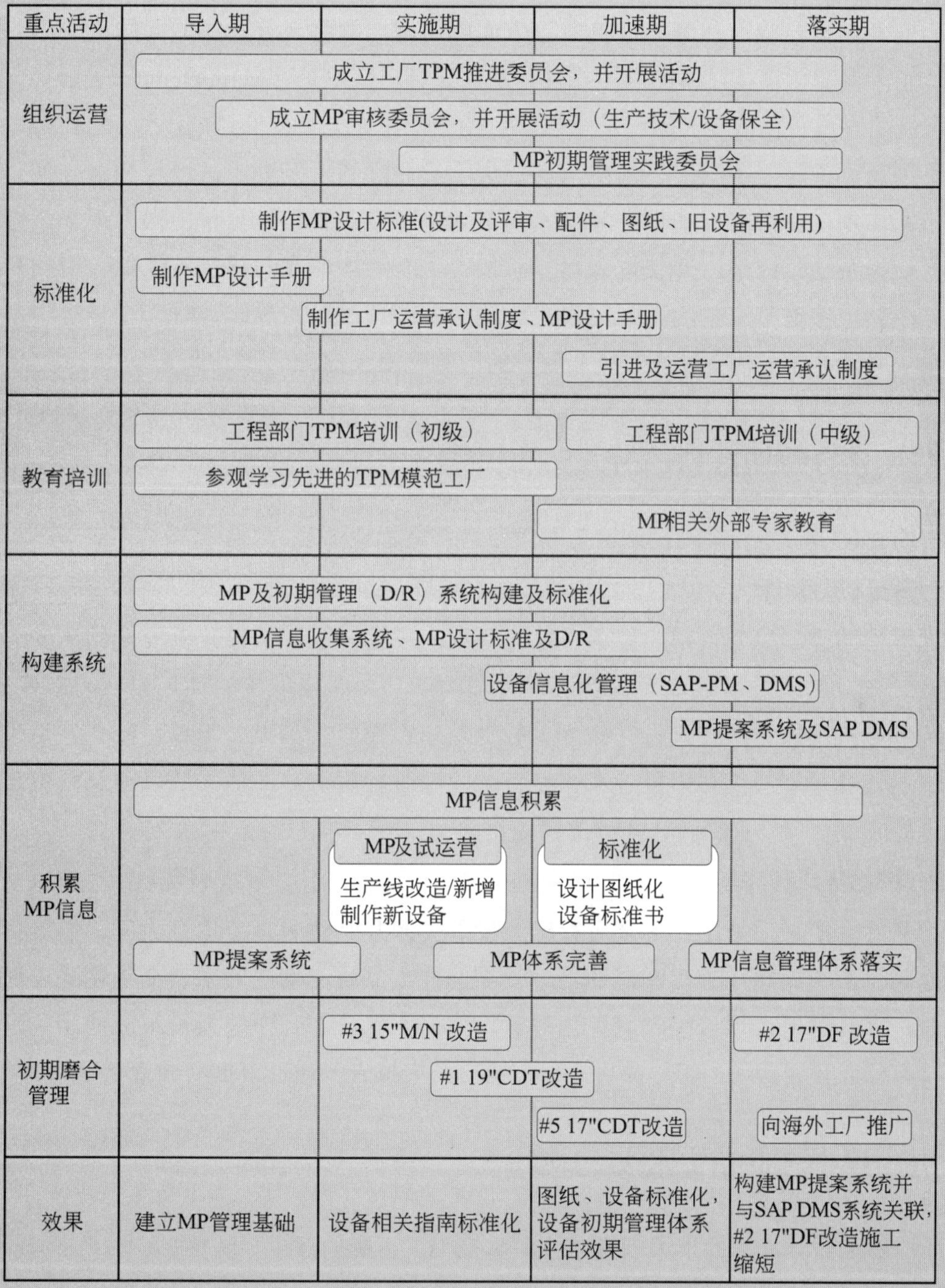


某企业保全预防总体规划图

## 三、保全预防设计活动

保全预防设计活动是企业设备设计部门和工程部门的主要业务。

策划新设备或改造设备时，设计部门应考虑保全信息反馈和新技术因素；在制作设备时，应考虑预防故障和降低维护费等方面的问题。即将现有设备的问题反映到新设备的设计中，保障新设计设备的高可靠性，从而设计出免维护（Maintenance Free）的设备，以实现新引进设备无故障、易维护、安全、便于操作、无不良的目的。

引进新设备时，在设计、制作、安装阶段看似顺利，但进入试运行和磨合期，问题就会不断出现，使得运行和保全等技术人员为保障设备正常运行付出很多艰辛，必要时需再次对设备进行改造。即使进入运行阶段，仍有可能存在与检查、注油、清扫和遵守标准、调整、修理等有关的不利因素，导致准备和调试时间或修理时间过长等一系列问题发生。所以，保全预防设计对企业经营的影响是很大的。

## 四、设备初期管理活动

初期管理活动分为设备初期管理和设备磨合期管理活动。

### 1. 设备初期管理

设备初期管理是为了预防设备在试运行期间发生问题，从设计阶段开始至安装试运行完成为止，运用技术管理手段解决不合理的活动。即在设备的策划设计、制作安装、试运行各阶段采取预防措施；在策划、设计、审核图纸、审批、下单、制作、组装、验收、试运行等每个阶段利用检查表和设备验收表进行确认，评估问题风险及划定重点项目，以便在下个阶段重复确认并解决问题。

### 2. 设备磨合期管理

设备磨合期管理是自设备试运行结束投入生产开始到满负荷运行之间，通过集中管理谋求尽早解决问题和确保利益的活动。期间选出品质、生产效率、交货期等方面的重点项目，并针对所选项目临时组建由设计、生产、保全、合作等人员组成的团队，为达成项目目标而开展活动。等达成目标后，提交结束报告，通过审批后结束活动。

## 五、保全预防信息收集与应用

保全预防设计成功的很大因素是收集掌握很多正确的保全预防信息。

生产活动当中获取的保全预防信息常常被忽视。维保部门对日常收集的设备可靠性和保全性相关信息疏于反馈，有时即使反馈也未受到设计部门重视；同时，设计部门疏于管理，或技术指标的标准化操作投入不足。即使设备设计管理系统中存在“相关保全预防信息审核后投入设计”的要求，但设计信息也常常会被忽视。

为形成有效的保全预防活动，维保部门和使用部门不仅要向设计部门反馈保全预防信息，还要有“确保向设计部门提供支援”的思想。

作为设计部门，即使已经把设计产品交付现场，但仍需时刻保持关注，并以改善当前设备不合理为研发新技术的契机积极参与活动，建立设计与保全两个技术部门的共享交流平台，以保障双方信息沟通的顺畅。

保全预防信息收集管理的部门及跟踪管理流程，如图6-2所示。

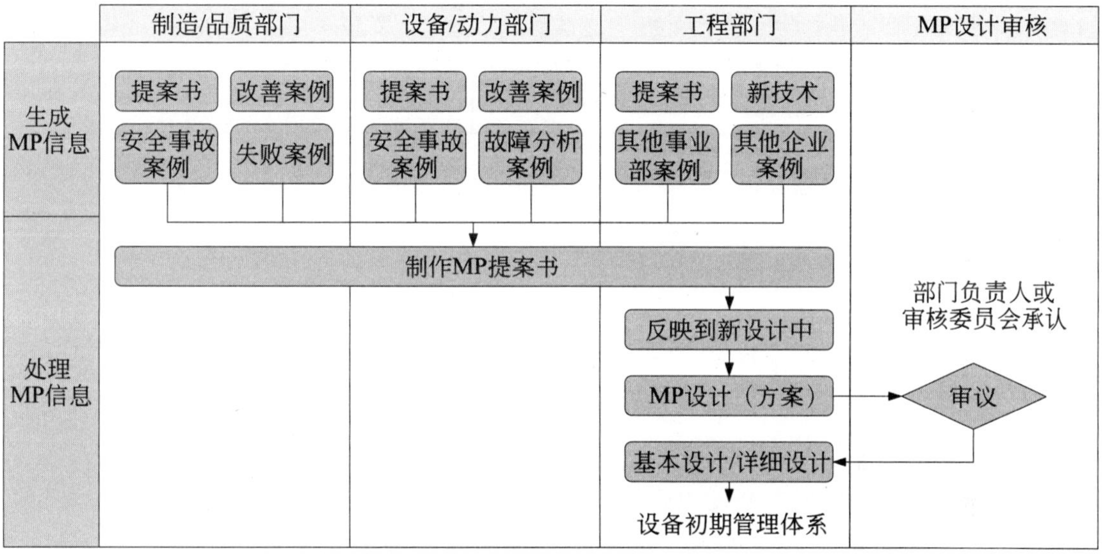


**图6-2 保全预防信息的收集与跟踪管理**

【案例2】

**某企业保全预防（MP）提案书**

| | | | | | |
|---|---|---|---|---|---|
| 设备名 | 曝光台移栽机“L”Cup | 提案名 | 曝光台移栽机“L”Cup操作改善 | 提案日 | ××××年××月××日 |
| 事业部名 | B管事业部 | 部门 | B工厂设备技术组保全一部 | 提案者 | 李×× |
| 分类 | □机械 ☑电子 □动力 | 项目分类 | □减少瞬间停止 □减少设备故障 □工序改善 □方便维护 □操作性 ☑安全性 □经济性 ☑生产效率 | | |

续表

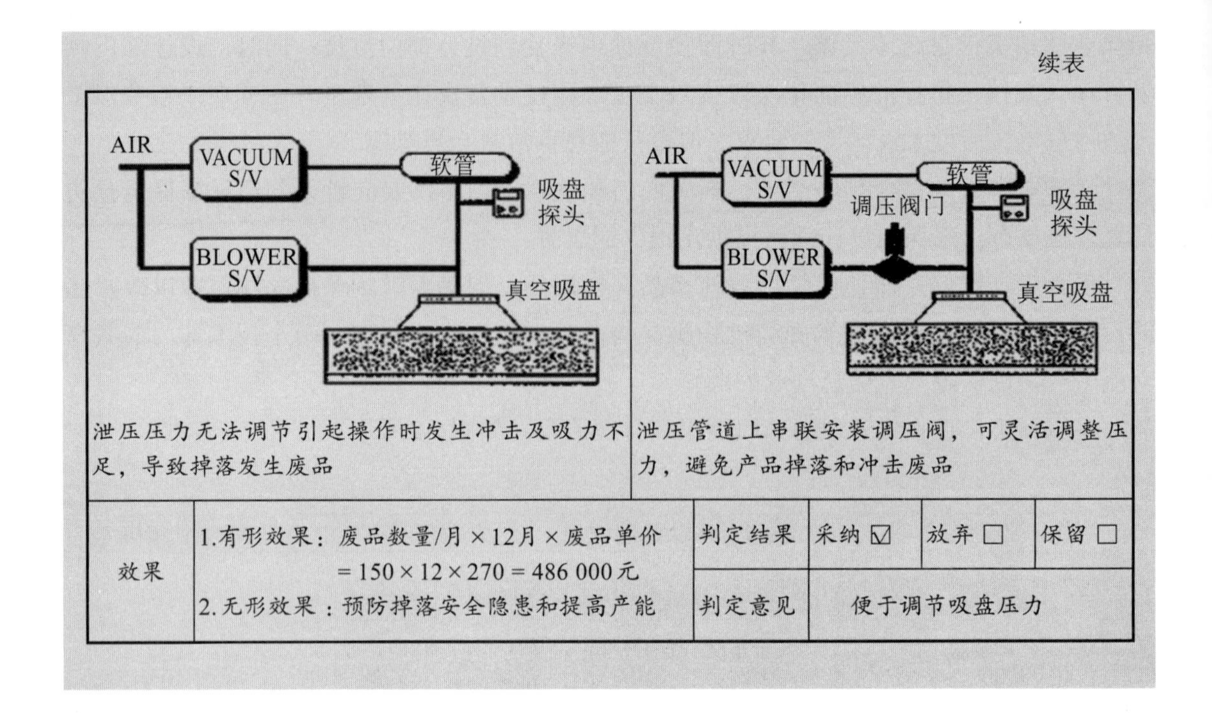

<table>
<tr><td colspan="3">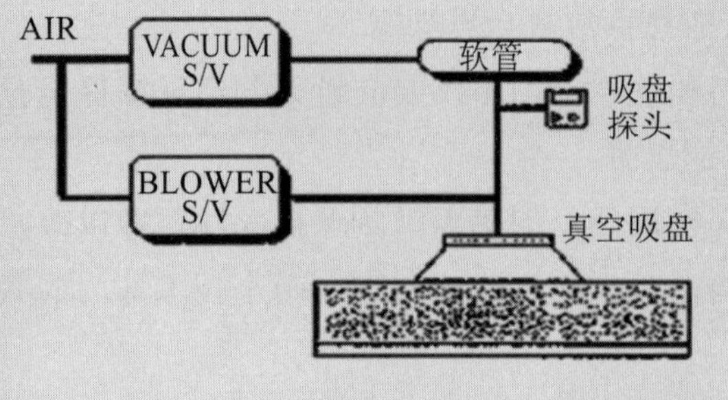
</td><td colspan="4">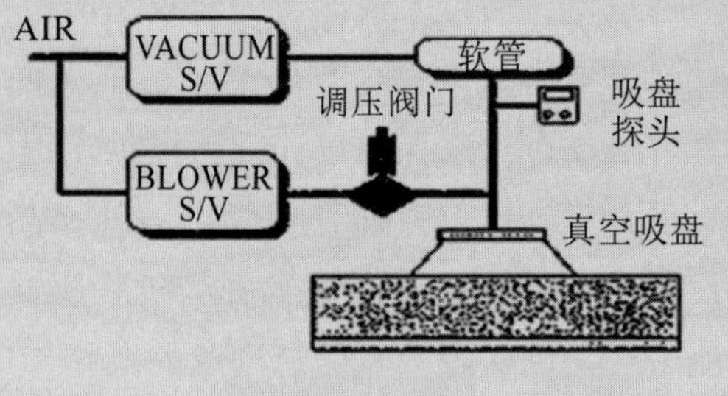
</td></tr>
<tr><td colspan="3">泄压压力无法调节引起操作时发生冲击及吸力不足，导致掉落发生废品</td><td colspan="4">泄压管道上串联安装调压阀，可灵活调整压力，避免产品掉落和冲击废品</td></tr>
<tr><td rowspan="2">效果</td><td rowspan="2">1.有形效果：废品数量/月 × 12月 × 废品单价<br>= 150 × 12 × 270 = 486 000元<br>2.无形效果：预防掉落安全隐患和提高产能</td><td>判定结果</td><td>采纳 ☑</td><td>放弃 □</td><td>保留 □</td></tr>
<tr><td>判定意见</td><td colspan="3">便于调节吸盘压力</td></tr>
</table>

## 六、保全预防信息的标准化

在设计新设备或改造设备时，应以之前积累的技术数据为基础。为设计出高可靠性和保全性的设备，应将各种维护信息和运行结果等指标加以规范化，同时应用在后续的设计中，这样企业才可实现持续发展。

企业的保全预防信息需要反映到设备的设计、验收、施工和图纸当中，并根据具体项目，从设计阶段开始，开展反馈、提前评估预想问题并解决的活动。

设备标准化是对企业各独立设备进行标准化，以反馈和积累现使用设备的问题，预防同样问题的发生。

配件和业务标准化是对各个设备的配件推出企业标准，并推广标准件，减少备件数量，以满足配件可靠性和维护性要求。

施工标准化是通过遵守保全作业及各种施工类型的作业标准，来保障施工品质和设备/工厂的可靠性和保全性。为增进与外协公司的协作、提升企业内部保全人员的工作质量、确保设备标准化的要求，企业在下达施工和设备订单时，应要求外协公司制作方案书。

## 七、保全预防设计与施工要点

设备在设计和施工时需要考虑的项目有很多，各企业在此阶段要概括整理好培训内容和宣传工作。表6-1所列为常规保全预防活动要点。

**表6-1 常规保全预防活动要点**

<table>
<tr><th>阶段</th><th colspan="2">核心点</th></tr>
<tr><td rowspan="3">设计</td><td rowspan="3">排除设计缺陷</td><td>1.是否存在性能问题</td></tr>
<tr><td>2.是否存在不良发生源</td></tr>
<tr><td>3.是否存在故障发生源</td></tr>
<tr><td rowspan="6">施工</td><td rowspan="6">排除使用缺陷</td><td>1.是否存在操作不方便</td></tr>
<tr><td>2.是否存在点检困难部位</td></tr>
<tr><td>3.是否存在注油困难部位</td></tr>
<tr><td>4.是否存在清扫困难部位</td></tr>
<tr><td>5.是否存在安全隐患</td></tr>
<tr><td>6.施工流程管理是否可视化</td></tr>
<tr><td colspan="3">（1）设计阶段开始彻底研究设备可靠性<br>（2）高度重视原生产线改善内容或管理者反馈的意见内容，并反映到新产线<br>（3）生产效率即LCC费用是采购设备时已决定的设备采购、使用、维护费用<br>（4）对施工单位进行彻底的事前教育，并密切监督施工现场（违反时及时处理）<br>（5）张贴施工计划书（企业名、施工名、期间等），并配备灭火器等安全设施<br>（6）每天施工和收尾时，要彻底整理、整顿和清扫，并进行监督<br>（7）现场部门通过学习完全理解设备结构原理以及工艺流程内容<br>（8）相关部门配备和掌握设备说明书和各种标准<br>（9）培养操作者操作技能及岗位资格认证（发行技能合格证）<br>（10）制作施工合格判断基准，并彻底执行<br>从头开始的完美施工才能保障施工结束后尽快进入100%良品状态</td></tr>
</table>

【案例3】

## L公司工厂运行认证制度

**1.背景**

L公司是只生产一种产品且连续盈利30年的老企业，但因电视市场出现新产品，导致原产品沦落为夕阳产品。为适应市场需求，L公司加快新产品研发，向全球工厂大力投资新设备，并为新产品的稳定化付出艰辛努力。但是新产品的良品率达不到预期目标，期间又出现其他竞争产品，L公司逐渐失去市场竞争实力。量产的延迟将直接导致巨大的机会损失和投资预算的增加，新产品的不稳定也会造成亏损增加。

因此，投资之前需综合考虑投资额、品质、生产效率等因素，并充分评估全过程中彻底准备、遵守标准、明确流程等手段，以降低试错风险，用最小投资完成理想的项目。L公司认识到，新建工厂需要综合评估验收和运行的流程，由此推出了“工厂运行认证制度”。

工厂的认可制度，要求满足700余项点检项目才能获得运行认可。而且要求工厂满足运行条件后再投入生产，以确保立即实现完善的运行和良品水平，争取更多的机会，保障利益最大化以及竞争实力。

**2. 工厂运行认证制度运营体系图**

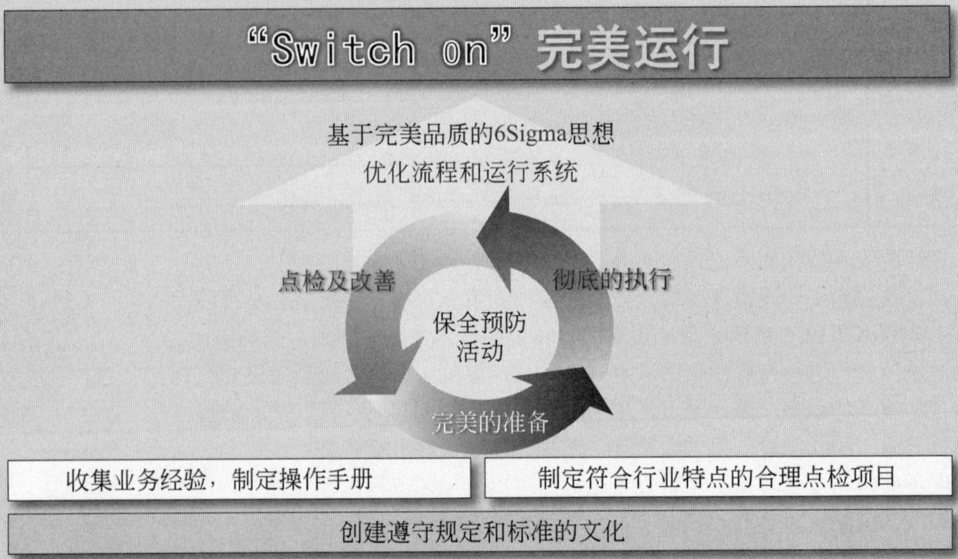


为运营工厂认证制度，确定各部门主要评估项目后，应制作详细的定义和指南文件，并按照指南内容开展活动。

同时，为便于管理标准的执行，应制作具体项目评价表，并通过流程运营。

**工厂运行认证制度运营手册及点检项目**

| 分类 | 主要点检项目 | 点检项目 | | |
|---|---|---|---|---|
| | | 必要 | 辅助 | 小计 |
| 研发 | 研发流程、系统及研发装备、人力及培训、产品开发 | 149 | 19 | 168 |
| 品质 | 系统、品质保证、测试设备、运营能力、产品保证 | 153 | 28 | 181 |
| 采购 | 材料管理、材料费管理、供应商管理、模具管理 | 13 | 7 | 20 |

续表

| 分类 | 主要点检项目 | 点检项目 | | |
|---|---|---|---|---|
| | | 必要 | 辅助 | 小计 |
| 工厂布局 | 工厂建设及改造工时、生产线、仓库、附带设施等 | 24 | 10 | 34 |
| 物流 | 材料配置、搬运容器标准化、物流流程、材料使用 | 11 | 14 | 25 |
| 制造/生产效率 | 生产设备、人力及生产线运行、生产效率管理 | 54 | 18 | 72 |
| 信息系统 | 人员、系统、流程（策划、营业、采购、制造） | 66 | 15 | 81 |
| 环境安全 | 法规遵守体系、气体、水质、消防设施、有害物质、安全事故、火灾、危险工序管理 | 85 | 1 | 86 |
| 动力 | 建设、土木、建筑、动力及电力供应 | 72 | 9 | 81 |
| 小计 | | 627 | 121 | 748 |

### 3. 工厂运行认证制度运营流程

工厂运行认证制度运营流程

<table>
<tr><th>流程图</th><th>主管</th><th>日程</th><th>主要内容</th></tr>
<tr><td>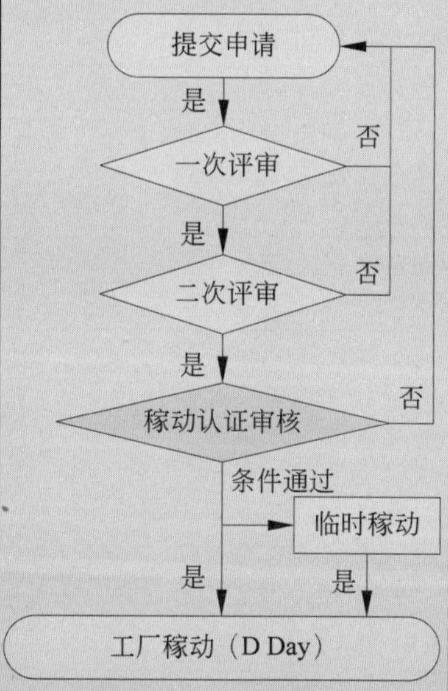
</td><td>相关事业部<br>点检委员会<br>点检委员会<br>运行认证委<br>事业部、<br>运行认证委<br>事业部</td><td>D-8周<br>D-5周<br>D-3周<br>D-Day<br>D+1个月<br>D+6个月</td><td>事前通报承认对象及范围<br>发放点检用点检表<br>基于点检表的诊断资料<br>事前各点检项目的条件<br>系统及产线稼动现场测试<br>运行认证最终判定<br>认可临时稼动（问题延期整改）<br>指出问题限期1个月以内，待完善后向认证委提交整改确认申请<br>点检确认维持管理状态<br>结果数据库（DB）记录管理</td></tr>
</table>

【案例4】

某企业保全预防活动组织架构及分工

| 推进组织 | 成员 | 功能 |
| --- | --- | --- |
| 企业TPM推进委员会 | 委员长：总裁<br>委员：各事业部负责人 | - 决策工厂基本方针<br>- 审核调整中长期推进计划<br>- 指导推进活动成果 |
| 企业TPM推进事务局 | 主导：总部经营革新部 | - 调整工厂中长期TPM推进计划<br>- 运营TPM咨询公司<br>- 运营技能培训场 |
| 保全预防委员会 | 主导：总部生产技术中心<br>委员：事业部生产技术部 | - MP提案管理<br>- 反馈MP提案设计<br>- 运营初期管理(D/R) |
| 保全预防推进办 | 主导：生产技术部<br>支援：设备和生产等执行部门 | - 收集分析MP信息<br>- 制订及执行设备投资计划<br>- 工艺及设备保全预防设计<br>- 设备验收、安装、试运转<br>- 支援产品生产<br>- 初期磨合管理<br>- 设备初期磨合期间问题改善 |
| 设备采购部门 | 主导：采购部<br>支援：生产技术部 | - 采购设备和保全材料 |
| 设备使用部门 | 主导：生产部<br>支援：设备保全部 | - 生产信息管理和反馈<br>- 设备试运转期间自主保全<br>- 设备履历管理<br>- 日常设备问题维护管理 |
| 设备保全部门 | 主导：设备技术部<br>支援：生产技术部 | - 审核及调查新设备保全性能<br>- 试运转期间专业维护<br>- 保全信息管理及反馈<br>- 收集整理MP提案 |
| PM模块管理 | 主导：设备保全部<br>支援：生产部 | - 电脑系统运营管理<br>- 系统及性能完善 |
| 保全预防相关部门 | 主导：生产技术部<br>支援：设备保全部<br>生产部<br>研发部<br>环境安全部<br>品质管理部 | - 成立MP审核委员会<br>- 试运转期间产品品质评估<br>- 品质信息管理及反馈<br>- 新设备安全性评估<br>- 安全及环境信息管理及反馈<br>- 开发及产品信息反馈 |
| 标准化 | 主导：生产技术部<br>支援：设备保全部 | - 制作及修改标准<br>- MP信息D/B化 |
| 各部门执行委员会 | 主导：各部门负责人<br>支援：推进干事 | - 制订和执行部门推进计划<br>- 执行改善提案活动<br>- 执行个别改善活动 |

【案例5】

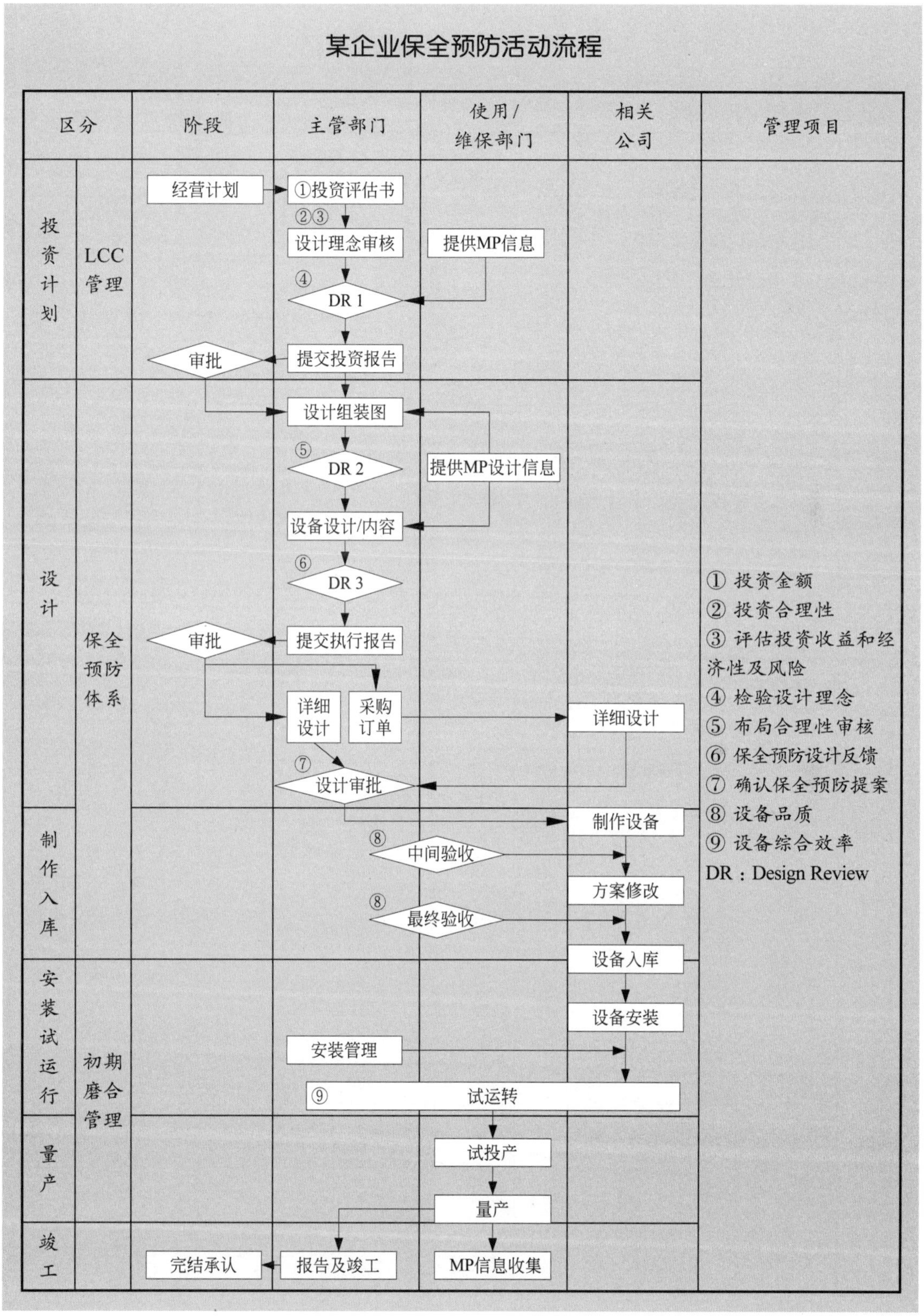
某企业保全预防活动流程
区分
阶段
主管部门
使用/维保部门
相关公司
管理项目
投资计划
LCC管理
经营计划
①投资评估书
②③
设计理念审核
提供MP信息
④
DR 1
审批
提交投资报告
设计
保全预防体系
设计组装图
⑤
DR 2
提供MP设计信息
设备设计/内容
⑥
DR 3
审批
提交执行报告
详细设计
采购订单
详细设计
⑦
设计审批
制作入库
制作设备
⑧
中间验收
方案修改
⑧
最终验收
设备入库
安装试运行
初期磨合管理
设备安装
安装管理
⑨
试运转
量产
试投产
量产
竣工
完结承认
报告及竣工
MP信息收集
① 投资金额
② 投资合理性
③ 评估投资收益和经济性及风险
④ 检验设计理念
⑤ 布局合理性审核
⑥ 保全预防设计反馈
⑦ 确认保全预防提案
⑧ 设备品质
⑨ 设备综合效率
DR：Design Review

【案例6】▸▸▸

## 某企业保全预防活动流程明细

| 区分 | 阶段 | 内容 | 负责部门 | 审核及管理项目 | 相关资料 |
|---|---|---|---|---|---|
| 投资计划 | 投资评估 | 审核新增/更换设备 | 设备设计、资源运营 | 设备产能、设备投资金额 | 经营方针、销售及新品计划 |
| | 设计理念 | 审核投资提议及合理性 | 全体相关部门 | 收集部门意见、投资提议 | 利润表、投资报告、研发日程 |
| | 设计评审（DR1） | 收集保全预防信息、系统审核及设备规格审核 | 设备设计、制造技术、制造事业部、设备保全等 | 反馈保全预防信息、系统合理性、设备性能 | 保全预防活动报告、布局图、技术资料 |
| | 投资报告 | 审批设备投资方案 | 设备设计、资源运营 | 设备投资方案 | 投资审核、投资盈利计划 |
| 设计 | 布局设计 | 部门设计详细布局 | 设计部门 | 保全预防设计信息、设备规格 | 布局图、保全预防信息 |
| | 设计评审（DR2） | 协商设备规格和设计内容 | 全体相关部门 | 布局合理性、审核流程 | 保全预防信息、标准流程 |
| | 详细设计 | 评估详细设计内容 | 设计部门 | 保全预防信息反馈、保全合理性 | |
| | 设计评审（DR3） | 评估保全预防反映程度、收集维护和使用部门意见 | 全体相关部门 | 保全预防设计信息、保全预防提案反馈、保全及安全性 | 保全预防信息、故障分析表、初期管理 |
| | 采购下单 | 发出设备制作及采购邀请 | 采购部门 | 确定金额及供应商 | 现场说明会记录 |
| 制作安装 | 制作 | 制作设备 | 设备供应商 | 设备生产 | 布局图 |
| | 验收 | 中间及入库验收 | 设备设计、设备保全、制造技术 | 保全预防信息反馈、确认设备品质、日程管理 | 布局图、设计图 |
| | 安装 | 设备安装、解决安装过程中反馈的问题 | 设备供应商设备设计 | 施工期间、保全性及稳定性 | 安装施工计划、布局图、施工书 |
| 试运行及量产 | 试运行 | 设备试运行及物流测试 | 设备供应商、设备设计 | 设备性能测试、设备品质测试 | 业务分工 |
| | 调试管理 | 评估生产线品质 | 设备保全 | 稳定性维护性、品质及生产效率 | 保全预防信息 |
| | 生产 | 点检及保全预防信息积累 | 生产部门 | 产品品质、生产效率 | 保全预防信息 |
| | 竣工 | 设备移交现场 | 设备设计 | 产品品质产能、工程能力 | 初期管理表、维护图纸及指南 |

07

# 第七章 TPM品质保全活动

## 一、品质保全活动概要

随着技术的发展，在产品高端化趋势下，客户品质要求日益提高，满足客户和感动客户的品质意识越来越得到重视。为达到如此高标准的品质水平，企业需要从产品策划、设计、技术支持、生产各个阶段设定零不良的条件，并严格遵守。但是，结果管理的品质体系受其局限性影响，逐渐演变成追溯问题源头的原因系条件管理。

为做到问题原因系条件管理，企业需在明确品质和设备精度、夹具/工具精度、生产条件、作业方法等相互关系的前提下，建立维持管理要求条件的体系。

品质保全的定义是，为确保完美品质（良品率100%）、谋求无不良设备、确保零不良条件，且将其条件维持在规格范围内，而对其条件按规定时间间隔进行采样测量、监管测量数值趋势，以预判发生品质不良的可能性，并提前采取对策。为上述活动的稳定开展而建立体系，并系统化培训人员，是品质保全的基本理念。

## 二、品质保全活动推进体系

品质保全活动推进体系，如图7-1所示。

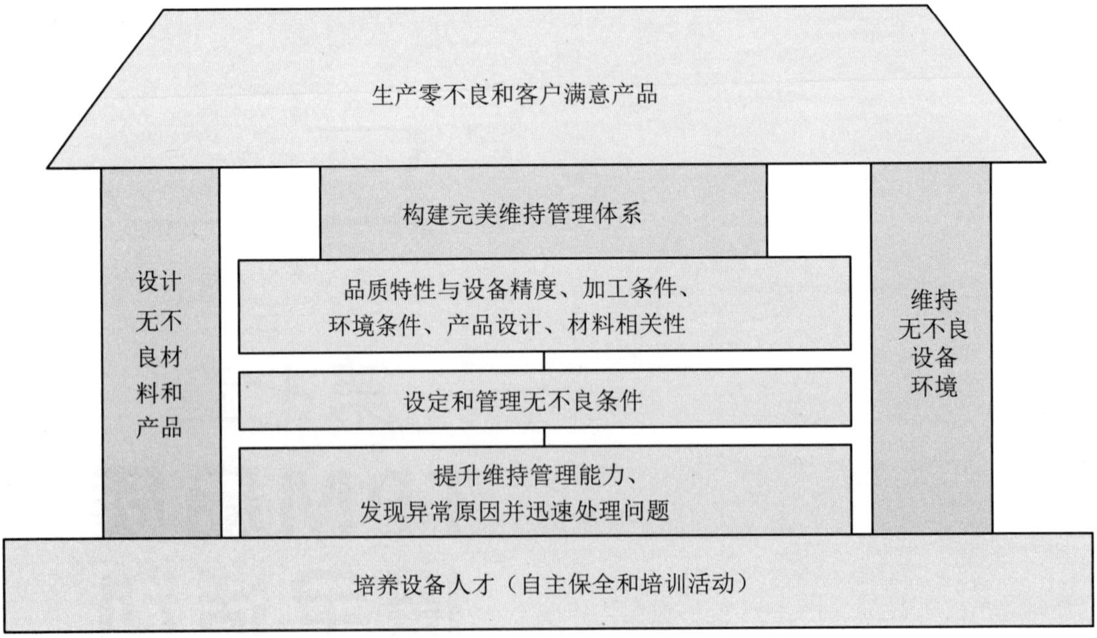


图7-1　品质保全活动推进体系图

【案例1】▸▸▸

## 某企业品质保全总体规划（Master Plan）

| 重点活动 | | 品质保全基础建设 | 品质保全深化发展 | 品质流程落实 |
|---|---|---|---|---|
| 区分 | 组织运营 | 明确活动手册<br>成立活动组织 | | |
| | 品质保全分阶段 | 1. 设备稳定化<br>2. 工序稳定化 | 3. 产品稳定化<br>4. 减少慢性不良 | 5. 零慢性不良 |
| | 标准生产方式(SQM) | 基本遵守<br>重点管理<br>提高工程能力 | 品质改善活动及评价 | 实现无散布品质<br>创建SQM系统 |
| | 品质培训 | 品质管理初级培训<br>全员6 Sigma黄带培训 | 品质管理中级培训<br>基层管理者和间接部门全员 6 Sigma绿带培训 | 品质管理高级培训<br>中层以上管理者6 Sigma黑带培训 |
| | 标准管理 | 建立标准管理体系<br>必要标准清单<br>标准四原则管理 | 持续维护标准体系（新增或更新）<br>标准管理系统运营<br>实施标准稽核（工序、部门） | |
| | 活动宣传 | 运营品质名将，检查名人制度<br>发行品质保全优秀案例集，并宣传优秀案例 | | |
| 成果 | | 品质保全活动理论学习和重要性的理解 | 通过品质改善活动稳定工序品质 | 通过无散布品质提升客户满意度，贡献经营成果 |

## 三、品质保全活动各阶段内容

企业开展品质保全活动，首先应正确了解品质情况，针对现在和以往发生的不良，按工序、设备等进行分类层别后，进一步根据设备条件及作业条件深入调查具体情况。然后根据调查结果，分析查找与标准的差异，彻底分析发生不良的原因，并采取对策，以预防重复发生。表7-1为品质保全活动各阶段项目及内容。

表7-1 品质保全活动各阶段项目及内容

| 阶段 | | 项目 | 细化内容 |
|---|---|---|---|
| 1 | 调查现况 | （1）调查品质现况<br>（2）调查影响现况关键因子<br>（3）评估关键项目遵守度 | （1）明确需维持品质的特定项目，并调查品质不良发生现况<br>（2）明确规格标准等现场需遵守项目<br>（3）现场调查项目遵守度 |
| 2 | 复原 | （1）问题现象的理想化复原<br>（2）确认结果 | （1）调查现场已明确的维持不足点并进行复原<br>（2）根据复原结果判定选择<br>（3）分析原因<br>（4）条件管理 |
| 3 | 分析原因 | （1）实施分析原因<br>（2）定义理想状态（修规格） | 根据加工原则，利用PM分析、Why Why分析、加工点分析、FMEA或实验计划法等，确认项目遗漏或规格宽松等 |
| 4 | 消除问题 | （1）彻底调查问题原因<br>（2）问题的复原和改善<br>（3）确认结果 | （1）根据分析结果调查并导出问题<br>（2）对查出的问题实施复原和改善<br>（3）对复原和改善结果进行评估<br>（4）分析原因或设定条件 |
| 5 | 设定条件 | （1）更新QM矩阵图<br>（2）更新规格和标准 | （1）明确结果后更新到QM矩阵图当中<br>（2）增加/修改内容反映到标准文件当中 |
| 6 | 条件管理 | （1）根据点检基准进行点检<br>（2）推移管理 | （1）各部门修改点检表后通过培训强调点检的重要性，并实施全面点检<br>（2）通过点检结果的趋势管理，完善预防措施体系 |
| 7 | 更新条件 | （1）综合点检项目<br>（2）更新点检周期<br>（3）改进点检（少/长/短） | 不易遵守意味着项目过多、周期太短、耗时太长，应探讨逆向改善 |

## 四、标准生产方式SQM

标准生产方式SQM（Standard Quality Method）是指对生产工序发生的问题进行分析后，找出问题根源，并通过改善和标准化方式维持工序正常状态，以确保稳定的品质。

企业只要将人（Man）、设备（Machine）、材料（Material）、方法（Method）、测量

(Measurement)等因素加以控制，就能够保障所生产产品的稳定（6 Sigma）品质。要做好以上5个因素（5M）的控制，需要实施标准化，即按照标准品质生产方式进行生产。

标准品质生产方式是指通过改善工程能力（CP，Capability of Process）确保稳定（6 Sigma）品质的生产方式。标准品质生产当中的标准是为合理有效地执行企业经营活动而规定的操作方法和管理基准。标准管理的目的是将不同人员的操作方法、结果和成本控制在目标范围以内。SQM活动的工序标准可分为工程条件（Specification）、标准作业指导书、基本遵守项目、重点管理项目、傻瓜系统（Fool Proof System）等。

标准生产方式分7个阶段，如表7-2所示。首先评估相关工序的工程能力，整理所需的SQM标准并加以补充和完善；接下来培训员工，在现场张贴SQM标准，统一判断正常与否的基准，实现SQM标准生产。由管理部门定期（周或月）评估工程能力，为使工程能力达到2.0以上或工程能力指数（CPK）达到1.67，不断督促改进现有工序，并把更新内容反映到新修订的标准当中。

**表7-2 标准生产方式的7阶段**

| | |
|---|---|
| 1阶段 | 评价制造工程能力 |
| 2阶段 | 整理SQM标准（标准作业书、重点管理项目、基本遵守、工序规格） |
| 3阶段 | 补充/修改SQM标准 |
| 4阶段 | SQM标准培训 |
| 5阶段 | 现场张贴SQM标准（可视化管理） |
| 6阶段 | 适用SQM标准生产 |
| 7阶段 | 评价结果 |

## 五、标准管理4原则

生产管理要素的4M1E中，方法就是标准管理的内容，特别是品质经营层面标准管理的最重要要素。很多问题的发生都受标准影响，不管是什么问题，使用标准4原则，都有助于分析原因并找到问题的答案。大部分企业虽然明确认识标准管理的重要性，但不知提高标准落实率的具体方法，或意识不到提升标准落实率的投入不足等问题。

为管理标准4原则，首先应定期整理各工序必要的标准清单，并根据变动随时更新。制作标准清单时应找全本工序（部门）的必要标准，并按照标准4原则的步骤进行管理。

### 1. 是否有标准（有无）

工序内如缺失必要标准，必然会出问题。标准根据性质，可分为业务标准和技术标准，也可分为上级标准和下级标准，既有技术部门提供的标准，也有自己制定的标准。作为管理者，必须要掌握各工序需管理的标准项目数量。表7-3为标准落实管理的案例。

表 7-3　标准落实管理案例

| 部门 | 生产部 | 标准落实率管理表 | | | | 日期 | ××××年××月××日 | | |
|---|---|---|---|---|---|---|---|---|---|
| 标准分类 | 必要标准名称 | 制定/更新部门 | | 执行部门 | | 标准4原则项目 | | | |
| | | 部门 | 制定者 | 部门 | 执行者 | 有无标准 | 正确性 | 理解度 | 遵守率（%） |
| 操作标准 | 原材料投入作业指导书 | 技术部 | 李某某 | 生产部 | 王某某 | 有 | 高 | 高 | 100 |
| | 研磨作业指导书 | 技术部 | 王某某 | 生产部 | 李某某 | 有 | 高 | 中 | 92 |
| | 产品组装作业指导书 | 技术部 | 刘某某 | 生产部 | 吴某 | 有 | 中 | 高 | 88 |
| | 药品罐清洗作业指导书 | 技术部 | — | 生产部 | — | 无 | — | — | — |
| 设备标准 | 恒温炉点检基准书 | 设备部 | 黄某某 | 设备部 | 李某 | 有 | 高 | 高 | 98 |
| | 烧结炉点检基准书 | 设备部 | 王某 | 设备部 | 张某 | 有 | 高 | 中 | 86 |
| | 1号控制柜点检基准书 | 设备部 | 朱某某 | 设备部 | 郑某某 | 有 | 中 | 中 | 80 |
| | 冷冻机点检基准书 | 设备部 | 赵某某 | 设备部 | 刘某 | 有 | 中 | 高 | 85 |
| 检查标准 | 综合检查标准 | 品质部 | 刘某某 | 生产部 | 杨某 | 有 | 高 | 高 | 100 |
| | 覆膜工序检查标准 | 生产部 | 李某 | 生产部 | 张某某 | 有 | 高 | 高 | 96 |
| | 可靠性检测标准 | 品质部 | — | 生产部 | — | 无 | — | — | — |
| | MASK工序检查标准 | 生产部 | 张某 | 生产部 | 王某 | 有 | 高 | 高 | 95 |
| 规定手册 | 异常发生管理规定 | 生产部 | 李某某 | 生产部 | 李某 | 有 | 高 | 中 | 90 |
| | 作业指导书管理规定 | 生产部 | 杨某某 | 生产部 | 周某 | 有 | 高 | 中 | 82 |
| | 变更点管理规定 | 品质部 | — | 生产部 | — | 无 | — | — | — |
| | SQM管理手册 | 生产部 | 杨某某 | 生产部 | 李某某 | 有 | 高 | 高 | 100 |
| | 多技能管理手册 | 生产部 | 李某 | 生产部 | 徐某某 | 有 | 中 | 低 | 75 |

### 2. 标准是否正确（正确性）

工序虽有标准，但存在错误或不完整时，易造成员工失误或无法完整操作，比如，现场存在如下问题。

- 现场作业指导书只提供图片，无文字说明。
- 发生不良时，无法找到关于不良的具体操作方法和注意内容。
- 发生故障时，发现设备检查表内遗漏故障部位等检查内容。
- 标准已有几年未更新，但现场的各个方面却有很多改变。
- 检查项目存在遗漏，一些基准不明确，有客户投诉。

错的标准存在隐患且影响标准的可靠性，当发生变更时，应及时、准确地变更标准。

### 3. 是否正确理解标准内容（理解度）

标准再完美，运营和实施的人员若不能正确地理解标准的内容，也是会发生问题的。相关人员都应正确地理解标准，理解又分为理论和实践程度。员工在不理解标准的情况下工作，如同无证驾驶一样，所以，企业必须根据上岗证的情况安排生产。

4.是否正确遵守标准（遵守率）

标准能否被遵守相当重要。标准遵守需满足连续性和持续性要求，现场作业每时每刻都在进行，如何让员工持续培训和强化工序管理，如何让员工自觉遵守标准和管理工序，取决于现场“体质”和氛围的改善，也取决于现场管理者的能力和责任心。标准管理是生产部门各管理者的责任，品质经营部门应持续开展标准管理项目检查，定期评价各部门标准管理分数，并督促改善。

改善不仅局限于品质问题，所有问题的分析都可借鉴标准4原则思想：是否有标准，标准是否正确、是否被正确理解、是否被正确遵守，从这4个方面逐步查找原因，能够找到很多解决问题的答案。

## 六、品质费用（Q-Cost）管理

以往的品质管理是判定产品质量、满足客户、统计不良率和客户投诉等的管理。但在客户不断提高质量标准的情况下，为确保利润，发生的与品质相关的所有浪费，就是品质费用Q-Cost（Quality Cost）。

Q-Cost作为产品和工序不稳定而发生的费用，代表品质水平，分为预防费用（P-Cost）、评价费用（A-Cost）、失败费用（F-Cost），其中失败费用又分成内部失败费用（IF-Cost）和外部失败费用（EF-Cost）。

1.预防费用P-Cost（Prevention Cost）

预防费用是指为预防不良而投入的费用，即维持品质水平和预防不良发生的费用。

预防费用有：计划费用、工序管理费用、检查及实验计划费用、QC技术费用、品质培训费用、外部公司指导评估费用、认证费用、品质系统的开发管理费用、QC办公费用、预防产品不当使用的费用，其他预防费用（市场调查、供应商审核、设计品质研发及评估费用等）。

2.评价费用A-Cost（Appraisal Cost）

评价费用是指为确保品质水平而发生的产品检查费用。已生产产品的评估虽然可防止不良品流到下一工序，但无法改变产品质量。评价费用与失败费用、预防费用存在相关性，即预防品质活动和改善不良会提升品质水平，使评价费用下降，相反地，预防活动不足且品质水平低时，评价费用会上升。

评价费用有：入库检查费用、工序内检查费用、成品检查费用、测试费用、检查和测试设施维护费用、配件及成品品质认证费用、产品出库品质评估及当地测试费用、其他费用（测量设施折旧费等）。

3.内部失败费用IF-Cost（Internal Failure Cost）

内部失败费用是指与客户无直接接触但为减少客户负面影响而发生的与缺陷相关的费用，即品质水平维护失败所产生的不良品或不良材料引起的损失及处理费用。

内部失败费用有：超规格产品的报废成本、修理费、破损、保修配件库存费用、设计变更与分析费用、工序变更费用、划痕再修复费用、电脑故障引起返工的费用、包装及发货失误造成产品换型的费用、客户原因导致修改及返工的费用、赶工期导致的加班费用、基础数据错误修正的费用等。

4. 外部失败费用EF-Cost（External Failure Cost）

外部失败费用是指客户直接接触到的费用，即为处理客户不满而产生的费用。

外部失败费用有：维修更换费用、退货成本、折扣费用、增值费用、赔偿费用、安全保障费用、调查不满及处理费用、不良应收账款费用、延迟交付费用、物流损失费用、空运费、住宿费、滞纳金、售后费用等。

5. 低品质费用COPQ（Cost of Poor Quality）

COPQ是生产活动中出现缺陷或问题而产生的费用。有些损失是会计上较容易统计的，但也只是冰山一角（如图7-2）。虽然大部分损失较难掌握和统计，但仍应努力去查找这些隐藏的品质费用，并计算出损失。因为，对品质费用进行彻底挖掘、分析和改善，才可以实现利益最大化。

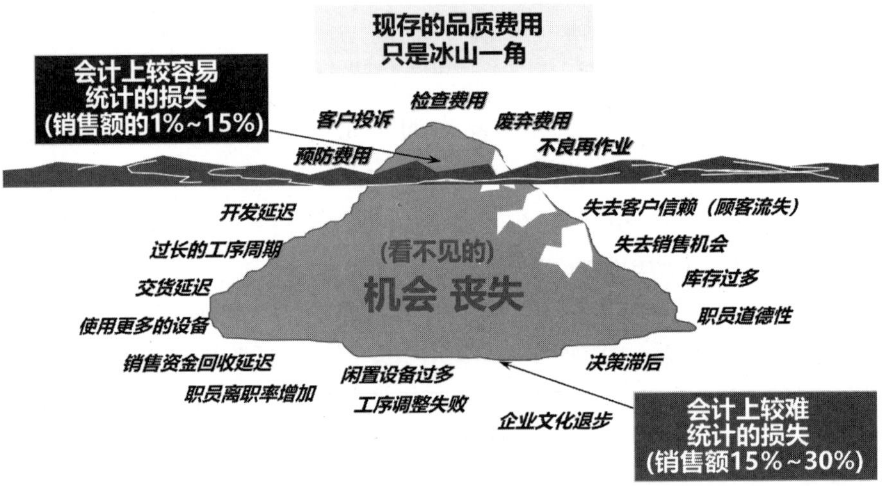


图7-2　品质费用的冰山

很多中小企业针对材料检查和生产流程的不稳定，利用事后检查来弥补，从而出现了维修、返工、报废等损失。

制造成本中所占比例较大的材料和人工费成本固然重要，但品质因素既是与客户的约定，也是企业生存的基本条件，更是生产活动的目的和企业获得利润的根基。因而，企业需要加强5M1E方面的源头管理，构建不生产不良的流程。

通常，强调品质管理也能够达到降低3%～5%费用的效果，但是，建议企业通过进一步创新的改善活动，使品质费用维持在2.5%以下的理想水平。比如，某企业品质提升1%时，出现了固定费下降1.3%、变动费下降3.5%，以及销量增加和售价上涨等情况，企业经营层面取得了巨大效果。

确保品质可以减少品质费用、达成交付期，从而满足客户和感动客户，这有助于企业知名度和竞争实力提升，所以，提高品质是企业应最优先开展的活动。

【案例2】▸▸▸

# 某企业提高品质活动案例

## 07月 Q-COST 统计现况（案例）

单位：元（人民币）

| 项目 | 大分类 | 中分类 | 小分类 | 前月 | 当月 | 差异 |
|---|---|---|---|---|---|---|
| 预防费用(P-COST) | 人工费 | 品质部门费用 | 品质部门人工费 | 38 656 | 42 925 | 4 269 |
| | | 工程改善费用 | 工程技术、工程QC人工费 | 102 554 | 103 087 | 533 |
| | | 品质改善费用 | 制造技术人工费 | 368 449 | 309 586 | -58 863 |
| | | 设备预防保全费用 | 设备保全人工费 | 280 982 | 313 368 | 32 386 |
| | | 小计 | | 790 641 | 768 966 | -21 675 |
| | 经费 | 品质培训费用 | 品质培训经费 | 0 | 0 | 0 |
| | | 自主管理活动费用 | 提案奖金 | 17 730 | 4 330 | -13 400 |
| | | | 小组活动费 | 4 260 | 6 360 | 2 100 |
| | | | 自主管理活动经费 | 184 230 | 148 606 | -35 624 |
| | | 品质部门费用 | 品质部门经费 | 12 870 | 19 940 | 7 070 |
| | | 工程改善费用 | 消耗修缮费 | 111 840 | 203 548 | 91 708 |
| | | 品质改善费用 | 制造技术部门经费 | 214 550 | 202 210 | -12 340 |
| | | 设备预防保全费用 | 设备保全经费 | 82 750 | 114 170 | 31 420 |
| | | | 消耗修缮费 | 340 830 | 338 590 | -2 240 |
| | | 小计 | | 969 060 | 1 037 754 | 68 694 |
| | 预防费用合计 | | | 1 759 701 | 1 806 720 | 47 019 |
| 评价费用(A-COST) | 人工费 | 进料检查费用 | 进料检查人工费 | 48 033 | 54 360 | 6 327 |
| | | 工程检查费用 | 工程检查人工费 | 261 185 | 233 546 | -27 639 |
| | | 出厂检查费用 | 出厂检查人工费 | 23 776 | 12 215 | -11 561 |
| | | 寿命检查费用 | 寿命检查人工费 | 23 776 | 12 215 | -11 561 |
| | | 外包工程检查费用 | 外包工程检查人工费 | | | 0 |
| | | 测量仪器校验费用 | 校验人员人工费 | 24 434 | 27 252 | 2 818 |
| | | 小计 | | 381 204 | 339 588 | -41 616 |
| | 经费 | 进料检查费用 | 进料检查经费 | 10 890 | 16 870 | 5 980 |
| | | | 折旧费 | 0 | 0 | 0 |
| | | 出厂检查费用 | 出厂检查经费 | 12 870 | 19 940 | 7 070 |
| | | | 折旧费 | 0 | 0 | 0 |
| | | 寿命检查费用 | 寿命检查经费 | 12 870 | 19 940 | 7 070 |
| | | | 折旧费 | 0 | 0 | 0 |
| | | 测量仪器校验费用 | 校验人员经费 | 30 670 | 33 600 | 2 930 |
| | | | 折旧费 | 0 | 0 | 0 |
| | | 小计 | | 67 300 | 90 350 | 23 050 |
| | 评价费用合计 | | | 448 504 | 429 938 | -18 566 |

| 项目 | 大分类 | 中分类 | 小分类 | 前月 | 当月 | 差异 |
|---|---|---|---|---|---|---|
| 内部失败费用(IF-COST) | 材料费 | 不良损失费用 | 不良成本材料费 | 37 041 | 79 592 | 42 551 |
| | | 流出损失费用 | 流出成本材料费 | 64 192 | 95 974 | 31 782 |
| | | 修理损失费用 | 修理成本材料费 | 208 788 | 213 083 | 4 295 |
| | | 废品损失费用 | 废品成本材料费 | 340 924 | 375 563 | 34 639 |
| | | 技术中试费用 | 技术中试不良成本 | 0 | 0 | 0 |
| | | 研发中试费用 | 研发中试不良成本 | 0 | 0 | 0 |
| | | 原材不良补偿费用 | 原材不良补偿金额 | -164 442 | -168 023 | -3 581 |
| | | 小计 | | 486 503 | 596 189 | 109 686 |
| | 人工费 | 不良损失费用 | 不良成本人工费 | 7 645 | 11 814 | 4 169 |
| | | 流出损失费用 | 流出成本人工费 | 15 347 | 14 318 | -1 029 |
| | | 修理损失费用 | 修理成本人工费 | 59 738 | 81 484 | 21 746 |
| | | 废品损失费用 | 废品成本人工费 | 10 049 | 11 225 | 1 176 |
| | | 不良处理费用 | 不良处理人工费 | 23 046 | 25 113 | 2 067 |
| | | 小计 | | 115 825 | 143 954 | 28 129 |
| | 经费 | 不良损失费用 | 不良成本经费 | 38 772 | 71 325 | 32 553 |
| | | 流出损失费用 | 流出成本经费 | 76 148 | 77 081 | 933 |
| | | 修理损失费用 | 修理成本经费 | 238 020 | 294 129 | 56 109 |
| | | 废品损失费用 | 废品成本经费 | 57 292 | 55 548 | -1 744 |
| | | 再检、返工费用 | 再检、返工经费 | 7 772 | 31 542 | 23 770 |
| | | 不用库存损失费用 | 变卖、废弃费用 | | | 0 |
| | | B品损失费用 | B品损失费用 | 0 | 0 | 0 |
| | | 小计 | | 418 004 | 529 625 | 111 621 |
| | 内部失败费用合计 | | | 1 020 332 | 1 269 768 | 249 436 |
| 外部失败费用(EF-COST) | 人工费 | 客服部门费用 | 客服部门人工费 | 174 944 | 178 581 | 3 637 |
| | 经费 | 客服部门费用 | 客服部门经费 | 46 520 | 72 090 | 25 570 |
| | | | 国内出差费用 | 57 650 | 109 610 | 51 960 |
| | | | 海外出差费用 | 0 | 40 870 | 40 870 |
| | | FOC损失费用 | 现物补偿费用 | 232 318 | 239 013 | 6 694 |
| | | | 现金补偿费用 | 0 | 0 | 0 |
| | | | 退货补偿费用 | 0 | 0 | 0 |
| | | 小计 | | 336 488 | 461 583 | 125 094 |
| | 外部失败费用合计 | | | 511 432 | 640 164 | 128 731 |
| | 品质费用总计 | | | 3 739 969 | 4 146 590 | 406 620 |

| | | 销售额对比 | | 制造成本对比 | |
|---|---|---|---|---|---|
| Q-COST合计 | 4 146 590 | Q-COST | 1.34% | Q-COST | 1.41% |
| 当月销售额 | 309 358 625 | P-COST | 0.58% | P-COST | 0.62% |
| | | A-COST | 0.14% | A-COST | 0.15% |
| 当月制造成本 | 293 359 278 | IF-COST | 0.41% | IF-COST | 0.43% |
| | | EF-COST | 0.21% | EF-COST | 0.22% |

企业通过品质成本的管控和改进，把品质成本从15%降低到1.3%。

## 七、不断创新满足客户需求

满足客户是指企业向客户提供的产品或服务超出客户需求，让客户感动并认可企业所提供的产品或服务，从而提高回购率。

满足客户的因素从以往只针对商品，逐步拓宽到商品、服务以及作为间接因素的企业形象（见图7-3），所以，优秀的企业更加重视企业形象。

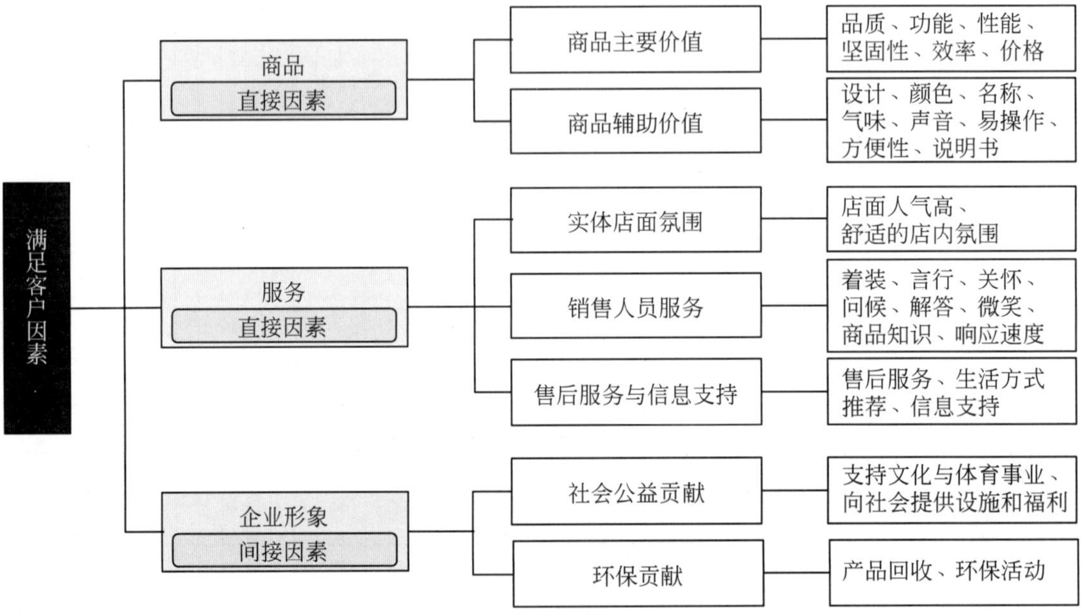


**图7-3　满足客户的因素**

为提升客户满意度，企业需强化内部品质革新活动。品质革新是指以经营层面的经济性为背景，开展的避免重复性、节俭品质费用的活动。

在预防方面，企业可以采取以下措施。

（1）以改善品质为目的，把用户需求反映到产品生产的品质功能分解（QFD，Quality Function Deployment）活动中。

（2）建立合作公司管理和源头品质保证体系。

（3）通过标准生产方式（SQM）体系完善生产条件。

（4）持续开发预防问题的傻瓜式纠错系统（Fool Proof System）。

（5）提高标准落实率的5种预防品质问题的活动。

为避免重复性，企业还应提升员工改善品质的技能，以及调查不良现象、制定对策、改善并提高维持管理的能力，同时利用重视设计（生产）品质源头（原因）和避免重复性的思维模式，通过全员参与和体系化活动的开展，最终实现零不良目标。

## 八、品质经营活动

品质经营（QM，Quality Management）是指在最高经营者的领导下，把品质经营设定为企业的优先课题，通过满足客户体系，为谋求企业的长期成功及为员工和社会做出贡献，而开展的全员、全过程、全公司的综合经营管理活动。品质经营活动范围包括材料品质、研发品质、生产品质、市场品质，见图7-4，其中材料品质也可解释为供应商品质。

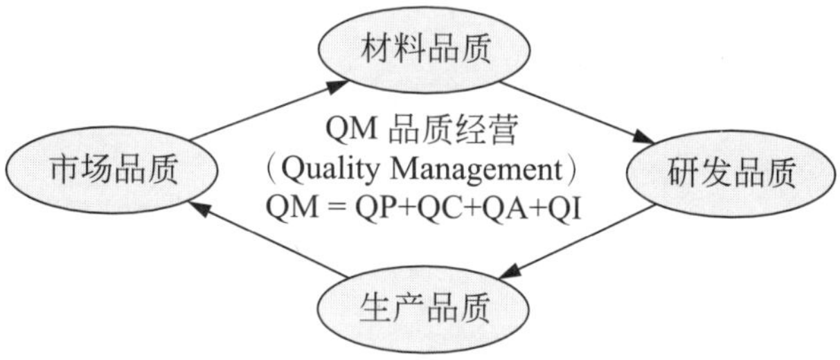


图7-4　品质经营活动的范围

品质经营活动要求将品质政策、品质管理、品质保证、品质改善等4个分类有机地衔接和协调。根据企业、事业部、工厂、部门单位等不同层次，活动的范围和内容也有些不同，具体可参考表7-4的样板内容。

表7-4　品质经营4大项目范围和内容

| 序号 | 项目 | 范围和内容 |
| --- | --- | --- |
| 1. | 品质政策（QP）Quality Policy | （1）由最高经营层正式发布企业品质架构的总体意志和方向<br>（2）将品质方针纳入企业方针当中，组建企业4大品质体系，并对以下品质进行评价：客户（市场）品质、配件品质、设计品质、制造工序品质<br>（3）内容包括：所有标准的注册/受控管理、品质费用管理、品质培训及指导、品质点检、检查体系研究、参与供应商品质的指导评价、管理标准落实率 |
| 2 | 品质管理（QC）Quality Control | （1）为满足制造品质条件而应用运营技能开展活动<br>（2）品质管理包含为提升经济效果，而管控品质螺旋（Quality Spiral）相关阶段并排除问题原因的活动<br>（3）品质管理活动由4大品质项目负责人主导，并由品质部门定期评价和指导、支援各大项目活动<br>（4）需特别强调，品质管理活动的主体是生产部门，通过自检，预防不良产品向后工序流出 |
| 3 | 品质保证（QA）Quality Assurance | （1）为让客户对所提供产品或服务感到满意而实施的所有计划性体系措施<br>（2）为有效保障品质，需管控生产、安装、检查活动，并持续评估影响检查、设计、方案合理性的因素<br>（3）与销售部门合作，正确解读客户声音VOC（Voice of Customer），并迅速应对（VOC管理） |
| 4 | 品质改善（QI）Quality Improvement | （1）是提升品质各阶段行为和过程有效性的活动<br>（2）持续改善4大品质项目，以提升企业品牌价值<br>（3）品质部门汇总4大品质的改善内容（项目），并彻底管理改善过程和结果，以确保迅速解决品质问题<br>（4）品质改善活动顺利开展的核心是提升品质改善技能、预防重复性问题 |

【案例3】

## 某企业品质保全SQM活动

某企业品质保全SQM活动步骤如下图所示。

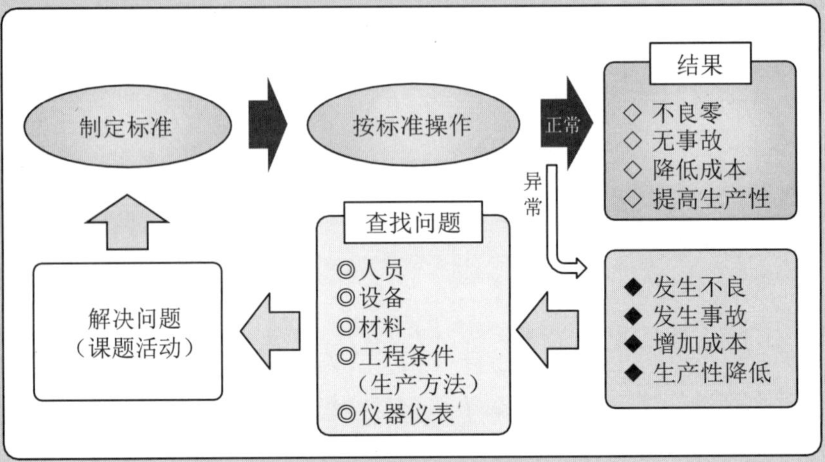


某企业品质保全SQM活动步骤

SQM活动与自主保全活动相结合的项目与内容如下表所示。

SQM活动与自主保全活动相结合的项目与内容

| 序号 | 项目 | 内容 |
|---|---|---|
| 1 | 员工意识形态 | ■改变原来只顾生产的模式<br>→分析问题（不合理），查找真正原因并改善成理想状态 |
| 2 | 活动对象 | ■工作当中查找、改善不合理<br>→活动对象为现场不合理和与工作相关的所有不合理<br>▶对象：5M1S（人员、设备、材料、方法、测量、安全） |
| 3 | 改善活动 | ■工程散布零化活动<br>→通过针对理想状态之间差异（散布）的改善活动，努力零化散布，生产稳定规格的产品<br>▶对象：人员、设备、材料、工序条件、半成品、成品 |
| 4 | 管理项目 | ■为实现产品的稳定，设计正确操作方法，加强重点管理项目，并设定制作良品的工序条件<br>▶对象：工程能力改善、根据标准管理设备、重点管理项目、基本遵守项目、傻瓜系统 |
| 5 | 效果 | ■故障为0、不良为0（CPK≥1.5）、事故为0 |
| 6 | 最终目标 | 满足客户，提升竞争实力 |

## 【案例4】

### 品质保全慢性不良改善活动

**背景**

- 痼疾不良的改善不足
- 客户下线率增加

**目的**

- 提高直通率及降低不良成本
- 确保无散布稳定品质

**活动内容**

- SQM推进阶段

| |
|---|
| SQM培训 |
| 工序定义 |
| 划分详细工序 |
| 收集工序信息（输入/输出） |
| 选择管理项目 |
| 区分管理项目 |
| 制作标准及张贴 |
| 注册标准 |
| 遵守标准活动 |
| 检验标准 |
| 检查标准 |
| 管理变更履历 |
| 调查测量现况 |

- FTA分析案例

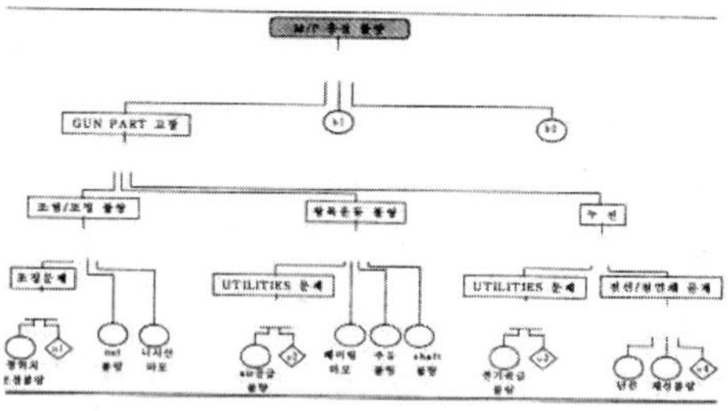


- FMEA分析案例

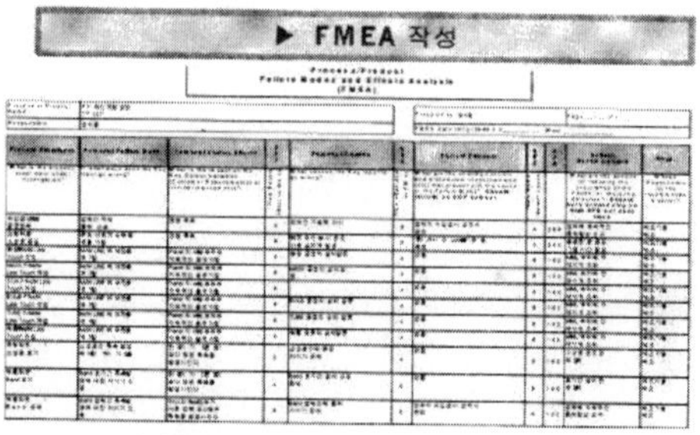


- C&E分析案例

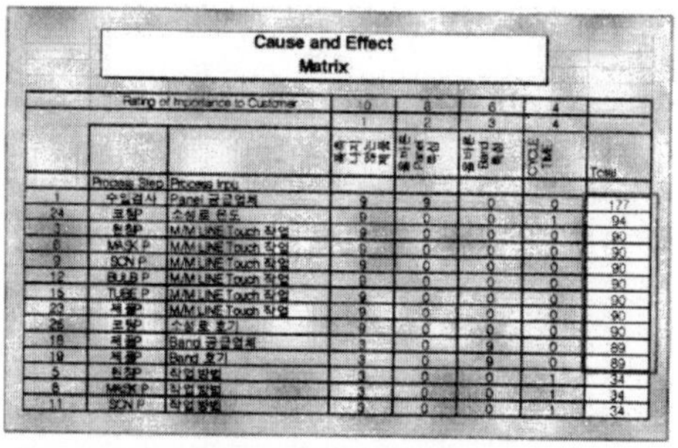


**活动成果**

- 减少Q-Cost及提高直通率
- 用科学方法提高改善能力（DMAIC）

**向后计划**

- 活跃6 Sigma项目改善活动
- 设备与品质的系统化管理

# 第八章 TPM教育培训活动

## 一、培训活动概要

TPM所有活动都要求执行人员具备相应知识和技能，所以，培训是支撑TPM活动的重要基础。活动中理论教育固然重要，但更重要的是，在面向全员的实践中应对应每个知识环节的培训和自我提升技能。

培训活动的关键是建立应用技能培训基地，帮助员工提升实践技能。具体可通过10分钟培训分享个人知识经验；通过建立创新学校等机构，提升思想意识、团队精神及员工执行力；通过培养“π”型专业人才，实现专业人才国际一流的企业目标。

## 二、培训活动体系

培训活动体系，如图8-1所示。

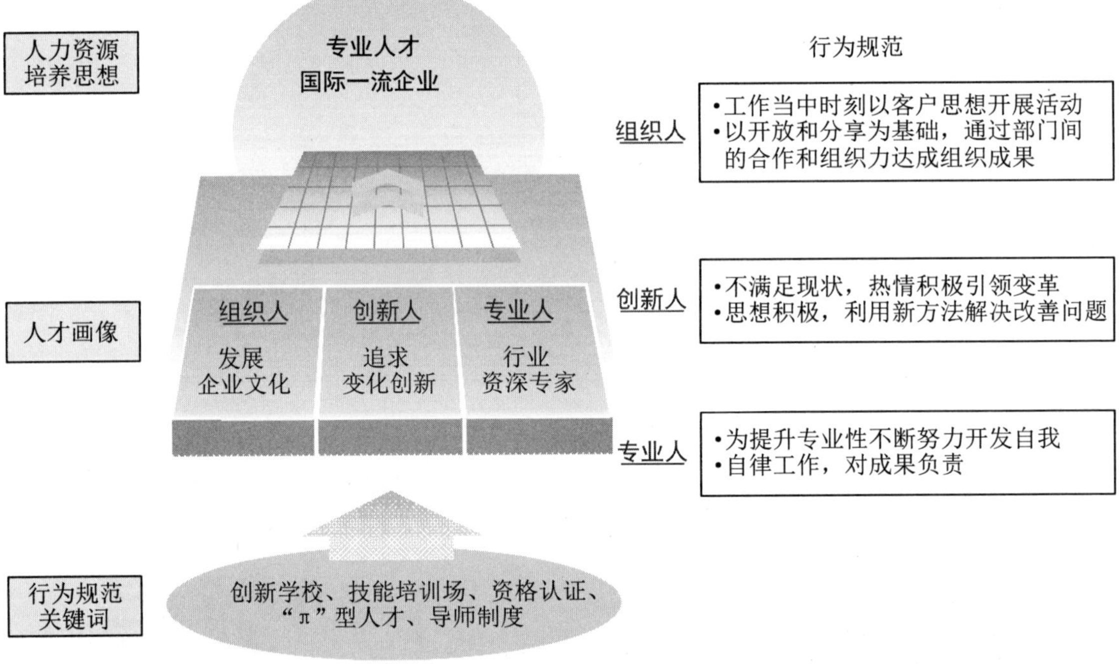


图8-1　培训活动体系图

【案例1】▸▸▸

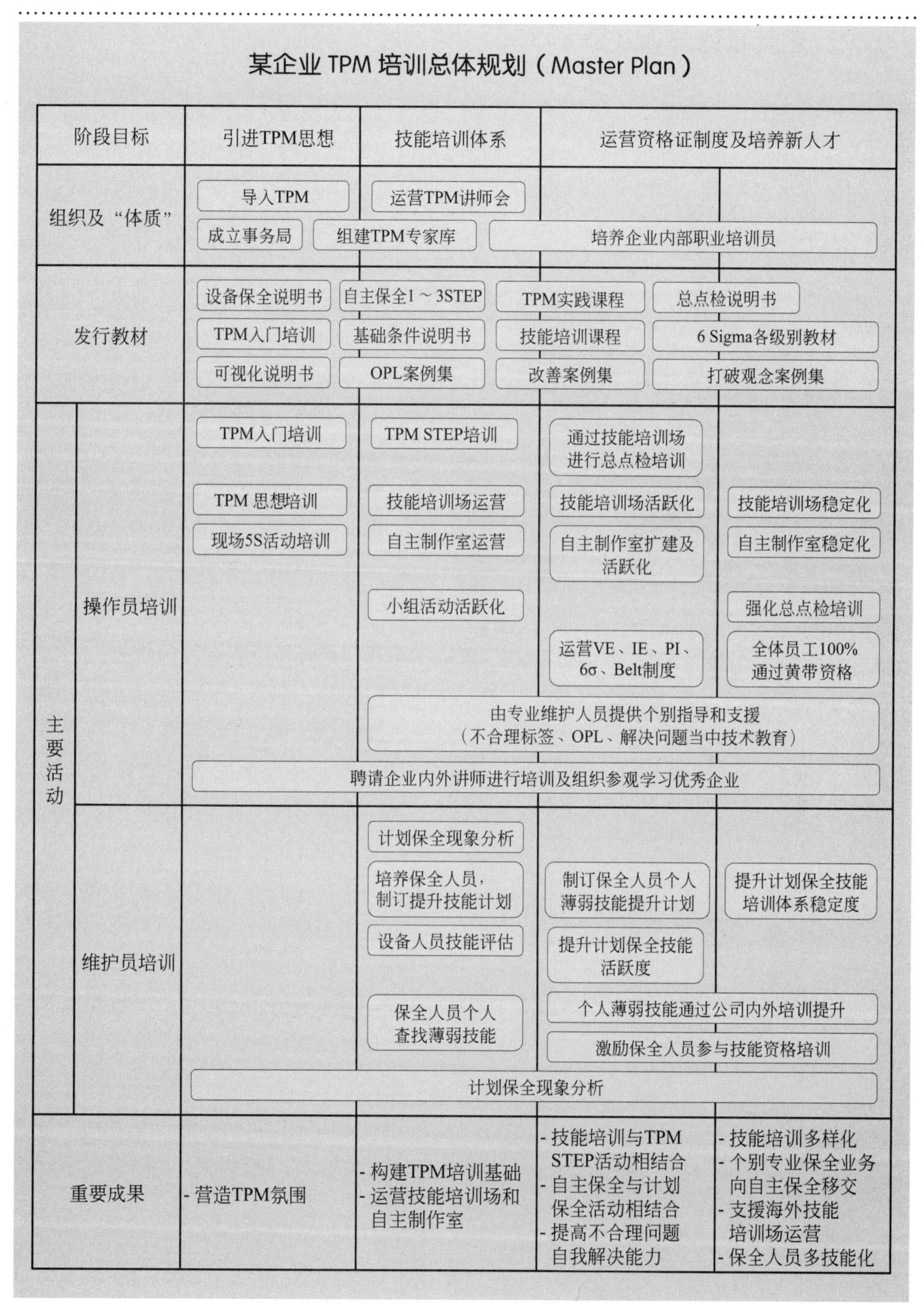

## 某企业 TPM 培训总体规划（Master Plan）

<table>
<tr><th colspan="2">阶段目标</th><th>引进TPM思想</th><th>技能培训体系</th><th colspan="2">运营资格证制度及培养新人才</th></tr>
<tr><td colspan="2" rowspan="2">组织及“体质”</td><td>导入TPM</td><td>运营TPM讲师会</td><td></td><td></td></tr>
<tr><td>成立事务局</td><td>组建TPM专家库</td><td colspan="2">培养企业内部职业培训员</td></tr>
<tr><td colspan="2">发行教材</td><td>设备保全说明书<br>TPM入门培训<br>可视化说明书</td><td>自主保全1～3STEP<br>基础条件说明书<br>OPL案例集</td><td>TPM实践课程<br>技能培训课程<br>改善案例集</td><td>总点检说明书<br>6 Sigma各级别教材<br>打破观念案例集</td></tr>
<tr><td rowspan="6">主要活动</td><td rowspan="3">操作员培训</td><td>TPM入门培训<br>TPM 思想培训<br>现场5S活动培训</td><td>TPM STEP培训<br>技能培训场运营<br>自主制作室运营<br>小组活动活跃化</td><td>通过技能培训场进行总点检培训<br>技能培训场活跃化<br>自主制作室扩建及活跃化<br>运营VE、IE、PI、6σ、Belt制度</td><td>技能培训场稳定化<br>自主制作室稳定化<br>强化总点检培训<br>全体员工100%通过黄带资格</td></tr>
<tr><td></td><td colspan="3">由专业维护人员提供个别指导和支援（不合理标签、OPL、解决问题当中技术教育）</td></tr>
<tr><td colspan="4">聘请企业内外讲师进行培训及组织参观学习优秀企业</td></tr>
<tr><td rowspan="3">维护员培训</td><td></td><td>计划保全现象分析<br>培养保全人员，制订提升技能计划<br>设备人员技能评估<br>保全人员个人查找薄弱技能</td><td>制订保全人员个人薄弱技能提升计划<br>提升计划保全技能活跃度</td><td>提升计划保全技能培训体系稳定度</td></tr>
<tr><td></td><td></td><td colspan="2">个人薄弱技能通过公司内外培训提升<br>激励保全人员参与技能资格培训</td></tr>
<tr><td colspan="4">计划保全现象分析</td></tr>
<tr><td colspan="2">重要成果</td><td>- 营造TPM氛围</td><td>- 构建TPM培训基础<br>- 运营技能培训场和自主制作室</td><td>- 技能培训与TPM STEP活动相结合<br>- 自主保全与计划保全活动相结合<br>- 提高不合理问题自我解决能力</td><td>- 技能培训多样化<br>- 个别专业保全业务向自主保全移交<br>- 支援海外技能培训场运营<br>- 保全人员多技能化</td></tr>
</table>

## 三、运营技能培训基地

在自动化工厂、智能生产等技术支持下，企业已进入设备决定产品质量的时代。作为生产操作员工，应具备自主保全高水平技能，以不断查找潜在缺陷的方式预防故障发生，同时要接受培训，成为具备机械、电工、电子技能的复合型维保人员，这样才能满足高效率维保业务的需求。

培训方面，企业应精确定位每个人的技能水平，并制定相应的培训目标。同时，企业需要安排技能培训场地、培养专业讲师、准备相应教材，并导入技能资格证制度。

技能培训场地的配置需结合企业的自身情况，同时还要综合评估预算、规模、运营方式等诸多因素。有些企业还会利用闲置的生产设备，让学员们在理论和实操环境下接受培训课程。

课程方面分为基础技能课程、中级技能课程、机械手应用课程，应根据学员的专业技能情况分级安排适合的课程。通常，每个课程的学习为4～5天，以脱产授课方式进行。

在自主保全4 STEP活动中，要求全员接受总点检培训后，开展总点检活动。同时要求全体学员在完成培训课程后，接受理论和实操测试，以保障学员在测试合格后获得证书，并将测试结果反馈到目标管理绩效考核当中。比如，企业为活跃和激励技能提升活动，每半年开展一次技能竞赛，图8-2是部分竞赛场景。

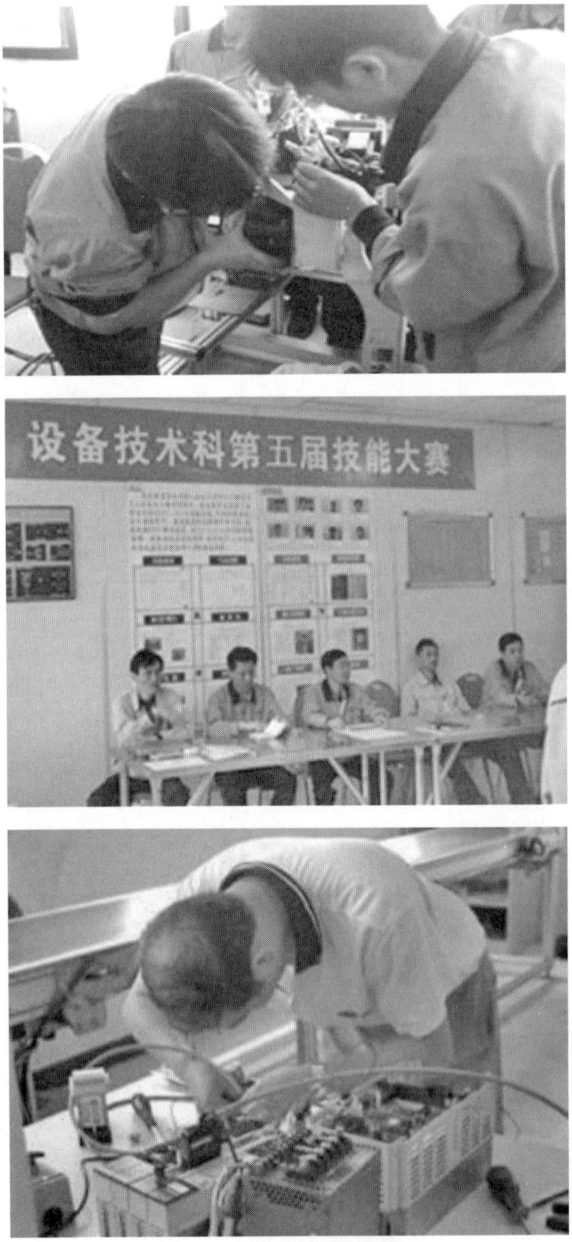


图8-2　技能竞赛场景展示

【案例2】

## 某企业技能培训基地运营现况

**课程概要**

1.目的：
（1）通过自主保全0～3 STEP提高活动效率
（2）实施自主保全4 STEP总点检培训
（3）通过学习技能分步接受保全业务

2.课程及接受培训对象：
（1）技能培训基础课程：主任以下员工
（2）技能培训中级课程：基础课程结业者
（3）机械手应用课程：生产部门小组队长、班长、工程师、设备和技术部门机械手技能薄弱者
（4）总点检培训：4 STEP小组对象

3.培训课时安排
（1）技能培训基础课程：32学时（4日）
（2）技能培训中级课程：40学时（5日）
（3）机械手应用课程：32学时（4日）
（4）总点检培训：各阶段8学时（共32学时）

4.场地总面积：2 000平方米

5.设施投资：180万元

6.培训讲师：30人
课长4人、代理17人、员工9人

## 四、多技能活动

随着技术的不断发展、多品种小批量体系的加速以及管理技术的提升，生产系统对操作者能力的要求也在不断提升。如果只增加人数而不提升员工能力，企业则无法响应外部环境的变化，且成本也会不断增加，从而导致企业竞争力下滑。所以，及时提升员工技能是企业经营面临的非常重要的课题。

生产、设备以及整体部门的多技能水平提高活动，将有助于企业提升应对故障的能力。多能工可以胜任多岗位，也会使企业整体的工作效率获得提升。

多技能水平提升活动的开展可以分7阶段进行，如图8-3所示。

1阶段“技能清单”：列出本工序所有岗位要求的技能清单。

2阶段“调查现况”：根据所需技能要求，调查每个员工的实际技能水平；每个员工自我评价后，交上级确认。

3阶段“分析差异”：分析本工序或部门工作中，各级别、各岗位目标与实际水平之间的差异，并以此作为制订培训计划的依据。

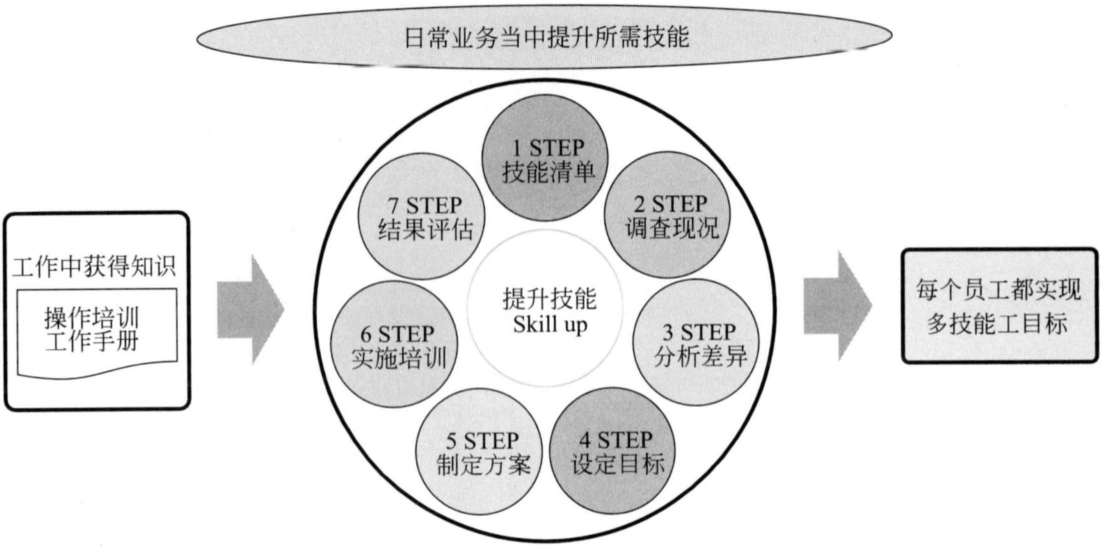


图8-3　多技能方案7阶段

4阶段“设定目标”：每个员工设定规定期内达成的技能目标，交由上级管理者确认；终极目标是让每个员工都成为理论知识和技能兼备的专家。

5阶段“制定方案”：包括活动的日程计划，及讲师、教材、教具等方面的准备工作。

6阶段“实施培训”：按照既定培训计划实施技能培训，这需要学员、讲师以及管理者共同努力，尤其让员工在日常工作当中获得持续的关注和指导。

7阶段“结果评估”：针对员工岗位理论知识和技能水平，每年开展2～3次岗位技术评估，并对个人能力的提升进行跟踪管理。

## 五、运营创新学校

企业的兴衰取决于问题的发生频率和解决能力、速度。一个企业虽然持续开展了很多制造改善活动，但在现场中还是会发现很多不足之处。所以，现场员工和创新领导者需具备迅速提出解决对策并执行的能力，也就是对现场发生的影响生产效率、品质、交货期、成本的问题，能够立即提出正确的解决方案并予以实施。

企业创建、运营创新学校目的是，帮助员工全面掌握制造管理所需的基本能力，提高员工发现问题、提出改善对策并予以执行的能力，从而建立理想的企业文化，培养优秀的创新专家。

创新学校既能以全员为运营对象，也能以基层或中层管理者为运营对象，因而，运营的内容是多样化的。课时通常为2～5天，可脱产集中接受培训。培训期间可通过实践活动体验很多改善课题，并针对未完成的任务，在培训结束后继续进行，直到完成课题。比如，A公司在行程最后一天安排了10公里夜行军项目，让全员无比激动，也让此次培训变得非常有意义。

【案例3】▸▸▸

### 某企业创新学校培训体系

某企业创新学校培训体系如下图所示。

**STEP 1 理论学习**

- 变化与创新的重要性
- 制造活动与生产效率设计
- 3定与5S
- 生产效率管理（人员与设备）
- TPM概念与推进方法
- 设计制造物流
- 制造成本与TPI

**STEP 2 案例研究**

- 案例研究实习
  - 生产效率指标管理
  - 工程能力分析
  - Man-Machine（人-机）分析
  - 缩短换线时间
  - 成本节俭TPI分解
  - 在工库存现况分析
  - 设备综合效率
- 优秀案例视频分享

**STEP 3 实践改善活动**

- 现场分析改善（样板工序）
  - 制造效率与制造物流
  - TPM不合理改善
  - 改善制造7大浪费
  - 10分钟培训
  - 活动板运营
- 整理改善活动及向后计划
  - 活动看板整理及制订向后计划
  - 发布改善内容及效果

要点1　制造效率与制造物流革新的专业化实践为主的课程安排

要点2　利用各种分析工具提高实践能力

要点3　通过各类型优秀视频案例分享，提升现场应用能力

要点4　针对样板工序的小组课题活动，提升实战分析及制订计划的能力

要点5　企业层面策划提升创新、改善、执行能力的方案

某企业创新学校培训体系

【案例4】▸▸▸

### 某企业创新学校培养高效执行力人才

目的：通过正确的文化活动和变化的创新意识，强化创新活动的执行力，营造独特的挑战极限目标的创新氛围，培养创新专家，极大提升管理者的执行力。

创新学校培养高效执行力人才课程安排如下表所示。

创新学校培养高效执行力人才课程安排

| 区分 | 06 | 07 | 08 | 09 | 10 | 11 | 12 | 13 | 14 | 15 | 16 | 17 | 18 | 19 | 20 | 21 | 22 | 23 | 24 | 01 | 02 | 03 | 04 |
|---|---|---|---|---|---|---|---|---|---|---|---|---|---|---|---|---|---|---|---|---|---|---|---|
| 第1天 | | | | | 课程导入Team work | 开学仪式 | 士气训练 | 中餐 | 企业竞争力理解 | | 创新意识学习 | | 晚餐 | 士气训练及评价 | | 感想发表 | 当日内容自己学习 | | 休息 | | | | |
| 第2天 | 起床集合 | 跑步 | 早餐 | 早上问候 | 创新能力提高教育 | 发现浪费及改善创新活动学习 | | 中餐 | 现场消除浪费实践活动 | | | | 晚餐 | 团队协作精神 | 团队项目挑战游戏(生死99秒等) | | 当日内容自己学习 | | 休息 | | | | |
| 第3天 | 起床集合 | 跑步 | 早餐 | 早上问候 | 确保企业竞争力的战略解码介绍 | 创新推进领导力教育 | 创新推进办业务介绍 | 中餐 | 优秀企业创新案例介绍 | | 创新问题点及改善对策分组讨论 | | 综合发表会 | 晚餐 | 夜行军导入及出发仪式 | | 夜间行军：10千米 | | | | | | |
| 第4天 | 返回出发点 | | 早餐 | 个人总结 | 课程结业式 | | | | | | | | | | | | | | | | | | |

创新学校小组士气展示

创新学校夜行军

创新学校管理者目标挑战

创新学校改善项目评价

创新学校培养活动风采

## 六、培养Pi（π）型人才

目前人才的需求已经从单一专业人才不断趋向于多专业领域拓宽技能的π型复合人才。企业经营也更加注重多领域技能人才的培养。企业员工除了具备各自专业的技能以外，还要拓宽副专业技能，以满足π型人才需求的基本条件。

基本能力包括沟通能力、探索力、全球化能力等。企业应对π型人才从专业技能、管理能力、改善能力等三个方面进行评估，全面掌握上述3种能力的人才被认证为π型人才。

专业能力是指针对自己所承担的业务，在理论和实操方面具备卓越的实力。管理能力包括组织能力、领导力、沟通能力、时间管理能力、目标管理能力等。改善能力是指发现问题和解决问题的能力，为此需掌握各种改善工具，并具有执行力。其中改善能力、管理能力根据职责级别不同会有差异，设定的目标也有所不同。

某公司培养Pi型人才的架构，如图8-4所示。

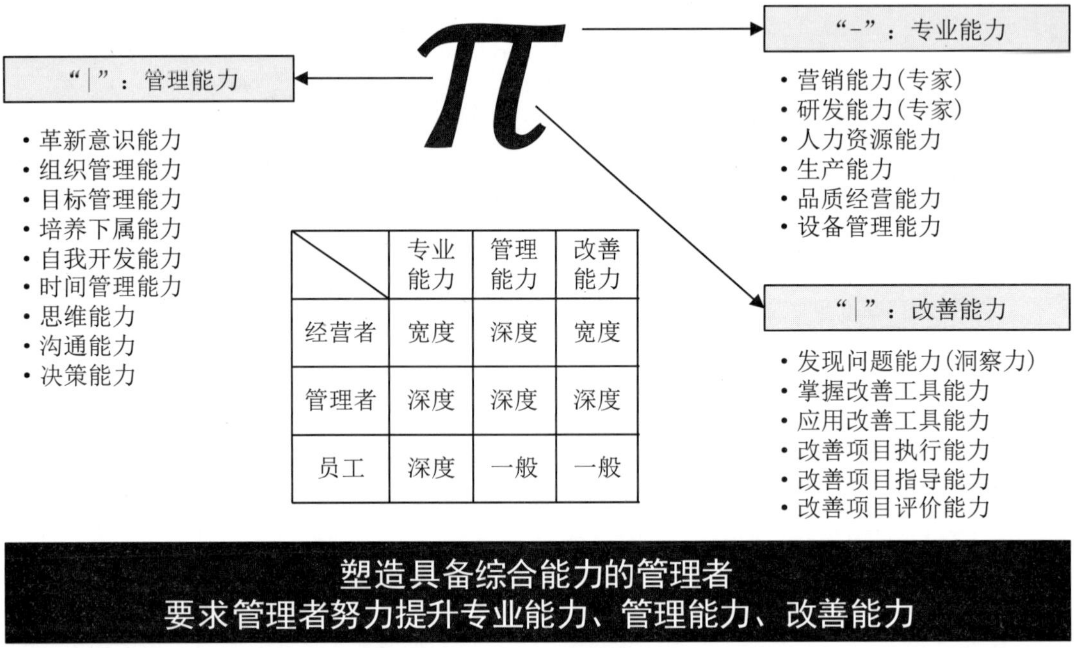


| | 专业能力 | 管理能力 | 改善能力 |
|---|---|---|---|
| 经营者 | 宽度 | 深度 | 宽度 |
| 管理者 | 深度 | 深度 | 深度 |
| 员工 | 深度 | 一般 | 一般 |

图8-4　某公司培养Pi型人才架构图

## 七、领导的美德之“知、行、用、训、评”

引领企业的领导者是引领下属的角色，包括所有基层和中高层管理者和经营者，要求具备很高的资质。

理想的境界是成为知、行、用、训、评等综合资质的艺术家。

知：在π型人才需求下，不仅应具备专业知识、管理知识、改善知识，还应具备引领社会变化的洞察力和逻辑思维，并在网络经济中提升对知识基础社会的理解和见识。

行：代表不管遇到任何困难对既定任务都要尽心完成的执行力。作为兼备经验、知识的管理者，应具有引领创新组织文化的执行力和带动组织向统一方向行动的协调能力，同时应保持“功劳归下属，责任归我”的心态。

用：要确保适才适用，为下属成果最大化，尽心做好分配和引导工作。下属的成果就是本人的成绩，因此，提出愿景、提升士气、营造有干劲的氛围、设立令人向往的岗位是“用”的重点。

训：管理者不断提升自我水平，无保留地向下属提供经验和知识，可让员工产生共鸣，提升员工实力，培养专业人才，从而使管理者成为大家学习的榜样。

评：要求对现场发生的事情进行准确评价，并根据轻重缓急有序应对，正确区别优秀和不足之处，提升整体的水平。

同时，优秀的管理者还应具备“正发生什么事情”的状况分析（Situation Analysis）能力、“为什么发生那种事情”的问题分析（Problem Analysis）能力、“将来存在什么问题”的潜在问题分析（Potential Problem Analysis）能力。

## 【案例 5】

### 某企业技能培训基础课程

**培训概要**

1. 目的：
（1）成功开展 TPM 0 ～ 3STEP 活动
（2）开展 TPM 4 STEP 总点检培训
（3）通过学习技能分批移交维护业务
2. 对象：主任级别以下员工
3. 时间：32 学时 (4 日脱产学习 )
4. 教学器材：
（1）空压机实习台 5 台
（2）焊接机 5 台
（3）物流设备 1 套
（4）机械实习台 4 台等

**课程教材**

**课程概要**

| 课程 | 学时 | 内容 | 实习内容 |
|---|---|---|---|
| 机械基础课程 | 8 | 基础工具、机械要素、动力传输装置、润滑管理 | 设备拆解、组装 |
| 电工 | 4 | 电工基础理论、电工设备、交流电与功率因素、电器安全管理、消防设备 | 电工电路理解 |
| 电子 | 8 | 检测方法、基本工具使用方法、传感器与变频器、基础控制概要 | 电子电路理解 |
| 油空压 | 8 | 空压概要、压缩空气制作与供应、空压要素、空压符号、油压概要 | 油空压线路理解 |
| 焊接 | 4 | 焊接基础知识理解 | 电焊操作 |

**培训场景**

**培训成果**

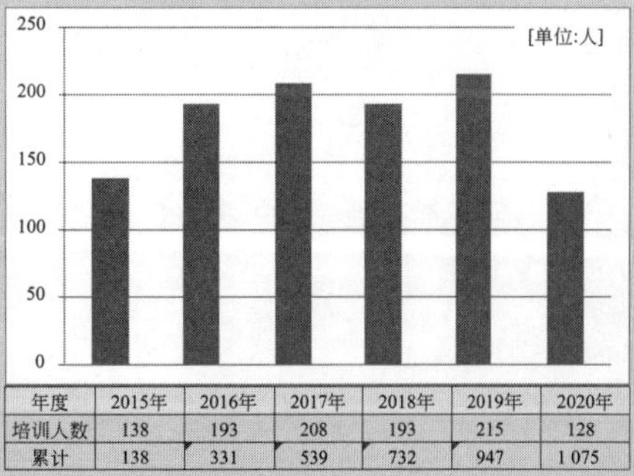
[单位:人]
250
200
150
100
50
0
年度 2015年 2016年 2017年 2018年 2019年 2020年
培训人数 138 193 208 193 215 128
累计 138 331 539 732 947 1 075

【案例6】▸▸▸

## 某企业技能培训中级课程

### 培训概要

1.目的：
（1）理解设备特点，提高发生问题时的应对能力
（2）对设备能够自主和主动管理
（3）通过拆解、组装自动化设备，理解自动化设备的基础知识
2.对象：技能培训基本课程结业者
3.学时：40学时（5天脱产集中培训）
4.教具现况：
（1）移栽机设备1套
（2）升降机设备2套
（3）滚轴流水线和传送带各1套
（4）定位装置1套等

### 课程教材

### 课程概要

| 课程 | 学时 | 内容 | 备注 |
|---|---|---|---|
| 系统控制结构 | 10 | 设备电器控制系统结构理解 | 理论 |
| 线路拆解 | 1 | 设备控制线路拆解实操 | 实操 |
| 线路布线 | 5 | 设备各控制排线布线实操 | 实操 |
| 系统结构理解 | 6 | 设备系统结构理解 | 理论 |
| 结构画图 | 2 | 设备结构的画图实操 | 实操 |
| 各部件拆解 | 6.5 | 移栽机、升降机、传送带等拆解实操 | 实操 |
| 分解部件画图 | 1.5 | 指定拆解部件画图实操 | 实操 |
| 各部件组装 | 8 | 移栽机、升降机、传送带等组装实操 | 实操 |

### 教具（移栽机）

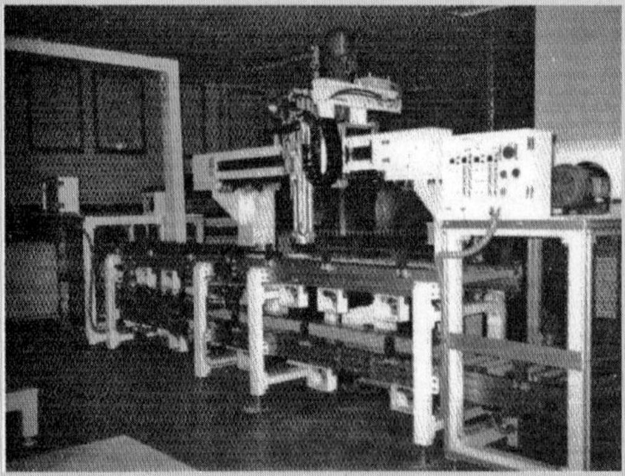

### 教具（控制单元）

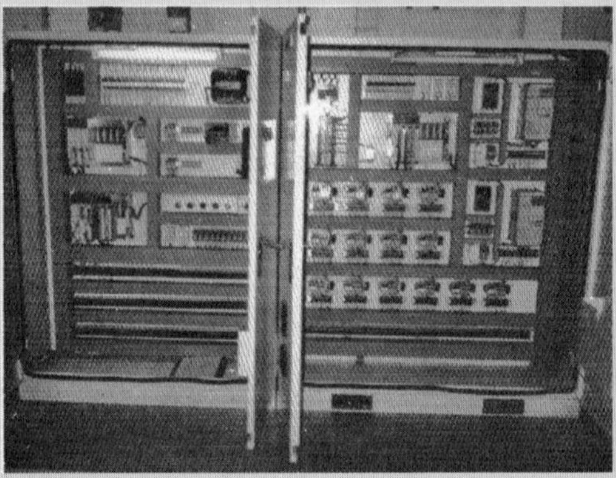

【案例7】

## 某企业技能培训机械手应用课程

培训概要

1. 目的：
（1）通过机械手课程，提高设备管理能力
（2）通过机械手实操，学习自动化理论
（3）设备管理自发主动应对
2. 对象：
（1）生产：使用机械手工序小组队长、班长、工程师
（2）设备/技术：机械手技能薄弱者
3. 学时：32学时（4天脱产集中培训）
4. 教具现况：
（1）机械手设备1套
（2）进口机械手（Robot）教具1套
（3）测试用机械手半成品1套

课程教材

课程概要

| 课程 | 学时 | 内容 | 备注 |
| --- | --- | --- | --- |
| 机械手结构与功能 | 2 | 机械手结构与功能介绍 | 理论 |
| 机械手控制与示教盒 | 2 | 机械手控制操作及示教盒功能理解 | 理论 |
| 机械手命令 | 4 | 介绍机械手命令 | 理论 |
| 机械手操作 | 8 | 机械手实操 | 实操 |
| 机械手编程 | 16 | 机械手编程实操 | 实操 |

实习用机械手

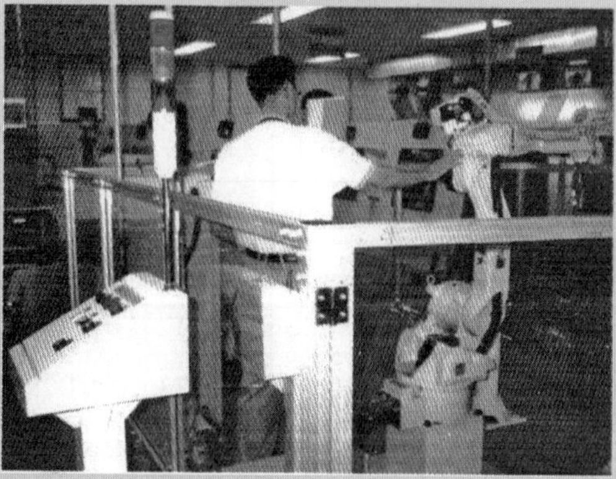

培训场景

【案例8】

## 某企业总点检培训课程

### 培训概要

1. 目的：
（1）自主保全4 STEP总点检
（2）各阶段事前培训
2. 对象：
（1）3 STEP合格小组
（2）4 STEP各阶段合格小组
3. 地点：技能培训场
4. 课程学时：共32学时

### 课程教材

### 课程概要

| 课程 | 学时 | 内容 |
|---|---|---|
| 4-1 STEP机械要点及润滑 | 8 | • 机械要点基础理论<br>• 润滑基础理论<br>• 总点检视频培训 |
| 4-2 STEP油空压 | 8 | • 油空压基础理论及结构<br>• 油空压基本管路及符号<br>• 油空压Know-Why（原理）及故障案例<br>• 总点检视频培训 |
| 4-3 STEP驱动 | 8 | • 驱动设备种类及基础知识<br>• 通过五感诊断设备问题<br>• 驱动设备Know-Why及故障案例<br>• 总点检视频培训 |
| 4-4 STEP电工 | 8 | • 电工基础知识<br>• Sensor（敏感元件）种类和功能<br>• 总点检视频培训<br>• 电工Know-Why及故障案 |

### 培训场景

### 培训人数

| 区分 | 2017年 | 2018年 | 2019年 | 2020年 |
|---|---|---|---|---|
| 小组 | 1/1 | 25/26 | 48/74 | 32/106 |
| 人员 | 12/12 | 325/337 | 576/913 | 384/1 297 |

【案例9】▸▸▸

## 某企业主要培训课程

| 分类 | 课程名 | 地点 | 学时（小时） | 主要内容 |
|---|---|---|---|---|
| 各级别培训 | 新员工入门教育 | 探求馆 | 88 | 新员工素养教育 |
| | 晋升教育 | 外部 | 24 | 通过晋升教育提高解决问题的能力 |
| | 女员工教育 | 探求馆 | 16 | 新员工教育、女员工提高能力培训 |
| | 管理者培训 | 外部 | 24 | 提高领导力、沟通能力 |
| 技能培训 | 能力教育 | 外部 | 24 | 提高管理者的领导力和解决问题的能力 |
| | 技能专家教育 | 探求馆 | 24天 | 产品生产工艺 |
| | M/E培养教育 | 现场 | 30 | 技能培训、电池工艺课程、液晶屏工艺课程 |
| | 开设企业内部培训课程 | 探求馆 | 24 | 品质、TPM、修养、纪律、组织活性化 |
| 国际化培训 | 外语课程 | 探求馆 | 48 | 英语、日语(基础/中级/高级/口语) |
| | 当地人教育 | 探求馆 | 3个月 | 技能培训 |
| | 文化主题教育 | 国外 | 6天 | 参观学习海外先进企业 |
| 特别培训 | 改变思想教育 | 外部 | 20 | 查找答案，组织活性化培训 |
| | 全员旅游 | 外部 | 20 | 品质、TPM、修养、纪律、组织活性化 |
| | 女员工教育 | 外部 | 24 | 感性教育 |
| | 夜校运营 | 现场 | 20 | 各部门选出课题，内部运营 |
| | 修养讲座 | 文化馆 | 2 | 邀请专业人士开展讲座 |
| | 员工家属课程 | 探求馆 | 36 | 英语口语、电脑培训 |
| | 盒饭交流会 | 盒饭交流会 | 1 | 员工交流会 |
| | 修养书籍研究会 | D/P | 18 | 上网、读书、自律阅读 |
| 技术/技能培训 | 强化核心力量教育 | 委托 | 24 | TPM、品质、技术培训 |
| | 专业人才培养教育 | 企业内 | 24 | 分析业务，选择并实施 |
| | 兴趣学习扩散 | 探求馆 | 5天 | PPT、互联网知识 |
| | TV原理 | ACE | 12 | 学习TV原理 |
| | 电子电路 | ACE | 24 | 学习电子电路知识 |
| | TPM技能教育 | ACE | 24 | 了解设备功能 |
| | M-CAD教育 | ACE | 24 | 学习制作设计图 |
| | 工业产权 | ACE | 12 | 学习专利相关知识 |
| | 电空压机控制 | ACE | 24 | 学习电工等知识 |
| | 仪器仪表操作 | ACE | 24 | 学习使用测量器具 |
| | PLC基本控制 | ACE | 24 | 学习单片机基础知识 |

【案例10】▸▸▸

## 某企业TPM培训课程

| 课程名 | 地点 | 教育对象 | | 学时（小时） | 主要内容 |
|---|---|---|---|---|---|
| | | 制造 | 保全 | | |
| 活动小组长教育 | 探求馆 | ○ | | 8 | 提高活动组组长的领导力 |
| QC培训 | 探求馆 | ○ | ○ | 8 | 各工序品质管理理论教育及测试 |
| TPM基础课程 | 探求馆 | ○ | | 4 | TPM概论 |
| TPM技能培训基础课程 | 技能培训场 | ○ | | 32 | 基础业务技能 |
| 技能培训中级课程 | 技能培训场 | ○ | | 40 | 中级业务技能 |
| 机械手操作课程 | 技能培训场 | ○ | ○ | 32 | 机械手运用技术 |
| 4 STEP总点检课程 | 技能培训场 | ○ | | 8 | 机械要点、润滑、油空压、驱动、电器 |
| 6 Sigma教育 | 探求馆 | ○ | ○ | 32 | 用统计法解决问题 |
| SQM教育 | 探求馆 | ○ | ○ | 24 | 标准品质生产方式 |
| 组织活性化课程 | 现场 | ○ | ○ | 20 | 组织活性化教程 |
| 机械材料课程 | 研究所 | | ○ | 44 | 金属材料基础课程 |
| 机械加工课程 | 研究所 | | ○ | 32 | 机械加工基础课程 |
| 机械手基础课程 | 航空馆 | | ○ | 24 | 机械手基础课程 |
| PLC（Programmable Logic Controller，可编程逻辑控制器）控制基础课程 | 探求馆 | | ○ | 32 | PLC控制基础课程 |
| 润滑管理课程 | 研究所 | | ○ | 24 | 润滑管理技能 |
| 震动/噪声管理 | 研究所 | | ○ | 32 | 震动和噪声发生源查找及对策 |
| 诊断技巧 | 研究所 | | ○ | 32 | 设备异常诊断技能 |
| 油空压基础课程 | 研究所 | | ○ | 44 | 油空压原理及管理要点 |
| 油空压控制课程 | 研究所 | | ○ | 44 | 油空压控制管路结构理论 |
| 机械手控制课程 | 研究所 | | ○ | 44 | 机械手控制编程 |
| 机械手应用课程 | 航空馆 | | ○ | 24 | 机械手应用 |
| 自动化控制 | 研究所 | | ○ | 40 | 自动控制基础知识 |
| PLC控制应用 | 研究所 | | ○ | 32 | PLC控制应用 |
| 电子电路 | 研究所 | | ○ | 40 | 电子电路基础知识 |

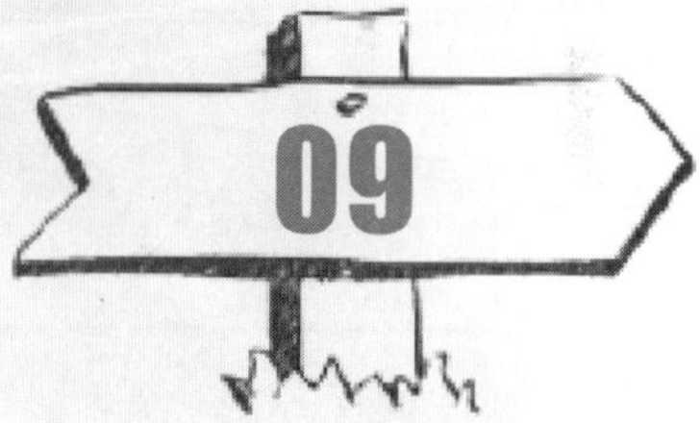


# 第九章 TPM环境安全活动

## 一、环境安全活动概要

在TPM活动中，为预防损失的发生需强调构建工厂运营系统，而安全活动也同样追求“0”化思想，也需要制定“安全第一”的目标，并实施具体预防措施。TPM自主保全活动中强调“自己设备自己维护”，安全方面也一样，员工也需具有“自己的安全自己管理并研究对策”的思维，因为，安全与自己及周边同事息息相关。

近期，很多企业都在重视绿色经营，即通过开展零事故、零故障、零公害活动，营造舒适的环境，建立社会认可的模范环境工厂。

环境安全的主要活动包括：在现场中彻底查找并消除安全不合理；严格遵守安全卫生及环境相关法规；系统化培训安全与环境相关知识；建立环境安全活动自我评估系统；提高环境安全相关改善活动水平；开发环保产品，追求绿色产品；制定环境安全责任制度；落实环境安全管理体系等。

## 二、环境安全活动体系

环境安全活动体系，如图9-1所示。

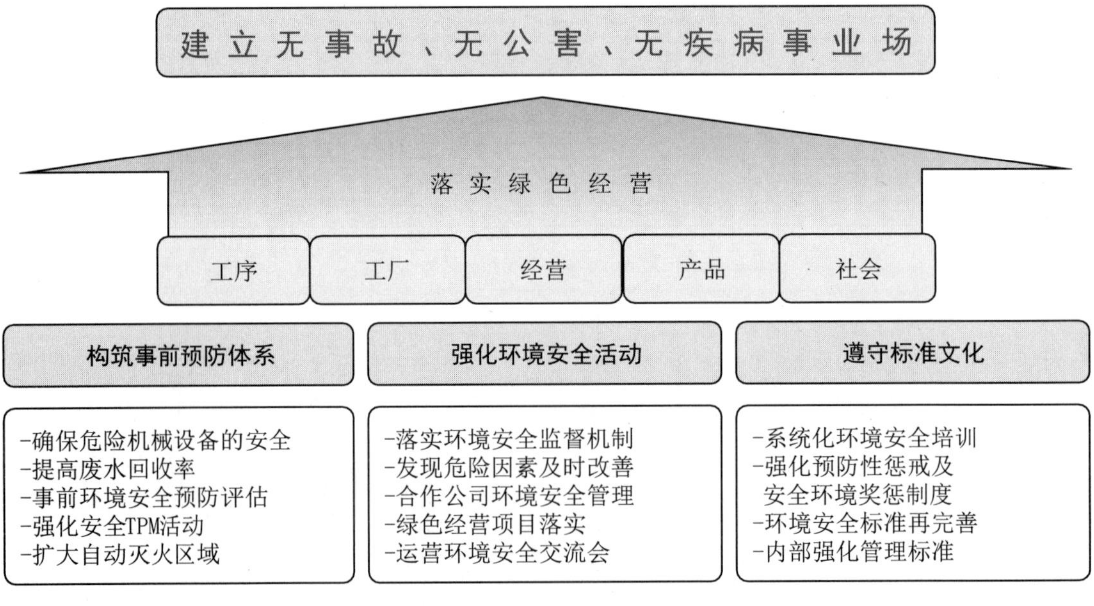


图9-1　环境安全活动体系图

【案例1】

### 某企业环境安全推进总体规划（Master Plan）

| 区分 | | 导入期 | 落实期 | 成熟期 |
|---|---|---|---|---|
| 安全健康 | 无事故运动 | 安全教育场及展示厅<br>安全生产签名活动 | 部门开展安全生产活动<br>开展安全TPM活动 | 奖励达成目标部门<br>构建自律安全管理体系 |
| | 职业健康 | 安装健康检测仪<br>运营物理治疗室 | 工作环境生物性测量<br>落实物质安全性评估 | 明确各工程工作环境指标<br>运营物质信息管理网站 |
| | 员工体检 | 员工体检（工种区分普通/综合/特种） | 开发健康管理系统 | 开发检测异常者系统 |
| 预防事故 | 防灾中心 | 成立消防部门<br>购入救护车 | 购入消防车（含救人专用云梯） | 监控中心扩大运营<br>安装消防专用预警系统 |
| | 消防设施 | 地下坑道安装自动灭火装置 | 变电房安装自动灭火装置<br>强化消防喷淋安装点检 | |
| | 外包公司 | 完善外包公司安全管理体系 | 完善施工安全管理基准并强化监督 | |
| 环境 | 环境管理组织 | 成立环境管理专职部门 | 成立绿色经营委员会 | 设立环境安全专职岗位 |
| | 环境设施管理 | 废弃物填埋场管理<br>运营综合废水处理 | 设置焚烧场，扩建废水处理场 | 有机废水自主处理<br>增加填埋场 |
| | 环境设备TPM | TPM 思想教育及5S活动 | 建立TPM活动体系、5S活动、自主保全、个别改善 | 环境设备TPM活动 |
| | 环境保全活动 | 开展环境保护活动 | 开展环境改善项目<br>确定环境安全点检日 | 废弃物实名管理及限量管理 |
| 活动/宣传 | | 开展一司一山一河活动<br>运营安全展馆 | 运营各类展示会 | 与工会组织合作进行环境安全宣传 |
| 标准化及系统运营 | | 完善环境安全规定 | 施工环境安全事故预防评估<br>通过环保企业认证并维持 | 环境安全内部讲师制度 |
| 环境安全培训 | | 新员工培训增加环境安全教育课程<br>聘请专业机构进行环境安全培训 | | 制作环境安全培训教材 |
| 成果 | | -奠定环境安全管理基础<br>-提高环境安全意识 | -引进及落实各种环境安全制度<br>-开展安全环境TPM活动<br>-获得环境安全认证 | -落实自律环境安全体系<br>-设立环境安全专职岗位<br>-各部门环境安全指标评估<br>-企业内部构建安全自律基础<br>-获得安全和职业健康认证 |

## 三、事故隐患的概念

安全活动要从正确理解并查找事故隐患开始。现场的事故隐患取决于我们的认知及重视程度。安全活动要求在事故发生前，对事故隐患进行管控和强制管理。

事故隐患是什么？

“跑过去时差点被通道突起物绊倒”。

“检查设备时手差点被卷进去”。

“设备很烫手”。

“他的操作方法很不安全”。

“照明灯要掉下来了”。

以上所列问题，再严重一些或晚些时候发现，就会成为引起事故的危险因素。

差点出事、预想风险、违反规章制度的危险行为和态度统称为“事故隐患”。在对发生的事故进行调查时发现，事故发生之前，现场就有类似的事故隐患现象了，而1∶29∶300海因里希法也很好地说明了问题规律。

由于人们经常忽视“个别经历”或对“差点出事故”的原因放任不管和不报告，因而引发了大事故。如果我们能够及时报告事故隐患，管理好所收集的信息，并及时采取安全措施，就能预防事故的发生。

企业有必要开展挖掘事故隐患的活动，活动的对象不能仅限于个人，而应扩大到同事、现场整体，这应是一个全员共同参与的活动。所以，企业必须营造活跃的、积极对话的、全员参与的氛围。

当然，企业不能只停留在挖掘安全隐患阶段，还应开展预知危险活动，从而真正实现零事故。

## 四、企业可持续性经营

随着全球对环境的重视，环境问题已经成了决定企业命脉的重要因素，很多企业已经积极投身通过环境经营而加强竞争实力的行列。在日益加剧的环境污染影响下，企业必须以环境经营为重点，才能确保生存和发展。所以，很多企业都把环境管理设定为企业的核心战略。

绿色经营代表着企业经营活动以节约资源和能量为中心高效地运营，并致力于将环境污染降到最低，这也是对社会负责的经营。

绿色成长是绿色（Green）和成长（Growth）的结合体，是从原先的企业经济成长价值观到绿色环境的转变过程中衍生出来的，可将能源、环境保护技术和产业当中开发出的新产品和新技术与传统产业结合，创造出新的发展动力。

持续经营CSM（Corporate Sustainability Management），是以经济信赖、环境健全、设备责任心为基础，追求持续发展的经营。作为企业，应该在发展经济的同时，为解决社会问题和环境问题做出贡献，以满足各方面需求，提升企业价值和竞争实力，这也是追求持续成长的经营活动。

随着社会经济的发展，关注环境问题和社会问题已经成为企业社会责任的表现。

企业的持续经营在产品品质、价格、竞争实力、市场战略、利润等传统价值观基础上，强调透明经营、伦理经营，并为社会和环境做出贡献。这并不是简单的对社会责任的分担，而是通过对经济、社会与环境负责的方式，加入利益相关的共同体中，寻求共生方式，谋求企业的存续和成长。

环境社会治理ESG（Environment Social Governance）已经成了衡量企业可持续发展的非常重要的非财务指标。投资者关心的衡量持续发展和社会责任的项目，也已成为企业评估的重点。

## 五、环境管理的义务

广义的环境是宇宙整体，狭义的环境是指动植物等生命体生活所需的条件。管理环境的目的是维持舒适的环境，保护人身健康、财产（企业、社会、国家）及自然。

环境又分为自然环境、生活环境、工作环境。自然环境是指生物、微生物、自然界的原始状态（包括森林、潮流、气象等）。生活环境是指人和动物居住所需的环境，包括噪声、废水、废弃垃圾等方面的环境污染。工作环境是指员工工作所需的环境，包括噪声、粉尘、有害物质、高温等不利因素。为消除工作现场有害因子，保障舒适的工作环境，应采取重视危险工艺、变更或降低危害材料、升级工序或工艺等相关措施，以及局部隔离有害区域、增加定点排风设施和通风系统等技术层面的对策。

过去，企业忽视了能源浪费和环境污染因素，把核心目标放在生产效率和热销产品上；目前，全球都在呼吁低碳生活，环境管理自然成为制约企业的指标。

环境经营要求把环境管理纳入企业的经营方针，将生产活动对环境的不利影响降到最低程度，导出环境经营体系的具体目标和流程，并明确实现目标的组织架构、责任、步骤等内容，有效分配人力和物资层面的经营资源，从而形成企业的环境管理体系。

企业以预防工伤和营造舒适工作环境作为目的，持续关注员工安全和健康的举措，将成为企业挤入一流企业的捷径。

【案例2】▸▸▸

### 某企业的安全 TPM 活动

虽然企业日常也开展排除安全不合理的活动，但仍然会在每年春季、秋季开展两次名为“安全TPM 20天作战”的特别活动，以集中方式彻底排除安全不合理、实现零事故。安全特别活动以TPM小组为单位，挖掘安全不合理因素，制定安全不合理对策，实施改善活动，并对活动结果进行评价，在活动结束时开展颁奖活动；同时，征集安全宣传口号，制作安全宣传长廊，发放安全宣传册。

小组活动在各自的管理区域内开展，设定的查找不合理的目标为100%，总体解决问题的目标为90%以上。原则上，找到的不合理在小组（或部门）内部解决，当小组无法独立解决时，向专家寻求支援。

查找的不合理应整理汇总成清单，在改善前/后定点拍照，并将照片张贴到各小组活动板上（要求图片内显示日期）。在活动期间，TPM推进办（革新推进办）和环境安全部门进行现场巡视，并提供指导支援。

企业有200多个活动小组开展安全TPM活动，在一期活动期间共挖掘出23 000条不合理，并解决了94%的不合理。

【案例3】

## S公司安全宣传画优秀作品

S公司拥有世界一流技术和多种产品，在7个国家设立了12个产业基地，是国际化的大型企业。

由于制造业的产业特性，生产现场不仅人员众多，还有各类自动化产线、机械手、起重装置，并涉及各类化学药品等，因此，环境安全和消防任务尤为重要。作为全球一流企业的员工，应具有安全高于一切和消除全部环境安全隐患的思想和使命感，杜绝一切事故的发生。当今社会环境问题和安全事故将直接对企业形象造成致命打击，这不仅是企业经营的重要项目，也是衡量企业成败的重要因素。

因此，环境安全部门把过去十年期间在电子行业企业发生的代表性事故案例进行整理，以卡通形式制成“环境安全50守则”对员工进行宣传。以下是其中的一个海报。

S公司安全海报

【案例4】

## 环境安全活动——工作环境改善

**背景**

• 明确数码时代企业的安全环境管理体系
• 构建舒适的事业部环境，提高生产效率

**目的**

• 通过源头管理，改善安全环境体系
• 早期实现自律的安全环境管理体系
• 系统化引导安全、环保活动

**活动内容**

**活动概要**

1.工作环境的改善和管理

（1）明确工作环境保护基准

（2）根据工作环境检测结果进行改善

（3）制作环境有害因素管理体系图

（4）制订年度有害因素管理计划（噪声、有害溶剂、粉尘等）

（5）工作环境设施管理：通过数据管理大气污染预防设施，制作详细的排气设施系统图

2.有害物质管理

（1）创建MSDS（化学品安全说明）体系

• 通过系统管理，提供MSDS信息
• 制作有害物质的MSDS
• 现场张贴及教育相关操作者

（2）有害物质源头管理

• 新化学物质需经过安全评估后入库
• 通过电脑系统监管使用量

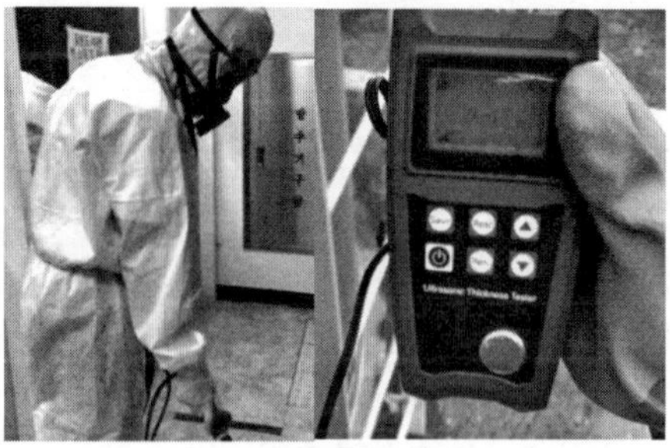

工作环境监测

有害气体报警器

**活动成果**

• 通过改善工作环境，提高生产效率
• 对企业入库化学品进行源头管理，以减少有害物质污染风险

**向后计划**

• 建立环境验收一次通过体系
• 从入库到销毁，系统全程监管

【案例5】

## 环境安全——健康管理活动

**背景**

- 增强健康管理意识和必要性
- 预防疾病及提高身体素质

**目的**

- 通过改善健康状态，提升生活质量和生产效率
- 测试体能并运营健身场地
- 运营健康系统并跟踪患者康复情况

**活动内容**

**活动概要**

1. 运营医务室：向患者提供前期帮助及健康咨询
2. 进行体检：进行体检，并通过健康系统跟踪结果
3. 职业病管理：通过系统进行职业病康复履历、健康咨询及后续跟踪管理
4. 企业实施听力保护程序
5. 运营理疗康复室：通过理疗，预防肌肉劳损及慢性症状
6. 运营健身室：根据基础体质监测结果，给出提醒建议，提供健身场地

**案例内容**

- 运营健康管理系统
- 运营疾病患者管理系统
- 宣传健康常识
- 运营理疗室
- 运营健身室

**活动成果**

- 增强员工健康意识、健康状态
- 减少疾患者人数

**向后计划**

- 运营企业附属医院
- 导入预防职业病系统

【案例6】

## 环境安全——防灾中心活动

**背景**

- 综合管理全公司消防探头系统，确保消防应急体系正常
- 配备消防车和灭火器等应急设施
- 配备消防广播、气体报警、喷淋等装置

**目的**

- 全公司实行24小时监控
- 通过应急机制，保障人身财产安全
- 防灾中心应急机制配备完成

**活动内容**

**活动概要**

1. 安装CCTV视频监控
2. 安装气体报警监控系统
3. 安装消防水供应系统
4. 安装消防广播系统
5. 引进自动消防监控系统（D-MUX3000）
6. 消防车和消防员24小时待命
7. 定期培训消防员（6次/年）
8. 构建应急响应机制

**案例内容**

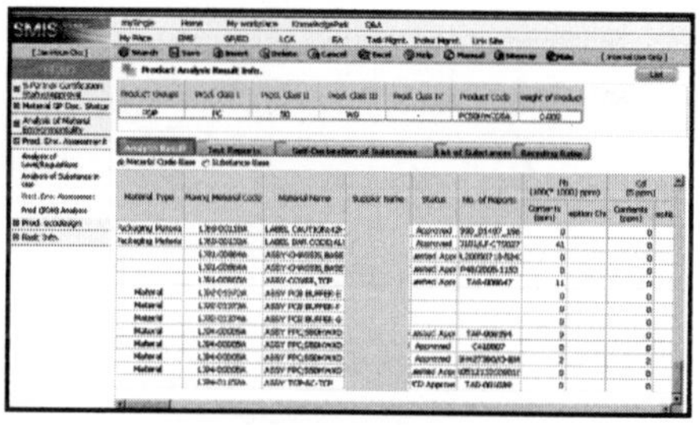

环境安全系统

安全及消防演练

**活动成果**

- 通过集中监管系统运营，确定早期应对机制，使损失最小化
- 强化消防员培训，提升业务能力

**向后计划**

- 升级消防自动灭火系统
- 公司消防员参加外部专业培训

# 第十章 TPM办公效率活动

## 一、办公效率活动概要

随着自动化、无人化在制造业的应用，知识型员工越来越重要，包括人事、采购、技术、策划、财务等办公部门的人员，他们在生产系统当中可以从专业角度处理信息。所以，在整体生产系统改善的极限挑战中，办公部门的作用也是不容忽视的。

办公部门的TPM活动主要分为两个方面：第一，向生产和职能部门提供TPM活动支援；第二，开展各自部门业务效率的提升活动。

支援业务持续研究如何提供人员、资金、时间、场地等资源，以确保TPM活动顺利开展。

业务效率方面有许多需改善的部分。企业构建业务效率化运营体系后，对各部门和个人业务进行系统化分析，可以导出业务效率课题及重新设计业务结构。业务流程就是组织的“工作方法”或“工作流程”，经营也是流程管理，经营创新也可以解释成流程创新。通过流程落实业务文化是办公部门的主要活动。

## 二、办公效率活动推进体系

办公效率活动推进体系，如图10-1所示。

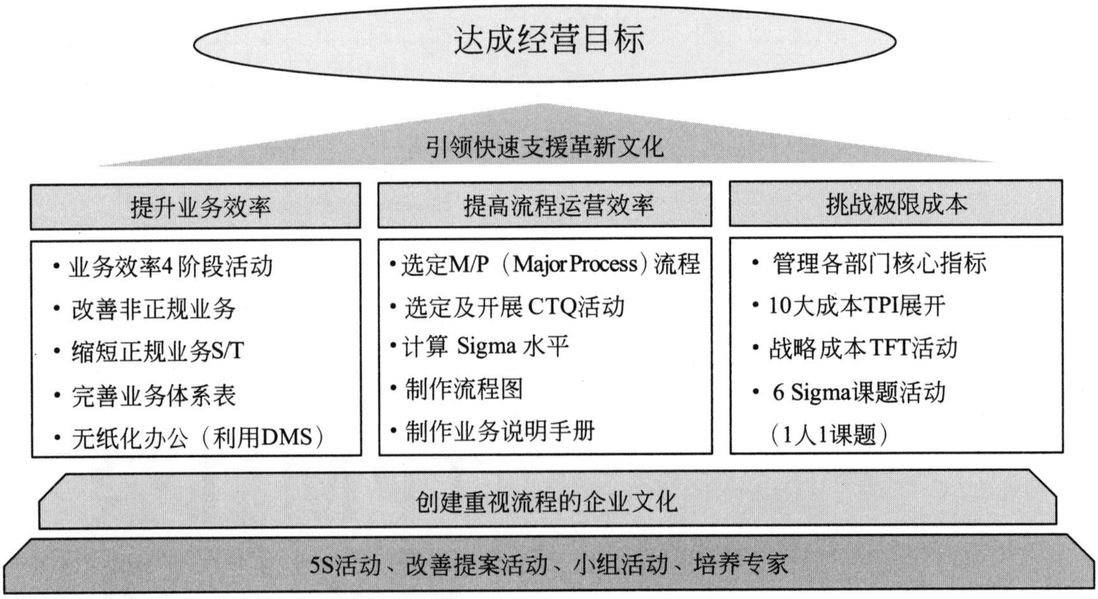
达成经营目标
引领快速支援革新文化
提升业务效率
提高流程运营效率
挑战极限成本
·业务效率4阶段活动
·改善非正规业务
·缩短正规业务S/T
·完善业务体系表
·无纸化办公（利用DMS）
·选定M/P（Major Process）流程
·选定及开展CTQ活动
·计算 Sigma 水平
·制作流程图
·制作业务说明手册
·管理各部门核心指标
·10大成本TPI展开
·战略成本TFT活动
·6 Sigma课题活动（1人1课题）
创建重视流程的企业文化
5S活动、改善提案活动、小组活动、培养专家

图10-1 办公效率活动推进体系图

【案例1】▸▸▸

**某企业办公效率活动总体规划（Master Plan）**

| 区分 | 导入期 | 活跃期 | 成熟期 | 落实期 |
| --- | --- | --- | --- | --- |
| 重点项目 | 自主管理，<br>改善办公环境 | 改善流程 | 节约成本，<br>提高生产效率 | 提高办公效率、<br>个别改善活动、<br>结合6 Sigma工具 |
| 主要活动 | 活跃改善提案活动<br>My-M/C, Area活动<br>无用文件废弃处理<br>推广使用电子邮箱<br>电脑无纸化办公 | 培养种子人力<br>改善部门内业务<br>改善跨部门业务<br>改善工厂课题<br>改善全公司课题 | 消除浪费和不合理<br>简化业务流程<br>开展爱惜公物活动<br>持续开展5S活动<br>安装DMS系统<br>办公效率TPM小组活动 | 提高M/P质量<br>成本节俭<br>培养专业人员<br>各部门办公效率评价<br>执行课题 |
| 标准化 | - 5S运营指南<br>- 电子邮箱使用说明书 | - 各部门业务标准<br>- 业务流程图 | - DMS系统运营说明书 | ◎落实标准4原则管理<br>- 业务方针<br>- 业务规定<br>- 业务手册 |
| 主题活动 | 办公室5S | 办公3R（Rule，Reengineering，Reduce） | Diet-30 | 6 Sigma革新 |
| 培训 | - 活动说明会<br>- Kick off 启动仪式 | - 种子人员培训(5天)<br>- 各部门扩散培训 | - 活动说明会<br>- Kick off 启动仪式<br>- 小组队长培训(2天) | - YB培训(2天)<br>- GB培训(5天)<br>- BB培训(20天) |
| 重要成果 | - 改善办公环境<br>- 整理、整顿生活化 | - 制作业务流程图<br>- 设计改善流程<br>- 消除业务浪费 | - 提案数量:4件/(月 · 人)<br>- 提案参与率: 100%<br>- 小组活动: 4次/月<br>- 成本节俭:2亿元人民币 | - 课题数量:191件<br>- 财务效果:3亿元人民币<br>- GB: 231人<br>BB: 18人 |

## 三、办公效率TPM活动方向

企业为应对环境变化，在明确经营战略的基础上，不仅应研发新产品并尽快向市场推广，还需要从品质和成本方面提升竞争实力。

新研发产品投入生产后，为保障生产部门高效生产，生产部门和研发设计部门以及其他全体支援部门，应形成全面合作的支援体系，这样才能实现企业预期的目标。在上述部门的合作中，支援部门的办公效率非常重要。

据统计数据显示，办公业务中70% ～ 80%是无价值或重复性浪费业务，如业务目的不明确或重复业务、重复性讨论和无效对策、与工作无关的私事，而真正有价值的业务只有20% ～ 30%。这说明办公效率活动待改善的内容还是很多的。

企业之间虽然存在一些差异，但通常情况的办公效率活动方向如下所示。

1）策划、研发、技术、管理等间接部门不同于生产部门，虽不直接创造价值，但作为运营生产体系的职能部门，能从专业角度处理信息，为生产部门或其他部门的活动提供引导和支援。

2）为了适应激烈的竞争环境，应提升部门内部业务效率，实现成本节俭的目标，从而提升企业的竞争实力。

3）在自己负责的业务范围内成为最高专家，并持续自我提升，这样能起到获得客户信任、提升公司形象的作用。

企业需根据自身的产业特点、规模差异、经营履历及环境、现象、课题等，制定适应本企业的战略。首先应明确开展的活动和活动的对象，接下来制定活动目标、具体推进战略，在形成为什么开展办公效率活动的共识后再开展活动。

## 四、提高办公效率的活动

如果办公部门的业务效率指数测量结果低于30%，说明个人和部门70%以上的业务是不符合级别或无价值的事情。因此，企业应每年定期开展提高办公业务效率的活动。此外，当产业结构调整等业务发生较大变化或需调整部门业务时，企业也应开展提高办公业务效率的活动。我们将介绍以下4阶段活动方案。

### 1.分析个人业务

这一阶段，由员工利用业务评价表分析各自负责的业务，判断无价值业务，认识无价值业务的影响，并计算效率指标。

### 2.分析部门业务现况

部门负责人制作部门业务体系图后，根据个人业务分析结果，与部门员工进行面谈，重新分析业务目标时间和业务内容。当出现分歧时，由部门负责人进行协调，根据整体部门业务体系图，分析个人业务当中重复、遗漏、浪费的业务，并从部门角度分析业务现况。

### 3.开展业务改善活动

通过部门内部改善业务讨论会，可取消无价值业务，而耗费时间长的重要业务则通过BPM（Business Process Management，业务流程管理）分析改善。改善时通常利用ECRS工具，即业务（E，Eliminate）、合并（C，Combine）、再分配（R，Rearrange）、简化（S，

Simplify）；同时开拓新价值业务并纳入业务体系图，以确保能够安排平时因没时间而放弃的必要业务，重新分配和调整符合职级和能力的业务，以谋求业务的效率化。

**4.标准化及多技能化**

为有效提高效率，业务标准化很重要。业务标准细分为业务规定和业务手册。

企业层面必须要遵守的政策性内容可制作成规定文件。

具体业务的说明内容可制作成手册，用来详细陈述新员工按照说明内容能够完成的业务水准，可以根据5W1H要素进行整理。

企业通过多项业务和多技能化培训，可保障灵活有效的人力运营，并加速效率化进程。

**【案例2】▸▸▸**

## 个人业务分析

个人业务分析表如下表所示。

**个人业务分析**

| 业务分类 | 详细业务 | 业务输出 | 周期 | 日程 | S/T Base（小时） | | 区分 | | 期间 | | | | 重要度 |
|---|---|---|---|---|---|---|---|---|---|---|---|---|---|
| | | | | | 小时/次 | 月汇总 | 固定 | 临时 | 日 | 周 | 月 | 年 | |
| 采购订单 | 确认生产销售需求 | 采购需求 | 日 | 8:30～9:30 | 1.0 | 22.5 | ● | | ● | | | | A |
| | 确认库存 | | 日 | 8:00～8:30 | 0.5 | 11.3 | ● | | ● | | | | A |
| | 确认有效订单 | | 日 | 9:30～10:00 | 0.5 | 11.3 | ● | | ● | | | | B |
| | 确认并发行采购订单 | 采购订单/SAP/MDB系统 | 日 | 10:00～12:00 | 2.0 | 45.0 | ● | | ● | | | | A |
| 材料供应 | 协商交付期 | 确认交付期 | 日 | 13:00～14:00 | 1.0 | 22.5 | ● | | ● | | | | A |
| | 申请开设信用证 | 信用证号 | 日 | 14:00～14:30 | 0.5 | 11.3 | ● | | ● | | | | A |
| | 确认装船资料 | 输入外资调拨系统 | 日 | 14:30～15:30 | 1.0 | 22.5 | ● | | ● | | | | B |
| | 申请报关及运输 | 输入外资调拨系统 | 日 | 15:30～16:30 | 1.0 | 22.5 | ● | | ● | | | | B |
| | 到货确认 | 系统确认到货 | 日 | 随时 | 0.2 | 4.5 | ● | | ● | | | | B |
| 系统管理 | 业务管理系统确认 | 业务完成 | 日 | 随时 | 0.2 | 4.5 | ● | | ● | | | | D |
| | 六西格玛绿带课程推进 | 系统注册 | 月 | 25日 | 4.0 | 4.0 | ● | | | | ● | | B |

续表

| 业务分类 | 详细业务 | 业务输出 | 周期 | 日程 | S/T Base（小时） | | 区分 | | 期间 | | | | 重要度 |
|---|---|---|---|---|---|---|---|---|---|---|---|---|---|
| | | | | | 小时/次 | 月汇总 | 固定 | 临时 | 日 | 周 | 月 | 年 | |
| 成本管理 | 定期协商价格 | 更新价格 | 月 | 26日 | 2.0 | 2.0 | ● | | | | ● | | B |
| | 改善工艺推进 | 成本节俭 | 月 | 27日 | 1.0 | 1.0 | ● | | | | ● | | B |
| 流程创新 | 确认订单有效期 | 系统确认 | 周 | 周二 | 0.5 | 2.0 | ● | | | ● | | | B |
| | 维护采购合同 | 系统确认 | 月 | 随时 | 1.0 | 1.0 | ● | | | | ● | | B |
| 月结 | 收集汇总发表 | 凭证提交给财务 | 月 | 26日 | 8.0 | 8.0 | ● | | | | ● | | B |
| | 挂账 | | 月 | 27～29日 | 16.0 | 16.0 | ● | | | | ● | | B |
| | 整理凭证 | | 月 | 28～30日 | 16.0 | 16.0 | ● | | | | ● | | B |
| | 确认月报数据 | 分品种数据 | 月 | 1～3日 | 2.0 | 2.0 | ● | | | | ● | | B |
| 其他 | 确认应急事项 | | 日 | 随时 | 1.0 | 22.5 | | ● | ● | | | | B |
| 合计 | | | | | | | | | | | | | |

【案例3】

## 个人业务效率化改善

| 分类 | 详细业务 | 业务输出 | 重要度 | S/T月合计小时 | | 改善区分 | 改善内容 | 纳期 |
|---|---|---|---|---|---|---|---|---|
| | | | | Base Line | 目标 | 向上度 | | |
| 采购订单 | 确认生产销售需求 | 采购需求 | A | 22.5 | 18.0 | C | 业务合并 | 3月 |
| | 确认库存 | | A | 11.3 | 10.0 | C | | |
| | 确认有效订单 | | B | 11.3 | 10.0 | C | | |
| | 确认并发行采购订单 | 采购订单/SAP/MDB系统 | A | 45.0 | 40.0 | C | | |
| 材料供应 | 协商交付期 | 确认交付期 | A | 22.5 | 20.0 | S | 缩短协商时间 | 2月 |
| | 申请开设信用证 | 信用证号 | A | 11.3 | 10.0 | C | 业务合并 | 3月 |
| | 确认装船资料 | 输入外资调拨系统 | B | 22.5 | 20.0 | C | | |
| | 申请报关及运输 | 输入外资调拨系统 | B | 22.5 | 20.0 | C | | |
| | 到货确认 | 系统确认到货 | B | 4.5 | 4.0 | C | | |

续表

| 分类 | 详细业务 | 业务输出 | 重要度 | S/T月合计小时 | | 改善区分 | 改善内容 | 纳期 |
|---|---|---|---|---|---|---|---|---|
| | | | | Base Line | 目标 | 向上度 | | |
| 系统管理 | 业务管理系统确认 | 业务完成 | D | 4.5 | 4.0 | S | 简化 | 2月 |
| | 六西格玛绿带课程推进 | 系统注册 | B | 4.0 | 3.0 | R | 提高效率、合并管理 | 3月 |
| 成本管理 | 定期协商价格 | 更新价格 | B | 2.0 | 2.0 | R | | |
| | 改善工艺推进 | 成本节俭 | B | 1.0 | 1.0 | R | | |
| 流程创新 | 确认订单有效期 | 系统确认 | B | 2.0 | 2.0 | C | 提高效率 | 3月 |
| | 维护采购合同 | 系统确认 | B | 1.0 | 1.0 | S | 缩短时间 | 2月 |
| 月结 | 收集汇总发表 | 凭证提交给财务 | B | 8.0 | 7.0 | C | 业务合并 | 3月 |
| | 挂账 | | B | 16.0 | 15.0 | C | | |
| | 整理凭证 | | B | 16.0 | 15.0 | C | | |
| | 确认月报数据 | 分品种数据 | B | 2.0 | 0.0 | E | 删除 | 4月 |
| 其他 | 确认应急事项 | | B | 22.5 | 20.0 | S | 控制发生次数 | 4月 |
| 合计 | | | | 252.4 | 222.0 | 12% | | |

## 五、业务流程重组方法

业务流程改革中推荐一种实用工具，即业务流程重组（BPR，Business Process Reengineering）。这是分析企业活动、业务流程的优化工具，有助于精简工作内容，使之不断合并和简化。

业务流程重组（BPR）是指针对组织和业务规则及流程，从根源开始重新探讨，围绕业务流程重新设计组织架构、岗位职责、业务流程、职能机构、信息系统的改革工具。

企业应以技术发展为契机，结合企业内所有领域信息系统，极大地提高工作效率。这是企业创造利益的源泉，也是创造客户需求价值的手段。

业务流程重组（BPR）的方法很多，通常做法如下：首先明确客户层面的目标和需求，通过分析现况和原流程，确定重组关键流程。然后调查关键流程所需信息，并设计构建新流程运营系统。新流程重组原则，如图10-2所示。

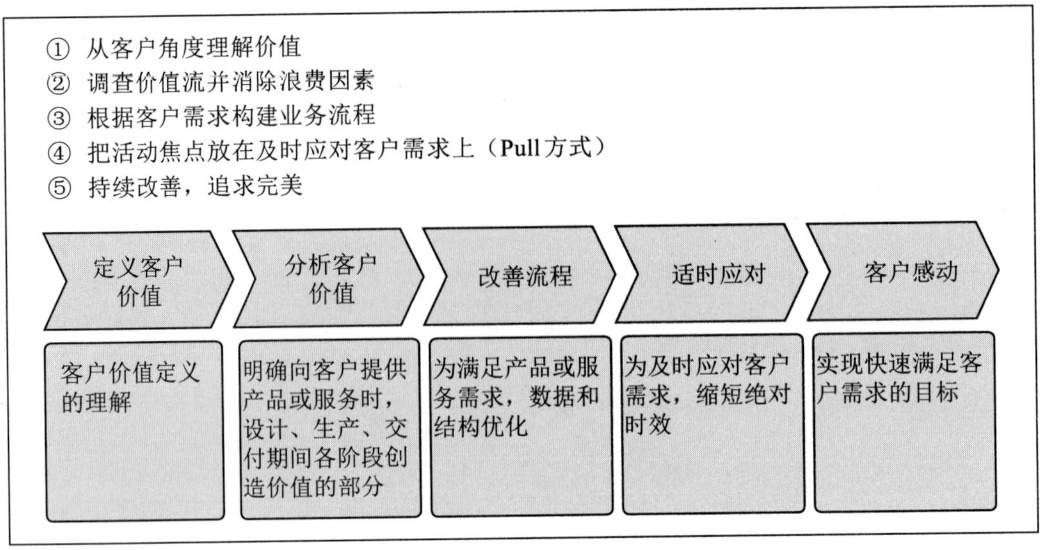


图10-2　新流程重组原则

## 六、持续性流程管理和创新

流程是为达到特定结果而设定的程序和步骤。

企业内所发生的问题中，90%以上都是流程引起的，只有不到10%才是人员因素引发的。错误的流程会对业务产生耗费几倍时间的影响，企业作为汇聚业务流程的集合体，其成果就是“业务流程执行结果”。

流程是企业竞争实力的核心，流程的梳理、制作、改善、采用等阶段的管理过程是企业创新和改善的主要活动对象。

流程创新（Process Innovation）是利用系统和工具对技术活动或生产活动中的操作程序、方式方法和规则体系进行的持续性创新。

那么如何改善和创新流程呢？首先要把看不见的流程进行可视化和有形化操作。通过流程图（Process Map）工具展现流程现况，从视觉层面查找可以改善的问题。为有效提高流程效率，可把流程再次拆分成下游流程的细化图。没有标准化或可视化流程的组织是靠1～2个能力突出的人员带来团队业绩，一旦这些人从企业中流失，整个团队的绩效就会受到影响。

具备明确和完善流程体系的组织，可以提高生产效率和业绩，同时便于人员在组织内部调动，将人员流失的影响降到最小范围内。

流程创新对构成流程的5个变量（流程、测量指标、系统、组织、运营）进行分析和重新优化，使用的工具是DPA（Design Parameter Analysis，设计变量分析）。

强化“流程创新”的管理力量，让企业和组织对自身流程进行改善，并营造“经营=流程管理”“经营创新=流程创新”的企业文化，不断提高企业竞争实力。

【案例4】

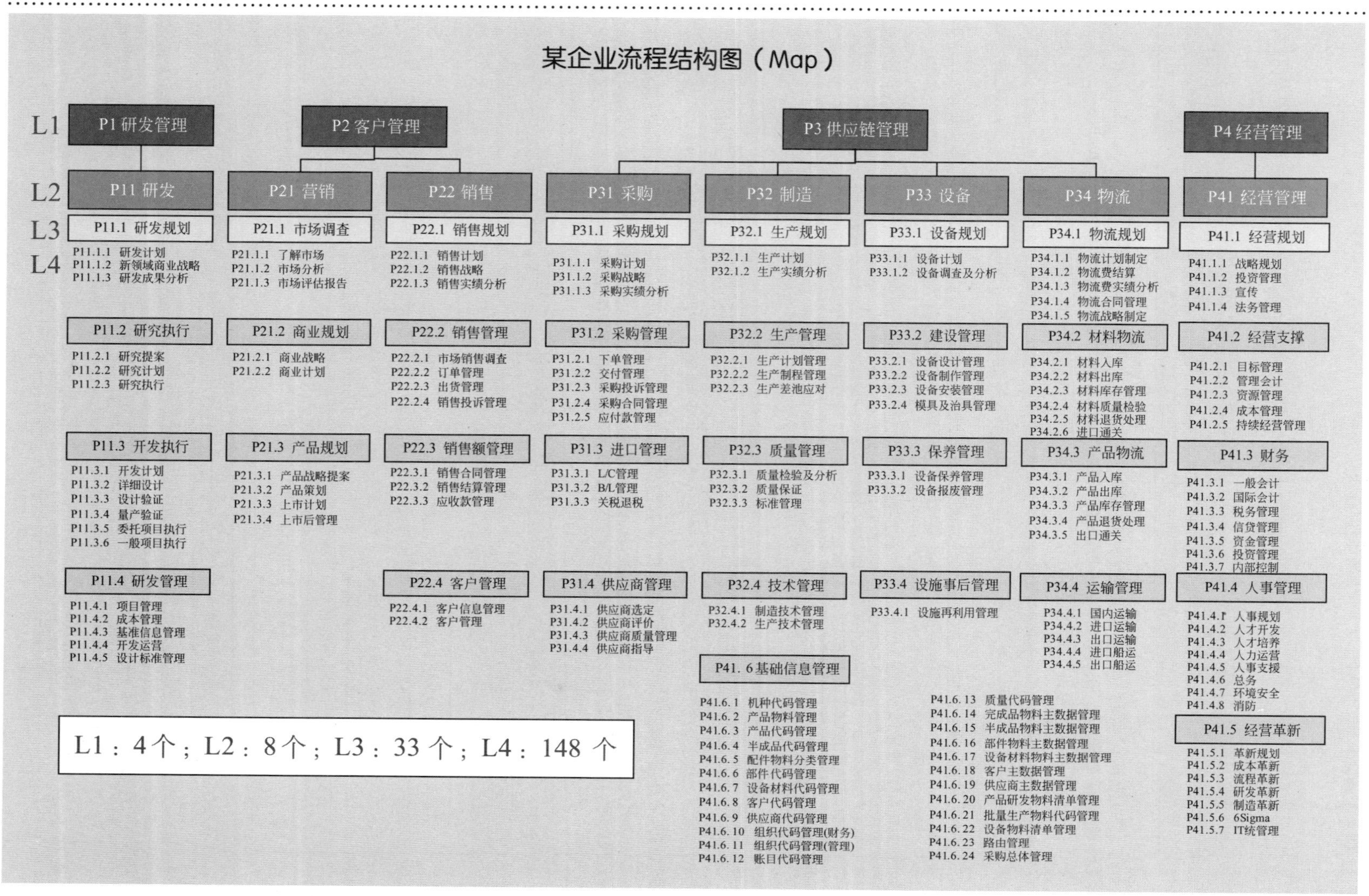
某企业流程结构图（Map）
L1
L2
L3
L4
P1 研发管理
P11 研发
P11.1 研发规划
P11.1.1 研发计划
P11.1.2 新领域商业战略
P11.1.3 研发成果分析
P11.2 研究执行
P11.2.1 研究提案
P11.2.2 研究计划
P11.2.3 研究执行
P11.3 开发执行
P11.3.1 开发计划
P11.3.2 详细设计
P11.3.3 设计验证
P11.3.4 量产验证
P11.3.5 委托项目执行
P11.3.6 一般项目执行
P11.4 研发管理
P11.4.1 项目管理
P11.4.2 成本管理
P11.4.3 基准信息管理
P11.4.4 开发运营
P11.4.5 设计标准管理
P2 客户管理
P21 营销
P21.1 市场调查
P21.1.1 了解市场
P21.1.2 市场分析
P21.1.3 市场评估报告
P21.2 商业规划
P21.2.1 商业战略
P21.2.2 商业计划
P21.3 产品规划
P21.3.1 产品战略提案
P21.3.2 产品策划
P21.3.3 上市计划
P21.3.4 上市后管理
P22 销售
P22.1 销售规划
P22.1.1 销售计划
P22.1.2 销售战略
P22.1.3 销售实绩分析
P22.2 销售管理
P22.2.1 市场销售调查
P22.2.2 订单管理
P22.2.3 出货管理
P22.2.4 销售投诉管理
P22.3 销售额管理
P22.3.1 销售合同管理
P22.3.2 销售结算管理
P22.3.3 应收款管理
P22.4 客户管理
P22.4.1 客户信息管理
P22.4.2 客户管理
P3 供应链管理
P31 采购
P31.1 采购规划
P31.1.1 采购计划
P31.1.2 采购战略
P31.1.3 采购实绩分析
P31.2 采购管理
P31.2.1 下单管理
P31.2.2 交付管理
P31.2.3 采购投诉管理
P31.2.4 采购合同管理
P31.2.5 应付款管理
P31.3 进口管理
P31.3.1 L/C管理
P31.3.2 B/L管理
P31.3.3 关税退税
P31.4 供应商管理
P31.4.1 供应商选定
P31.4.2 供应商评价
P31.4.3 供应商质量管理
P31.4.4 供应商指导
P32 制造
P32.1 生产规划
P32.1.1 生产计划
P32.1.2 生产实绩分析
P32.2 生产管理
P32.2.1 生产计划管理
P32.2.2 生产制程管理
P32.2.3 生产差池应对
P32.3 质量管理
P32.3.1 质量检验及分析
P32.3.2 质量保证
P32.3.3 标准管理
P32.4 技术管理
P32.4.1 制造技术管理
P32.4.2 生产技术管理
P33 设备
P33.1 设备规划
P33.1.1 设备计划
P33.1.2 设备调查及分析
P33.2 建设管理
P33.2.1 设备设计管理
P33.2.2 设备制作管理
P33.2.3 设备安装管理
P33.2.4 模具及治具管理
P33.3 保养管理
P33.3.1 设备保养管理
P33.3.2 设备报废管理
P33.4 设施事后管理
P33.4.1 设施再利用管理
P34 物流
P34.1 物流规划
P34.1.1 物流计划制定
P34.1.2 物流费结算
P34.1.3 物流费实绩分析
P34.1.4 物流合同管理
P34.1.5 物流战略制定
P34.2 材料物流
P34.2.1 材料入库
P34.2.2 材料出库
P34.2.3 材料库存管理
P34.2.4 材料质量检验
P34.2.5 材料退货处理
P34.2.6 进口通关
P34.3 产品物流
P34.3.1 产品入库
P34.3.2 产品出库
P34.3.3 产品库存管理
P34.3.4 产品退货处理
P34.3.5 出口通关
P34.4 运输管理
P34.4.1 国内运输
P34.4.2 进口运输
P34.4.3 出口运输
P34.4.4 进口船运
P34.4.5 出口船运
P4 经营管理
P41 经营管理
P41.1 经营规划
P41.1.1 战略规划
P41.1.2 投资管理
P41.1.3 宣传
P41.1.4 法务管理
P41.2 经营支撑
P41.2.1 目标管理
P41.2.2 管理会计
P41.2.3 资源管理
P41.2.4 成本管理
P41.2.5 持续经营管理
P41.3 财务
P41.3.1 一般会计
P41.3.2 国际会计
P41.3.3 税务管理
P41.3.4 信贷管理
P41.3.5 资金管理
P41.3.6 投资管理
P41.3.7 内部控制
P41.4 人事管理
P41.4.1 人事规划
P41.4.2 人才开发
P41.4.3 人才培养
P41.4.4 人力运营
P41.4.5 人事支援
P41.4.6 总务
P41.4.7 环境安全
P41.4.8 消防
P41.5 经营革新
P41.5.1 革新规划
P41.5.2 成本革新
P41.5.3 流程革新
P41.5.4 研发革新
P41.5.5 制造革新
P41.5.6 6Sigma
P41.5.7 IT统管理
P41. 6基础信息管理
P41.6.1 机种代码管理
P41.6.2 产品物料管理
P41.6.3 产品代码管理
P41.6.4 半成品代码管理
P41.6.5 配件物料分类管理
P41.6.6 部件代码管理
P41.6.7 设备材料代码管理
P41.6.8 客户代码管理
P41.6.9 供应商代码管理
P41.6.10 组织代码管理(财务)
P41.6.11 组织代码管理(管理)
P41.6.12 账目代码管理
P41.6.13 质量代码管理
P41.6.14 完成品物料主数据管理
P41.6.15 半成品物料主数据管理
P41.6.16 部件物料主数据管理
P41.6.17 设备材料物料主数据管理
P41.6.18 客户主数据管理
P41.6.19 供应商主数据管理
P41.6.20 产品研发物料清单管理
P41.6.21 批量生产物料代码管理
P41.6.22 设备物料清单管理
P41.6.23 路由管理
P41.6.24 采购总体管理
L1：4个；L2：8个；L3：33 个；L4：148 个

【案例5】

## 提升办公效率主流程（Major Process）

**背景**

在间接部门业务当中找出影响部门业务质量的重要流程，确定为Major Process（主流程），并开展提高品质的活动

**目标**

- 达到5Sigma水平
- 改善CTQ（Critical to Quality，关键质量特性）

**活动内容**

活动步骤

选定主要流程 → 制作流程图 → 选定CTQ → 目标分解 → 制订实施计划 → 执行及评估（Sigma水平）

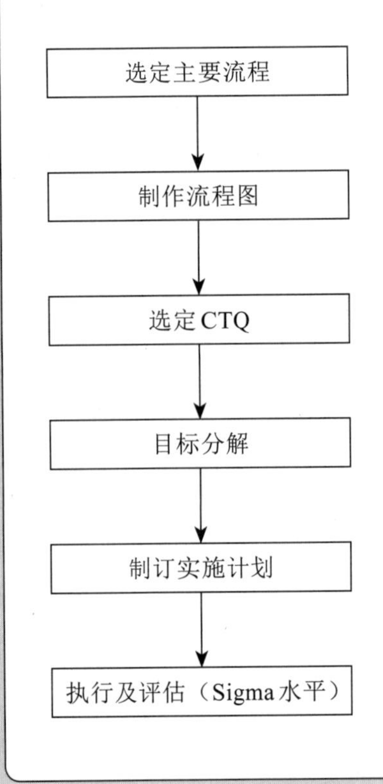

| 部门 | 主题名 | 现水准 | 目标水准 |
|---|---|---|---|
| 人事 | 1. 提高ESI指标 | 4.0σ | 5.0σ |
| | 2. 提高培训效率 | 2.5σ | 5.0σ |
| 行政 | 3. 食堂管理改善 | 3.9σ | 5.0σ |
| | 4. 宿舍管理改善 | 4.0σ | 5.0σ |
| | 5. 备品管理改善 | 2.9σ | 5.0σ |
| | 6. 公益活动改善 | 4.2σ | 5.0σ |

【Sigma(σ)水平计算方法】

| 区分 | 计算方法 |
|---|---|
| 有规格指标 | - 通过管理图工具计算出CPK |
| 无定量指标 | - 服务类统计问卷结果DPMO方式计算<br>- 通过Bench Marking把先进水平设定为5 Sigma水平后，计算出相对指标 |

**活动成果**

- 对策数量 6 488件
- 达成设定的Sigma水平以及M/P指标
  2019年 3.97 Sigma（27件）
  2020年 4.15 Sigma（31件）

**向后计划**

- 通过主要流程改善对策的关联课题，明确问题，并从根源上解决，创造出经营成果
- 扩大主要流程选定范围

【案例6】▸▸▸

## 某企业办公效率活动

**背景**

- 与先进企业相比，本企业办公效率低
- 应对业务靠经验和感觉
- 固定业务及业务标准化不足
- 成本概念意识不足
- 没有间接费用计算基准
- 损失费用的危机意识不足

**目标**

- 办公业务效率提高30%
- 非固定业务效率提高10%
- 固定业务效率提高20%
- 业务标准化及系统化

**活动方法**

- 每周业务进展现况板管理
- 制作业务分类体系图
- 分析业务流程图并进行改善(部门之间对接)
- 业务标准化及持续改进S/T
- 每周一开始工作前，提供业务管理时间表(广播提醒)
- 评价并公布个人参与率及部门成绩
- 利用检查表随时提供指导
- 定期召开事务局研讨会(2次/月)

**活动步骤**

| | 0 STEP | 1 STEP | 2 STEP | 3 STEP |
|---|---|---|---|---|
| 主要活动 | 准备阶段 | 业务定性 | 业务改善 | 业务标准化 |
| 活动阶段 | ▷ 制定宣传活动基本方案<br>▷ 进行培训<br>▷ 制作现况板<br>▷ 启动仪式 | ▷ 区分固定/非固定业务<br>▷ 制作业务体系图<br>▷ 设定临时S/T<br>▷ 改善非固定业务 | ▷ 缩短S/T活动<br>▷ 调整个人业务<br>▷ 制作业务流程图 | ▷ 修正S/T<br>▷ 修改标准<br>▷ 修改规定文件 |
| 目标 | 营造全员参与氛围 | 非固定业务降低10% | 固定业务S/T降低20% | 标准化及持续改善 |

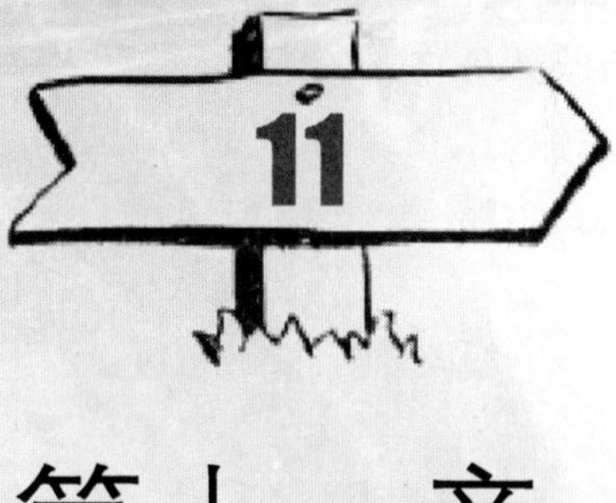


# 第十一章 成功推进TPM的核心要素

## 一、TPM活动成果差的原因

TPM活动要求企业在持续的前提下，挑战生产系统的极限优化，并落实理想的企业文化，但没有实现目标的企业比比皆是。

不同的企业，具体情况各有不同，但总结失败因素，影响TPM活动顺利开展的原因有以下8个。

（1）现况分析不足：需要明确业务特性，以及与竞争公司相比本企业的优缺点和所处的环境。

（2）活动目标与经营成果的相关性不足：TPM活动不能与业务分开，并且需要与经营成果相关联。

（3）执行主体的意见不统一：活动不能单方面依赖推进办推进，活动内容应保证执行部门意见统一、达成共识，并与各相关部门有机协调。

（4）活动体系不明确：结合企业自身情况，设置中短期总体规划，并重视彻底的基本遵守和兴趣活动的活性化。

（5）活动课题不明确：TPM 8大支柱活动需解决很多课题，如课题不明确，则无法达成目标。

（6）现场、现物中心的活动不足：TPM活动通常是20%的理论和80%的实践，活动的重点是实践。

（7）成果体验不足：TPM活动分短期成果和长期成果，重点是通过样板活动取得成功经验后整体分享。

（8）监管不足：组织应了解整体活动的进展情况，并为预防走弯路而强调监管过程和过程指导。

除此之外，高层对TPM活动的强烈意志以及推进办的积极响应也会对TPM活动产生影响。

## 二、TPM活动10大成功要素

企业的规模和运作模式、人员结构及能力、企业文化等各不相同，为成功推进TPM活动，企业努力的方向也不相同。以下是根据企业成功实现TPM目标的经验总结出来的10大成功要素。

### 1. 企业最高经营者表明开展TPM活动的意志

开展TPM活动，企业最高经营者需要明确表明愿景和意志，并利用各种会议或活动多次强调TPM活动的重要性，以引导全员参与。最高经营者应建立创新会议（TPM）体系，并进行定期诊断，随时给予激励和支援，以促进TPM活动的开展。

**2.强有力的推进办**

推进办由企业内任命的具备各方面丰富经验和坚强意志以及执行力的人员构成，其要辅佐经营者，能够随时与最高层和执行部门沟通。其在业务方面要明确制订中期、年度、月度等推进计划，并在执行当中提供指导和支援。其还有一项重要使命：管理总体活动进程、运营会议体系、持续培养TPM专家。

**3.对各阶层安排适当的培训体系**

企业应对各阶层进行TPM导入教育，使全员对TPM有一定了解后再开始活动。并且在8大支柱的每个阶段都要开展理论概念的教育，还要把TPM内容纳入新员工培训课程当中。除了理论知识以外，还需重视技能培训、TPM专家培训、现场实践培训等。在所有教育培训结束后，应对参与人员进行测试，考试通过后才可结业。

**4.全员参与，达成共识**

企业应营造从最高经营者到现场一线员工、生产部门全员积极参与TPM活动的氛围，以确保全员统一方向，形成充分共识。

**5.企业量身定制的活动体系**

相比理论化的TPM活动，实际运营需结合企业的自身条件、理念、组织情况等因素适当调整，推出适合自身特色的TPM活动。各大支柱的STEP计划也应在活动本质框架内适当调整，并与企业其他创新工具相结合，开展动态化的活动。

**6.致力于经营成果的活动**

TPM活动应成为企业达成经营目标和“体质”改革的手段，为此，企业应充实各大支柱活动，追求各部门效率的提升。企业要明确目标，没有明确目标的TPM活动将会迷失方向。

**7.管理者以身作则**

TPM重叠小组活动要求管理者先体验TPM活动，具备指导和支援能力后再带头引领TPM活动。管理者要利用TPM诊断机会多激励和表扬下属，通过诊断加深上下级之间的信赖关系，以进一步加速活动进程。活动积极性低的部门小组，更需要管理者的指导关怀和以身作则。

**8.重视提高人员素质**

在生产设备智能化的趋势下，为满足生产条件，企业需开展提升人员素质的活动，鼓励全体员工极大地发挥各自的能力，并通过成果与能力认可活动，为员工提供自我开发平台。赋予动机和提升人员素质将成为取得经营成果的坚实基础。

**9.坚持活动的持续推进**

TPM活动的短期成果固然重要，但整体活动是长期的，急于求成将使企业面临整个体系瓦解的局面。所以，企业不管遇到什么情况都不能停止和放弃，应根据TPM活动阶段持续开展活动，并不断巩固每个阶段的成就，使之不被瓦解。

#### 10.公正的评价与奖赏

人们都希望得到认可，不只希望结果得到认可，整个过程也希望被看到。所以，企业需要公正评价，对努力参加活动并取得成效的员工予以正面、积极的反馈。同时要策划TPM人之夜、TPM案例发表会、各种特别活动，以激励员工。

## 三、TPM活动推进办的作用

有人说，TPM活动的成败在于TPM推进办的作用，由此可见，TPM推进办的作用很重要。

TPM活动推进办的作用是：在自律氛围中朝着企业所期望的目标（方向）发展，不断研究推进方法，在样板活动试点成功后，设定整体方向，制定推进战略，并展现给执行部门，为他们自觉执行和改变提供技术、知识、经验方面的指导，对他们活动内容的过程和结果做出正确评价。同时，将所有活动内容向最高经营者报告，与执行部门管理者进行沟通，并分析评价活动内容，制定改善方案，宣传优秀内容，谋求整体水平的提升。

#### 1.TPM推进办的最佳人选

TPM推进办的最佳人选是，兼备管理技能和职业技能，具有丰富现场经验，拥有领导力、亲和力、执行力、坚强意志、牺牲精神的人才。

#### 2.TPM推进办的设置

应根据企业的规模设置企业总部推进办和事业部推进办，并根据产业特点，设定业务范围和职能。TPM推进办作为掌管企业整体规划的部门，需要由总裁直属管理。

#### 3.TPM推进办的职责

推进办的角色是引领者而不是执行者，其职责是：

（1）明确目标，与活动执行部门达成共识后推进活动，同时要明确实现目标的具体工具和负责人。

（2）开设改善（创新）工具的培训课程，提供培训机会或去现场进行指导。

（3）引导活动小组，根据自身情况发挥自主能力，在这一过程中，不能对实践（实施）过于强调统一行动。

（4）设定行动指南，精确评价过程，不断提升整个团队士气。同时对优秀的员工和小组给予奖励，营造积极上进的氛围。

（5）不断培养TPM活动火种和标杆，并通过标杆角色确定活动方向，全面推广TPM

活动。所选的标杆应该是所有人钦佩的榜样，应对其提供相应的待遇和奖赏。

（6）运营TPM诊断体系，并通过定期TPM创新大会达成共识。

（7）大力宣传优秀内容和活动过程及结果。宣传媒体有TPM内刊、企业广播、手机群、竞赛活动、学习会、研究会、发表会、发行优秀案例集、荣誉殿堂、宣传长廊、展会、条幅、公告、现况板、印刷品、集汗室等。宣传内容有优秀案例、活动内容、评价结果及奖赏内容、当月重点活动、季度重点活动、口号、标语、最高经营者要求、TPM相关知识等，要求内容新颖，灵活应用图片、图表等表现出好的视觉效果，具体如图11-1所示。

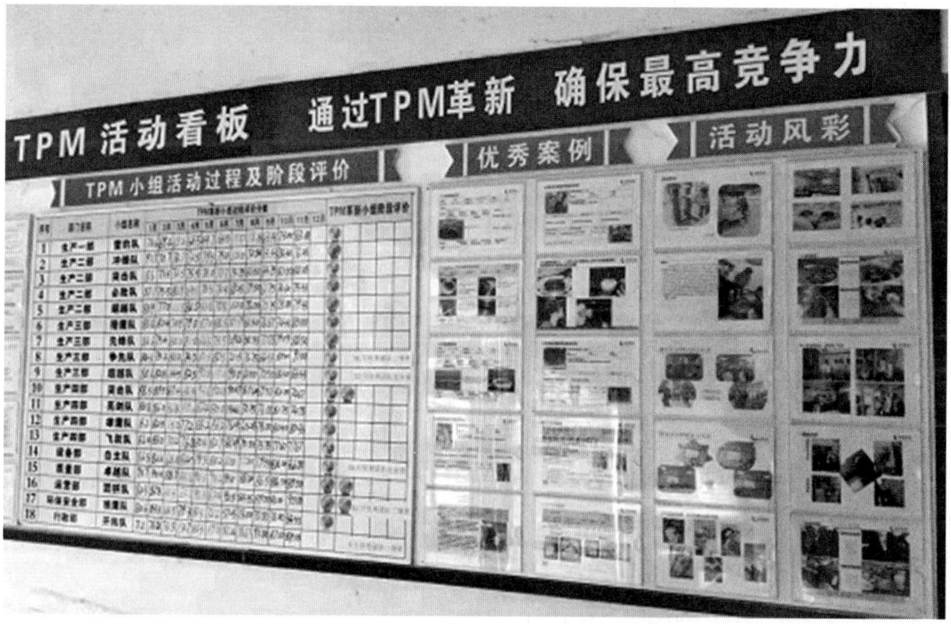


图 11-1　TPM推进办运营看板

## 四、TPM活动管理者的主要作用

工作现场需要协调维持和改善活动。那么，活动中的维持和改善哪个更重要？当然，企业情况不一样，答案也会不一样。通常，维持活动是指使人、设备、材料、方法（标准）、环境时刻保持正常状态进行的自觉维护。如果维持活动未落实，就会引发很多问题，所以，企业要开展TPM活动，就必须重视维持活动。

制造现场管理者的主要职责是，稳定落实维持活动，进一步投入改善活动。管理者在应对制造现场改善活动目标——生产效率、品质、成本、交货期、安全、士气指标提升时，要以“负无限责任的意识”进行管理。

（1）使材料、人员、资源等在最少投入的前提下，最大地输出，并提高生产效率。

（2）满足客户需求的好品质，自主开展工序检查，坚决杜绝向后工序流入不良品。

（3）针对保障品质和降低成本，不断查找浪费，并研究改善方案。

（4）努力缩短生产时间、达成生产计划，并严格把关客户交付期。

（5）在任何情况下，都要杜绝员工受伤事故的发生，要彻底消除安全隐患并改善工作环境。

（6）改善成员之间的人际关系，营造积极挑战组织目标、成就个人发展的工作氛围。

生产现场当中负责各工序的基层、中层管理者要有“自己是企业主人”的思想。为实现最小投入和最大产出，需要现场各工序流程的高效运行，所以，制造现场既是相关管理者的形象，也是管理者能力的体现。

## 五、5S活动落实方案

### 1.5S活动的重要性

5S活动是TPM 8大支柱活动的基础，并且5S活动能够给企业带来消除浪费、提高品质、改善环境等很多成果。所以，很多企业都投入落实5S的活动当中。通常见到“5S生活化”“彻底进行5S活动”之类的口号比较普遍，但正确落实5S活动并非易事。

企业达成5S最终目标并使之习惯化，需要不懈努力和多种管理手段。

作为评价现场管理水平的基准，很多知名专家惯用以下4个项目。

第一，5S活动是否正确落实？

第二，可视化管理程度是否优秀？

第三，减少库存活动是否活跃？

第四，操作者是否动作迅速、意志坚强和热情高涨？

5S活动的效果不是改善企业环境，而是改善企业“体质”的创新活动。也就是以企业管理改善活动为基础，提高最终的管理水平，提升员工和企业整体水平。

氛围能够改变人的思想和行动，比如，存在问题的凌乱现场，会直接影响品质，从而导致操作问题及故障/不良。同时，管理者缺乏管理，员工会不知道问题所在，从而导致恶性循环。所以，预防员工的恶习，改变他们的意识和行动，是管理者应尽的职责。5S活动的落实与否与管理者的管理能力有直接关系。

发挥操作者的自主性以及提高团队的协作能力，系统化培养现场管理者，创建有秩序和高效的企业，是5S活动的主要目的。

### 2.5S活动概念

5S是整理（Seiri）、整顿（Seiton）、清扫（Seiso）、清洁（Seiketsu）、素养/习惯化（Shitsuke）的缩写。

整理是在企业所有区域消除不必要品，不必要品又分为不用品和不急品，工作内容也可成为整理对象。

整顿是针对整理出的必要品，使其能够及时取出。所谓及时通常代表30秒以内，整顿对象包括材料、配件、器具、图纸、文件等，适用于现场和办公室。为做到短时间内找出物品，应明确什么物品、在哪里、多少个的基准，以及如何高效储存，并且使用后要放回原位。

清扫内容在TPM自主保全阶段已进行了说明，是指彻底消除路面、走廊、台阶、洗手间等公共区域以及现场每个角落的污染的活动。

清洁是维持整理、整顿、清扫活动及提升效率的活动。即全员共同研究改善整理、整顿、清扫活动的方法，并通过持续评价，使其严格遵守。

素养（习惯化）是5S的最终目的，5S活动水平随着活动遵守程度的深入而不断提升。即在彻底实施整理、整顿、清扫、清洁活动中，逐步形成习惯，并通过整理、整顿、清扫、清洁手段，达到提升素养的最终目的。素养并不是一朝一夕形成的，为尽快落实，需要付出很多努力。管理者针对5S问题点，应及时纠错，持续关注并给予指导，这是尽快形成习惯的重要因素。

图11-2为5S活动的内容、措施、成果。

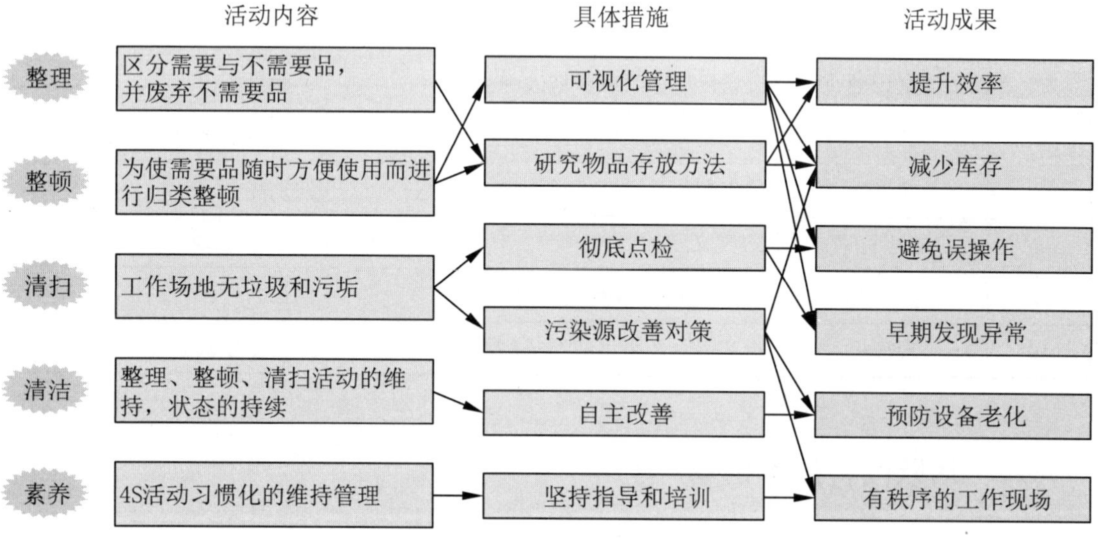


图11-2　5S活动内容、措施、成果

**3. 习惯化的行动指南**

（1）从容易、看得见的地方开始活动。

（2）再小的事情也要及时实践。

（3）先实践，然后再探讨更好的方法。

（4）3定（定品、定位、定量）是整顿的基本活动，需严格遵守。

（5）纠正污染和凌乱的源头。

（6）研究不花钱的5S活动和改善。

（7）3现（现场、现物、现状）是5S的灵魂。

（8）彻底遵守基准和标准（5S活动全程都在制定和遵守标准）。

（9）工作前先检查5S，一有时间就进行5S。

（10）管理者发现5S的怠慢情况时，要当场指正。

### 4.加速习惯化进程的5S活动工具

习惯化活动成功的因素之一是推进工具的正确选择。工具是达成目标的最合理有效的手段。表11-1是成功落实5S活动的工具合集。企业应选择便于采纳和应用的工具，并明确各类工具的使用目的，让员工结合自身特点灵活应用。

表11-1　5S活动工具列表

| 序号 | 项目 | 内容 | 效果 |
|---|---|---|---|
| 1 | 5S标语 | 张贴悬挂5S标语 | 提高5S意识 |
| 2 | 5S日程 | 指定5S日主题和负责人 | 同上 |
| 3 | 5S点检表 | 根据日程计划实施5S活动 | 预防5S措施漏洞 |
| 4 | 5S新闻 | 发行5S相关新闻 | 分享5S状况等 |
| 5 | 5S诊断 | 确认活动小组或区域改善活动 | 活跃氛围 |
| 6 | 案例发表 | 每月定期发表优秀案例 | 分享优秀案例 |
| 7 | 案例集 | 每年制作后定期安排培训 | 同上 |
| 8 | 5S小标语 | 5S定义及标语板 | 5S文化落地 |
| 9 | 内刊5S | 将5S进展内容刊登到内刊 | 同上 |
| 10 | 现况板 | 活动内容及小组成绩排序展示 | 活动分享及督促 |

## 六、活跃改善提案活动

### 1.改善提案活动的意义

TPM活动和改善提案制度有着非常密切的关系。TPM小组通过TPM取得成果并得到奖赏的机制，有助于活跃TPM活动。

企业价值体现在减少成本和增加销售两个方面。企业的生存也离不开这两个方面，因此，企业需要开展改善和创新活动。

改善提案是改善活动的主体，而创新则是为维持或提高企业创新活动成果而持续坚持的改善活动。

在当今复杂的经营环境中，成本上升导致的竞争实力下降等问题越来越多。为机智应对所面临的问题，确保企业生存，企业需培养员工的问题改善意识，并将改善意识生活化，鼓励全员参与改善活动，从而分阶层地积极开展小投资大收获活动。在员工创意的基础上重视小改善创意的首选制度就是改善提案制度。

改善提案制度将员工的创意和想法反映到经营渠道，能够充分满足个人对工作的成就感、归属感等需求，从而提高员工的工作热情。同时，改善提案又为上下级提供了沟通渠道，管理者对员工提案给予激励的同时，还可以补充自己的意见，使提案内容更加完善，这就是自我实现和完善组织文化的目的所在。

企业应制定改善提案制度，通过试运营不断完善，并根据需要及时修改活动手册，及时向全员充分说明，同时在运营当中提升活跃度，不断研究各种方法并执行。

**2. 活跃改善提案方案**

（1）改善提案活动不应局限于生产部门，而应向全企业推广，确保全员参与。

（2）部门负责人决定部门内提案是否被采纳，并以部门名义向企业推进办推荐优秀提案。

（3）推进办每月通过评价委员会，对优秀提案评级，在明确改善提案的价值后，根据评审等级进行奖励。

（4）每月召开优秀提案案例发表会，营造改善氛围并提供学习平台。企业根据需要可运营干部改善案例循环制度，让管理者带头发表改善案例，并进行奖励。

（5）在推进办主导下宣传优秀改善案例，并向同类工序扩散（横向展开）。

（6）推进办每月对各部门改善提案进行综合评价，并引导部门负责人积极带动改善活动。

（7）运营半年、年度奖励提案王制度，打造提案楷模。

（8）实行改善提案积分制度，当达到一定积分时可兑换奖品，这样可使提案制度长期保持活跃。

为活跃改善提案制度，首先要营造改善氛围，提高员工参与率，哪怕是很小的改善，也要予以鼓励。其次要挖掘员工潜力，使其在改善活动当中充分发挥作用，逐步激发员工的自我表现欲望。最后由管理者将员工提出的好主意指导为更好的改善提案，这样能提升管理者在员工心目当中的形象，并形成上下级间的良性沟通循环体系，有助于组织运营。作为管理者，应具备改善技能，并运用分析工具进行指导，大幅提高改善提案的质量。

## 七、改善活动思想

改善是在不投入费用的情况下，迅速消除人（努力）、物品（材料使用量及在工库存、产品库存）、设备或生产系统相关浪费的一系列活动。改善的本质是由个人进行的，通过个人改善为企业做出贡献。改善活动中一定会遇到意想不到的困难，或因没有改善方案而慢慢地失去动力，这时有必要重新回顾以下内容。

- 打破固有观念。
- 先曝光所有问题，再思考解决方法（穷则思变）。
- 不要一步到位的完美效果，哪怕只有50%的可能性，也要开始。
- 查找根本性原因，用5Why法分析。
- 不要满足现状，改善是无止境的。

想不出新方案的原因之一是，不愿抛开“我们的产品靠这些设备和标准化生产工艺生产出来是合理的”旧观念。为找到突破口，应从“现在是最差和错误的”否定思想出发，从空白开始入手。“穷则变、变则通”，把所有问题全部曝光时，就能够找到新的解决方法。再好的方案得不到实践也只是纸上谈兵，汇总的团队意见，哪怕只有一半的胜算，也建议先从行动开始，然后再逐步完善，这样会更加有效且节省时间。

解决问题需找到根本原因，Why Why分析作为常用的分析工具，可引导找出问题现象的根本原因，并实施有效的对策，以解决重复性问题。改善永无止境，不断变化、更新才是TPM真正的意义所在。